Flachs für das Reich

Maximilian Strnad

Flachs für das Reich

Das jüdische Zwangsarbeitslager „Flachsröste Lohhof" bei München

Die Deutsche Bibliothek verzeichnet diese Publikation in der Deutschen Nationalbibliografie; detaillierte bibliografische Daten sind im Internet über http://dnb.ddb.de abrufbar.

Streitfeldstraße 19; 81673 München
Tel. 089/420 79 69 876; Fax 089/420 79 69 86

Druck: Kösel, Krugzell

ISBN 978-3-86222-116-5
www.volkverlag.de

Inhalt

Geleitwort der Stadt Unterschleißheim

Als die Stadt Unterschleißheim im Juli 2010 das Forschungsprojekt „Zwangsarbeit bei der Flachsröste Lohhof GmbH in der NS-Zeit“ auf den Weg brachte, konnte noch niemand ahnen, dass sich aus der geplanten vergleichsweise kleinen Broschüre ein so umfangreiches Buch entwickeln würde. Umso mehr freut es mich, dass mit dem Münchner Volk Verlag ein renommiertes Verlagshaus gefunden werden konnte, welches dem entstandenen Buch eine entsprechende Öffentlichkeit sichern kann.
Der mit der Forschungsarbeit beauftragte Münchner Historiker Maximilian Strnad konnte im Verlauf seiner Recherchen viele bis dato unbekannte Quellen, Literaturhinweise und biografische Skizzen finden, sodass das Thema nun umfassend behandelt werden konnte.
Bis heute ist dieser Teil der NS-Vergangenheit der Stadt Unterschleißheim nicht hinreichend aufgearbeitet worden. Mein besonderer Dank gilt deshalb dem früheren Ortsarchivar Herrn Wolfgang Christoph, dem die Befassung mit dieser dunklen geschichtlichen Epoche stets ein großes Anliegen war und auf dessen Initiative hin das Forschungsprojekt auf den Weg gebracht wurde.
Die Stadt Unterschleißheim hat damit einen wesentlichen Beitrag zur notwendigen Aufarbeitung auch ihrer NS-Vergangenheit geleistet, darauf bin ich als Erster Bürgermeister der Stadt stolz.
Ich danke allen an diesem Projekt beteiligten Mitarbeiterinnen und Mitarbeitern, Einrichtungen und Wissenschaftlern und wünsche dem Buch die adäquate Beachtung nicht nur in der Öffentlichkeit Unterschleißheims.

Christoph Böck
Erster Bürgermeister

Für die Zwangsarbeiterinnen wurde die ländliche Idylle der Flachsröste zur „Hölle von Lohhof", ca. Ende der 1930er Jahre.

Über dieses Buch – eine Quelle und ihre Geschichte

Rolf Grabower verfasste vom 15. Juli 1941 bis zum 26. März 1942 über 140 engbeschriebene Seiten mit Notizen über seine Tätigkeit als Leiter des „Jüdischen Arbeitskommandos Lohhof". Diese chronologisch gegliederten „Tagesberichte", so nannte er seine Aufzeichnungen, sind ein einzigartiges historisches Dokument. Sie geben Aufschluss über eine Geschichte, die lange Zeit in Vergessenheit geraten war.

Über die Geschichte des Zwangsarbeitslagers für jüdische Frauen in der Flachsröste Lohhof – im Norden Münchens an der Zugverbindung nach Landshut gelegen – war bislang wenig bekannt. Nur eine Hand voll ehemaliger jüdischer Insassinnen hatte die nationalsozialistische Verfolgung überlebt, noch weniger hatten davon öffentlich berichtet und lange Zeit wollte niemand diese Berichte hören. So gerieten auch die Tagesberichte Grabowers, obwohl seit Mitte der 1950er Jahre in mehreren Archiven öffentlich zugänglich, in Vergessenheit.[1]

Dabei war sich schon Grabower selbst, der als Jude ebenfalls von den Nationalsozialisten verfolgt worden war und über dessen Biografie im Verlaufe dieses Buches noch mehr zu erfahren sein wird, der „einzigartigen" Bedeutung seiner Aufzeichnungen für die Nachwelt bewusst. Er bewahrte seinen Nachlass mit dem Ziel auf, ihn später als ein Vermächtnis der „jüdischen Seele" zu publizieren. Es ist wohl diesem Umstand zu verdanken, dass die mit der ihm eigenen Akribie eines preußischen Beamten geführte Sammlung erhalten blieb. In dem Nachlass befinden sich nicht nur die Tagesberichte aus Lohhof, sondern auch ca. 400 Urteile aus seiner Tätigkeit als Disziplinar- und Arbeitsrichter in der jüdischen Verwaltung des Konzentrationslagers Theresienstadt, in das Grabower im Sommer 1942 deportiert worden war.[2]

Bereits kurz nach seiner Rückkehr aus Theresienstadt versuchte Grabower eine entsprechende Veröffentlichung vorzubereiten. Sie sollte seiner Meinung nach kein „populäres oder sensationelles Werk" werden, sondern eine „ernste wissenschaftliche, kulturelle Leistung" darstellen. Bereits im November 1946 wandte er sich an den bayerischen Staatskommissar für rassisch, religiös und politisch Verfolgte, den späteren Präsidenten des Landesentschädigungsamtes in Bayern, Philipp Auerbach, und fragte ihn, ob er jemand wisse, der ihm bei der Bearbeitung und Publikation seiner Materialsammlung behilflich sein könnte. Er schrieb: „In Theresienstadt waren zwei oder drei, die liebend gerne diese Arbeit übernommen hätten und mit denen ich sie oft besprochen habe. Sie sind im Zuge der Oktober-Transporte 1944 in Auschwitz vergast worden".[3]

Erst 1954 kam erneut Bewegung in die Sache. Die 1949 durch den Senat der Hansestadt gegründete „Forschungsstelle für die Geschichte Hamburgs von 1933 bis 1945", heute „Forschungsstelle für Zeitgeschichte in Hamburg", hatte von der Dokumentensammlung Grabowers gehört und fragte nach, ob er Zugang zu seinem Material gewähren würde. Grabower antwortete noch am selben Tag und überließ der Forschungsstelle leihweise seine Sammlung. Diese erkannte zwar deren Wert als eine „einzigartige Quelle zur Geschichte der rassischen Verfolgung in Deutschland". Im Gegensatz zu Grabower, der seine Aufzeichnungen selbst seit 1945 nicht mehr angesehen hatte – „weil es mich auch heute noch zu sehr aufregt", wie er schrieb –, scheint den zuständigen Forschern jedoch auch die Problematik des Materials bewusst gewesen zu sein, denn Grabowers Aufzeichnungen zeigen auch schonungslos die beklemmende Situation, in der sich die jüdischen Verantwortlichen unter der NS-Diktatur befanden. Bei der Rückgabe der Dokumente stellte die Forschungsstelle daher zusammenfassend fest, „wie wenig sich das Allermeiste für eine Veröffentlichung eignet."[4] Es ist denkbar, dass die Forscher fürchteten, durch eine Veröffentlichung des durchaus nicht unproblematischen Materials den in den 1950er Jahren wieder stetig wachsenden Antisemitismus zu befeuern.

Inzwischen sind fast 60 Jahre vergangen. Der historische Wert von Grabowers Aufzeichnungen ist geblieben, das gesellschaftliche Klima hat sich jedoch verändert. In den meisten Kommunen setzt man sich mittlerweile mit der eigenen Verstrickung in die nationalsozialistische Judenverfolgung auseinander, immer mehr Behörden lassen von Historikerkommissionen ihre Vergangenheit „bewältigen". Und auch das Handeln von jüdischen Repräsentanten wird inzwischen weniger unter rein moralischen Gesichtspunkten, sondern im Kontext der verfolgungsgeprägten Umstände gedeutet.[5]

Tatsächlich sind Grabowers Tagesberichte für die Forschung von immensem Wert. Es gibt nicht viele vergleichbare Quellen, die einen derart tiefen Einblick in den Alltag der nationalsozialistischen Judenverfolgung geben, und selten sind sie in derselben Ausführlichkeit, Genauigkeit und Detailtreue verfasst wie die Berichte von Rolf Grabower. Sie zeichnen ein intensives Bild der Ereignisse und werfen ein Licht auf verschiedene Aspekte, die sonst häufig im Dunkeln bleiben. In ihnen erscheinen die Verfolgten auch als Handelnde. Das macht die Lektüre für uns Nachgeborene bisweilen zu einer irritierenden Angelegenheit. Denn wir verbinden mit der Verfolgung aufgrund unseres heutigen Wissens und der breiten medialen Darstellung des Themas vor allem Bilder der Leichenberge von in Auschwitz ermordeten Juden, nicht aber Berichte, in denen auch beschrieben wird, wie sich jüdische Zwangsarbeiterinnen darum bemühen, die Fenster ihrer Lagerbaracke mit Vorhängen und Blumenkästen zu schmücken. Natürlich müssen diese Handlungen vorsichtig in ein

Telefonate und Gespräche: -1-

15.7.1941.

1. 8 Uhr 40 Obstf.ordnet an den beiden Russen soll gesagt werden, wenn sie nocheinmal zu spät kommen, oder den Dienst versäumen, kommen sie auf mehrere Wochen in Schutzhaft. Sie sollen in der Fabrik an die staubigste Stelle und dort die Mädchen entlasten.

2. Telefonat mit Lindwurm :
   a) Abraham : Sonderkonto einrichten.
   b) Wilmersdörfer: schickt 24 Paar Handschuh und 24 Kopftücher und bittet im Uebrigen um Sondermeldung.
   c) Koronczyk: Schreibmaschine steht zur Verfügung, desgleichen Papier. Umdrucke morgen; kann heute geholt werden.

3. Frau Freundlich ist bereit, zunächst unterstützt durch Frau Dr. Rosenfeld, die allgemeine Frauenberatung zu übernehmen.

4. Muggler: 15 Uhr. Fräulein Heims kommt am Donnerstag und soll Alles kennenlernen. Ich wies auf Frau Dr.Rosenfeld hin, die hier bleiben soll und vor Allem auf Frau Freundlich. Er wird die Angelegenheit besprechen.

16.7.1941.

1. Bei der Morgenmeldung ½ 9 Uhr mit Sekretärin von Obstf.gesprochen. Sie fragt nach Frau oder Fräulein Firnrohr und teilt mit, dass Obstf. niemand entlässt. Ich erwiderte: Frau Firnrohr Fehlanzeige, das Letztere sei mir bereits bekannt.
   Ferner meldete ich: Bitte Ersatz für Weil und zwar Katzenstein, ferner Ersatz für Dr.Landauer und Heymann.

2. Dasselbe nachrichtlich an Railing: Regensburger evtl. für Dr.Landauer.

3. Nachrichtlich auch an Direktor Bachmayer, der um Anfertigung einer Wochenlohnliste bittet.
   Er weist darauf hin, dass offenbar sehr viel Jugendliche in der Fabrik seien, das sei mit Schwierigkeiten verknüpft. Ich versprach die Sac zu untersuchen.

19.7.1941.

1. Herr Drexler ruft an. Seine Frau sei gestern bei Spanier gewesen, der ihr ein Zeugnis ausgestellt habe. Heute habe sie Nervenschock und Blutung. Sie werde Montag kommen. Ich erklärte mein Einverständnis und verlangte ein Zeugnis auch für heute.

30.7.1941.

1. Ich bitte um etwa 10 junge Mädchen. Er sagte junge Mädchen seien wohl kaumnoch da. Ich sagte ich brauche dringend Ersatz. Er stellte als Soll 120 fest, ich erklärte ich hätte nur 108. Ich brauche dringendst 10. Er werde mit der Gemeinde sprechen.
2. Ich bat wegen Frau Prager und Frau Kalteis nachzuforschen. Frau Prager behauptet Asthma zu haben, sei von Dr.Spanier laufend Bericht versprochen. Mir sei durch Zufall bekannt geworden, dass Frau Prager vor 5 Jahren noch kein Asthma hatte.

b.w.

Erste Seite der „Tagesberichte" von Rolf Grabower

Gesamtbild integriert werden. Es darf nicht vergessen werden, dass es in der zeitlichen Abfolge, genauso wie in der räumlichen Verortung, erhebliche Unterschiede bei der Verfolgung der Juden gab. Damit ist gemeint, dass die Situation 1936 während der im Deutschen Reich abgehaltenen Olympischen Spiele beispielsweise für Juden in aller Regel besser war als im November 1938 während der „Reichskristallnacht", oder eben, dass das Leben in einem jüdischen Arbeitslager des deutschen Reiches im Frühjahr 1942 trotz der einsetzenden Deportationen mehr Handlungsmöglichkeiten bot als beispielsweise in einem Vernichtungslager der Aktion Reinhardt im sogenannten „Generalgouvernement", einem Teil der besetzten polnischen Gebiete.

Berichte wie jener des jüdischen Lagerleiters Grabower zeigen Facetten menschlicher Existenzen, die über das Schicksal ihrer Ermordung hinausgehen. So erfahren wir – zumindest bruchstückhaft –, wie die Verfolgten versuchten, auf ihre Situation zu reagieren, welche Bedürfnisse, Sorgen und Nöte sie hatten und welche Ziele sie verfolgten. Das Streben nach einem geregelten Alltag ist Ausdruck ihrer Hoffnung; der Hoffnung nicht nur auf ein bestmögliches Leben unter den widrigen Verfolgungsumständen, sondern auf ein Überleben.[6]

Ohne die Tagesberichte von Rolf Grabower wäre es schwer möglich gewesen, ein Buch über die Flachsröste Lohhof zu schreiben. Naturgemäß bringt die starke Konzentration auf eine Quelle Probleme mit sich. Auch wenn sich durch den Abgleich mit vielen anderen Quellen das in Grabowers Aufzeichnungen beschriebene Gesamtbild verfestigen und ergänzen lässt, bleiben die Tagesberichte für etliche Bereiche die einzige Quelle, die zur Verfügung steht – und: Es bleiben Lücken. Natürlich sind da jene Zeiträume, aus denen es keine Aufzeichnungen gibt. Aber auch sonst finden wir in Grabowers Notizen nur das, was Grabower und seine Stellvertreterin, die ebenfalls Einträge in die Tageslisten vornahm, des Aufschreibens für wert hielten und was sie überliefern wollten. Man wird die Tagesberichte also – und letztendlich auch dieses Buch – nur als einen Teil der Geschichte begreifen müssen, ohne dabei den Anspruch zu erheben, die gesamte Geschichte erfahren (oder erzählen) zu können.

Dieses Buch ist dem im letzten Jahr verstorbenen Werner Grube gewidmet. Er war einer der letzten noch lebenden Münchner Zeitzeugen.

Maximilian Strnad
München, im August 2013

Kriegswirtschaft und Flachs – Die Flachsröste Lohhof G.m.b.H.

Flachs ist eine Nutzpflanze, die heute in der deutschen Landwirtschaft nahezu ausgestorben ist. Aus ihr wird die Leinfaser gewonnen. Leinen ist ein jahrtausendealter Textilstoff, der in Europa bis in die frühe Neuzeit neben der Schafwolle einer der wichtigsten Rohstoffe für die heimische Textilindustrie war, heutzutage jedoch nur noch eine untergeordnete Rolle spielt. Leinen ist ein qualitativ hochwertiger Stoff. Er ist wasser- und schmutzabweisend und sehr robust. Aus ihm wurden früher viele Kleidungsstücke, aber auch Alltagsgegenstände wie Säcke, Segeltuch und Zeltplanen hergestellt. Die Fasern des Flachses wurden außerdem zur Produktion von Seilen verwendet.

Eigentlich hatte der Flachs bereits im Zuge der industriellen Revolution und des zunehmenden Handels zwischen Europa, Amerika und Asien zu Beginn des 19. Jahrhunderts seine zentrale Bedeutung für die Textilindustrie an die Baumwolle verloren. Schon der Ertrag der Flachsernte war abhängig von der in Deutschland stark schwankenden Witterung. Zu wenig Feuchtigkeit, aber auch zu wenig Wärme, verhinderten das Wachstum der Pflanzen. Die aus dem Flachs gewonnenen Fasern wurden dadurch kürzer und die Ausbeute und die Qualität des Leinens verminderte sich. Außerdem kann Baumwolle direkt von der Pflanze gewonnen werden und ist daher ein vergleichsweise günstiger Rohstoff, während dem Flachs die Faser erst in einem aufwendigen Arbeitsprozess abgerungen werden muss. Das Flachsstroh muss nach der Ernte zunächst geröstet werden. Rösten kommt von „rotten" und bezeichnet den Gärungs- und Verfaulungsprozess, bei dem durch Feuchtigkeit die Pflanzenleime gelöst werden, welche die Fasern und den hölzernen Schaft des Flachsstrohs zusammenhalten. Das Rösten muss im richtigen Moment unterbrochen werden. Wird das Flachsstroh zu kurz geröstet, lösen sich die Fasern nicht richtig, wird es zu lange geröstet, verderben sie. Baumwolle und Kunststofffasern sind dagegen wesentlich einfacher zu gewinnen und herzustellen.

Noch dramatischer als die Produktion von Leinstoffen selbst hatte im 19. Jahrhundert aber der Anbau von Flachs in Deutschland abgenommen. Das lag vor allem daran, dass Flachs aus dem Ausland, vor allem aus Russland, viel günstiger und in einer beständig guten Qualität eingekauft werden konnte. Der Anbau in Deutschland lohnte sich nicht mehr. Kurz vor Ausbruch des Ersten Weltkrieges 1914 war die Fläche, auf der im Deutschen Reich Flachs angebaut wurde, mit 7.000 Hektar kleiner als die Fläche des Chiemsees. 1850 waren es noch 250.000 Hektar gewesen. Das entspricht in etwa der Größe des heutigen Saarlandes.

Baumwolle und andere Textilrohstoffe wie Seide hatten jedoch einen Nachteil: Sie konnten in Deutschland nicht hergestellt werden. Somit war das Deutsche Reich am „Vorabend" des Ersten Weltkrieges weitgehend abhängig vom Import ausländischer Textilstoffe und -fasern. Der in Friedenszeiten blühende internationale Handel wurde durch den Ausbruch des Krieges jäh unterbrochen, die Rohstoffe verteuerten sich und waren nur noch schwer oder gar nicht mehr zu bekommen. Im Gegenzug war auch der Export von in Deutschland produzierten Waren stark eingeschränkt, was dazu führte, dass die Rücklagen an Devisen knapp wurden. Ausländisches Geld war jedoch für den Ankauf von Rohstoffen wie Baumwolle oder Erdöl dringend notwendig: ein Teufelskreis.

Als das Deutsche Reich 1914 der Welt den Krieg erklärte, war die einheimische Textilindustrie nicht in der Lage, die Nachfrage an den unterschiedlichen kriegswichtigen Materialien zu decken. Schnell wurden die Versorgungslücken offensichtlich. So beklagte sich schon bald die Marine, das „Lieblingsspielzeug" des deutschen Kaisers Wilhelm II., über den Mangel an Seilen und Segeltuch. Auch die Uniformen der deutschen Frontsoldaten wurden mit zunehmender Kriegsdauer aus immer schlechteren Materialien gefertigt. Teile mussten sogar durch Filz und andere, erheblich weniger strapazierfähige Stoffe ersetzt werden. Auch wenn durch verschiedene staatliche Maßnahmen die deutsche Flachsproduktion zwischen 1914 und 1918 deutlich gesteigert werden konnte, war es bei Weitem nicht möglich gewesen, die Versorgungslücken zu schließen.

Das Ende des Krieges hatte die Wiederaufnahme der internationalen Handelsbeziehungen ermöglicht. Baumwolle und andere Rohstoffe konnten wieder importiert werden, die Flachsproduktion in Deutschland wurde erneut eingestellt. Die Erfahrungen aus dem Ersten Weltkrieg veranlassten jedoch deutsche Wirtschaftsexperten und Politiker, sich für die Stärkung der Produktion von heimischen Rohstoffen auszusprechen. In Zukunft sollte die deutsche Wirtschaft autark, also unabhängig von ausländischen Warenlieferungen sein, um im Falle eines neuen Krieges einen deutschen Sieg garantieren zu können. Nationalistische Kräfte trafen seit den frühen 1920er Jahren Vorbereitungen für einen neuen Krieg. Ihr Ziel war es, die harten Bedingungen des Friedensvertrages, der nach dem Ende des Ersten Weltkrieges in Versailles geschlossen worden war, rückgängig zu machen. Viele konservative und nationalistische Politiker sahen die Schuld für den verlorenen Krieg nicht in der eigenen aggressiven Außenpolitik, die England, Frankreich, Russland und Amerika in den Krieg gegen Deutschland gezwungen hatte, sondern alleine bei jenen politischen Kräften, die am 9. November 1918 die Weimarer Republik gegründet und damit das Ende des Krieges und der Kaiserzeit herbeigeführt hatten. Sie bezichtigten Sozialdemokraten, Kommunisten und Juden, dem bis dahin angeblich siegreichen deutschen Heer in den Rücken gefallen zu sein, und somit die deutsche Niederlage verursacht zu haben. Tatsächlich jedoch war das Deutsche Reich 1918 militärisch bereits geschlagen. Diese als „Dolchstoßlegende" bekannt gewordene Propaganda wurde während der Weimarer Republik sehr erfolgreich verbreitet. Eine treibende Kraft hinter diesen Plänen war die 1920 gegründete Nationalsozialistische Arbeiterpartei Deutschlands, kurz NSDAP. Als Sammelbecken völkisch-antisemitischer Kräfte wurde sie unter ihrem Führer Adolf Hitler in den folgenden Jahren zu einer der wichtigsten Parteien des völkisch-nationalen Lagers und 1932 schließlich mit Abstand stimmenstärkste Partei bei den Wahlen zum Deutschen Reichstag. Am 30. Januar 1933 wurde Hitler zum Reichskanzler ernannt.

Nach der politischen Machtübernahme begann die NSDAP, ihre Kriegspläne zu intensivieren. Dazu gehörte in erster Linie die Konsolidierung der Macht innerhalb der Gesellschaft. Politische Gegner wurden ausgeschaltet, misshandelt und ermordet, Institutionen und Vereine gleichgeschaltet, Gesellschaft und Wirtschaft militarisiert. Die Bestrebung, in kriegswichtigen Industriebereichen autark zu sein, wurde zum Fixpunkt der nationalsozialistischen Politik. 1936 trat der erste Vierjahresplan in Kraft. Sein Ziel war es, die deutsche Wirtschaft in vier Jahren „kriegsfähig" zu machen. Der Reichsausschuss für Volkswirtschaftliche Aufklärung gab 1939 ein Pamphlet mit dem Titel „Deutsche Textilstoffe" heraus, das der Bevölkerung die Wichtigkeit der Steigerung der heimischen Produktion deutlich machen sollte. Darin hieß es: „Wir kauften daher [früher] im Ausland Rohstoffe, verarbeiteten sie in Deutschland und führten die Fertigwaren aus. Dieser Zustand galt bei den ‚Gelehrten' lange Jahrzehnte hindurch als die vernünftigste Lösung des Wettbewerbs der Völker untereinander. Das mag solange richtig sein, als es nur ‚fromme Lämmlein' auf der Welt gibt. Sind aber auch ‚Wölfe' auf der Erde zu finden, dann gibt es für die ‚Schafe' kein Entrinnen mehr. Auf Gedeih und Verderb sind sie ihrem Gegner ausgeliefert!" Der Autor, der die nationalsozialistischen „Wölfe" in seiner Darstellung als „fromme Lämmlein" verkaufte, folgerte aus den Erfahrungen des Ersten Weltkrieges, „daß ein Volk sein Lebensrecht in selbstmörderischer Weise vernichtet, wenn es nicht alle Rohstoffe, die es im Kampf ums Dasein braucht, in seinen eigenen Grenzen gewinnen kann."[7]

Ein besonderes Augenmerk im Rahmen des Vierjahresplans lag auf der Agrarindustrie. Die heimische Produktion von Textilrohstoffen wie dem Flachs sollte drastisch gesteigert werden, um die Abhängigkeit von Importen zu reduzieren und die deutschen Devisenreserven zu schonen. Nach Schätzungen des Reichswirtschaftsministeriums benötigte das Deutsche Reich 1936 jährlich 23 Millionen Reichsmark an Devisen, alleine um die für die deutsche Textilindustrie benötigte Menge Flachs einzuführen.[8] Deutsche Wissenschaftler versuchten zur Lösung des Problems unter anderem strapazierfähige Kunststofffasern herzustellen, die natürlichen Textilfasern beigemischt werden sollten. Unter großem Propagandagetöse wurde auch versucht, die Seidenraupenzucht in Deutschland einzuführen. Beide Versuche misslangen. Deutlich erfolgreicher war die Wiederaufnahme des in Deutschland seit jeher betriebenen Flachsanbaus. Da der Anbau und die Verarbeitung von Flachs und Hanf – einer weiteren in der Textilindustrie eingesetzten Nutzpflanze – jedoch bis 1932 in der deutschen Wirtschaft kaum mehr eine Rolle spielten, bedurfte es erheblicher staatlicher Zuschüsse, um eine entsprechende Industrie in kurzer Zeit aus dem Boden zu stampfen.

Die Flachsrenaissance in Deutschland war in den ersten Jahren mit erheblichen Schwierigkeiten verbunden. Nicht nur mehrere durch schlechte Witterung bedingte Missernten, Arbeitskräftemangel, Transport- und Lagerprobleme wirkten sich dabei negativ aus. Die Landwirte mussten erst mit massivem Propagandaaufwand von der Notwendigkeit des Flachsanbaus überzeugt werden und den richtigen Anbau wieder erlernen. Erfolgreicher noch war die bereits Anfang März 1933 eingeführte Flachsanbauprämie. Zusammen mit Garantien für die Abnahme der Ernte und stark subventionierten Preisen führte sie zu einem rapiden Anstieg der Produktion. 1936 wurde bereits wieder auf 44.000 Hektar Flachs angebaut (1942: 100.000 Hektar). Die Hälfte der 60.000 in der deutschen Textilindustrie verarbeiteten Tonnen Flachsfasern wurde nun innerhalb des deutschen Reiches hergestellt.[9] Leinenstoffe machten jedoch nur einen kleinen Teil der Textilproduktion aus und nach wie vor mussten zusätzliche Waren importiert werden. Die heimische Industrie war also weit davon entfernt, Rohstoffe in ausreichender Menge für die Textilindustrie zu liefern, und die zuständigen Experten wussten, dass eine vollständige Unabhängigkeit von Importen unrealistisch war.

Auch Hitler hatte schon früh erkannt, dass es nicht möglich sein würde, das Deutsche Reich in seinen ursprünglichen Grenzen von Rohstoffimporten unabhängig zu machen. Das Streben nach Autarkie war für ihn zwangsläufig mit einem weiteren Schritt verbunden. Während der Ausarbeitung des Vierjahresplans hatte er daher bereits 1936 festgestellt: „Die endgültige Lösung liegt in einer Erweiterung des Lebensraumes bzw. der Rohstoff- und Ernährungsbasis unseres Volkes."[10] Die militärische Unterwerfung anderer Völker war die logische Konsequenz dieser Politik. Die Nationalsozialisten rechtfertigten sie, da sie die „germanische Rasse" als den anderen Völkern überlegen ansahen und daraus einen natürlichen Herrschaftsanspruch ableiteten. Am 1. September 1939 marschierte die deutsche Wehrmacht in Polen ein. Der Kampf um den „Lebensraum" hatte begonnen.

Neben dem Anbau musste auch die Flachs verarbeitende Industrie völlig neu aufgebaut werden, denn 1932 gab es innerhalb des Deutschen Reiches nur noch eine Hand voll Röstanstalten, die dem Flachs seine Fasern abgewinnen konnten. Durch massive Zuschüsse wurden bis 1936 etwa 90 Röstbetriebe gegründet, bis

1942 sollte sich ihre Zahl aufgrund der kriegsbedingten Gebietszugewinne verdoppeln. Die Mehrzahl der Betriebe wurde von landwirtschaftlichen Vereinigungen und Genossenschaften, ein Drittel etwa mithilfe von Kapital aus der Textilwirtschaft gegründet. Der nationalsozialistische Staat förderte jedoch nicht nur die Gründung, auch für den laufenden Betrieb wurden großzügige Kredite bereitgestellt. Da die Flachsrösten zur Erntezeit erhebliche Ausgaben hatten, um die Bauern zu bezahlen, diese jedoch erst im Laufe des Geschäftsjahres mit fortschreitender Produktion refinanzieren konnten, gewährte das Reich sogenannte Flachsernte-bewegungskredite in Millionenhöhe.

Auch im traditionell stark landwirtschaftlich geprägten süddeutschen Raum hatten die Autarkiebestrebungen der NS-Führung zu einem regelrechten Boom in der Flachs und Hanf aufbereitenden Industrie geführt. Im Münchner Umland wurden Mitte der 1930er Jahre zwei Flachsrösten errichtet. 1936 war durch die Flachsaufbereitung Falak in Bichl bei Bad Tölz eine der größten Taurösten Deutschlands gegründet worden. Hier wurde der Flachs direkt nach der Ernte dezentral auf nahe gelegenen Wiesenflächen mit Hilfe der morgendlichen Feuchtigkeit geröstet, bevor er in der Fabrik maschinell weiterverarbeitet wurde. 1937, im ersten Produktionsjahr, waren in Bichl 240 Hilfsarbeiterinnen, 60 Hilfsarbeiter und zwölf Facharbeiter beschäftigt. Sie verarbeiteten in einer Saison ca. 35.000 Doppelzentner Flachs, der vor allem aus Österreich angeliefert wurde. Während des Krieges steigerte sich die Produktion deutlich. Der geschätzte Jahresumsatz betrug 500.000 Reichsmark.[11]

Etwa zeitgleich schlossen sich mehrere Unternehmen aus der Textilwirtschaft – darunter eine Spinnerei, ein Tauwerk und eine Bindfadenfabrik – unter der Leitung der Hanfwerke Füssen-Immenstadt zur Faser-Rohstoff-Genossenschaft Lohhof zusammen. Der am 20. September 1934 geschlossene Gesellschaftervertrag hatte die Gründung einer Flachs- und Hanfröste in Lohhof zum Ziel. Als Direktoren wurden Hermann Bachmayer und der Diplom-Landwirt Kurt Otto Vahlensieck eingesetzt. Bis 1937 konnten eine Reihe weiterer Gesellschafter gewonnen werden. Es handelte sich erneut um Unternehmen aus der Textilindustrie und deren Zulieferer, darunter große Spinnereien aus Reutlingen, Hof, Bielefeld und Schlesien. Aber auch ständische Organisationen wie der Reichsnährstand und Genossenschaften wie die Bayerische Warenvermittlung landwirtschaftlicher Genossenschaft (heute BayWa) und die Bayerische Zentral-Darlehenskasse der Volks- und Raiffeisenbanken hielten hohe Anteile. Die Flachsröste Lohhof war damit in etwa je zur Hälfte in der Hand privatwirtschaftlicher Unternehmen und landwirtschaftlich-ständischer Institutionen. Das Stammkapital wurde auf 400.000 Reichsmark erhöht. Diese Mittel wurden für den Kauf des Geländes, zur Errichtung der Anlagen und zur Anschaffung der Maschinen verwendet. Die Kaltröstgruben, also jener Bereich, in dem der Hanf im

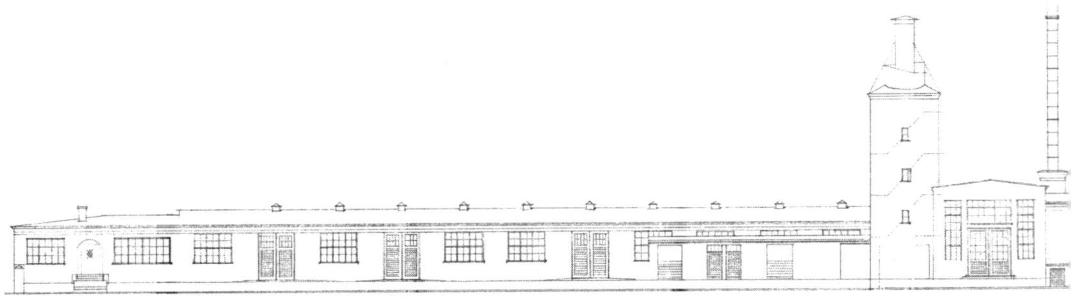

Freien in Wasserbecken geröstet wurde, um ihn anschließend auf den umliegenden Feldern zum Trocknen auszulegen, wurde bereits 1936 fertiggestellt. 1937 wurde die Fabrik erbaut, in der neben einer Warmröstanlage, die den Röstvorgang erheblich beschleunigte, auch moderne Geräte zur Verarbeitung des gerösteten Flachsstrohs untergebracht waren. Zwischen der Fabrik und den Röstbecken lagen die fünf Scheunen. Hier wurde der Teil des Flachses gelagert, der nach Anlieferung nicht unmittelbar verarbeitet werden konnte. 1939 wurde kurz vor Kriegsbeginn ein Luftschutzkeller errichtet. Während für diese Gebäude die Baupläne erhalten geblieben sind, gibt es zu der Baracke, die spätestens ab 1941 als betriebseigenes Lager für die dort eingesetzten Zwangsarbeiterinnen und Zwangsarbeiter genutzt wurde, keine Bauunterlagen.[12] Die Baracke war umzäunt. Sie befand sich vermutlich nordöstlich, in einiger Entfernung gegenüber dem Fabrikgebäude, in der Nähe des Pförtnerhäuschens am Eingang des Fabrikgeländes.

Das Grundstück hatte die Flachsröste 1936 von dem Großgrundbesitzer Fritz Lochmann erworben. Der aus Sachsen stammende Fabrikantensohn hatte den sogenannten „Lohhof" samt den umgebenden Ländereien im Jahr 1916 gekauft. Da sich die Landwirtschaft auf dem kargen Boden nicht lohnte, plante Lochmann ab 1928 die Gründung einer Siedlung und verkaufte sein Land seit 1930 parzellenweise. Bis 1938 entstanden dort 400 Häuser, in die vor allem Siedler mit wenig Vermögen aus dem Dachauer und Freisinger Hinterland zogen. Sie besaßen keinen eigenen Grund, den sie landwirtschaftlich bestellen konnten. Viele verdienten ihren Lebensunterhalt in den Industriegebieten des Münchner Nordens.[13] Später wohnten dort auch etliche Arbeiterinnen und Arbeiter der Flachsröste. Die neue Siedlung in Lohhof hatte für die Industriearbeiterinnen und Industriearbeiter eine ideale Lage. In direkter Nähe befanden sich eine Straße und vor allem die Bahnstrecke München-Landshut mit einem eigenen Bahnhof. Diese Voraussetzungen machten den Standort auch für die auf der anderen Seite der Bahnstrecke im Norden gelegene Flachsröste interessant, denn die Anlieferung des Flachses erfolgte auf Güterwaggons. Vom nahe gelegenen

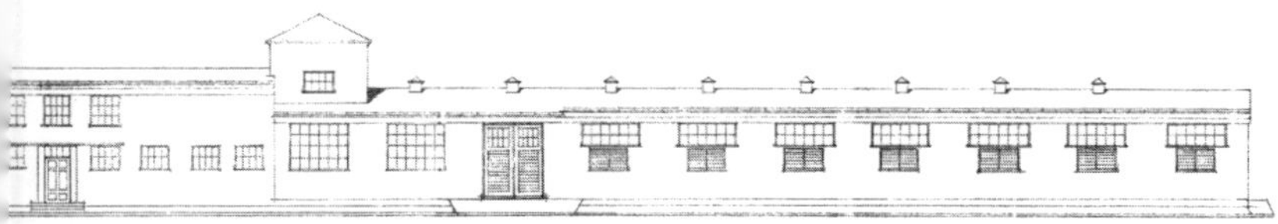

Tekturzeichnung des Fabrikgebäudes der Flachsröste Lohhof von 1939

Rückseite der Flachsröste Lohhof, ca. 1937

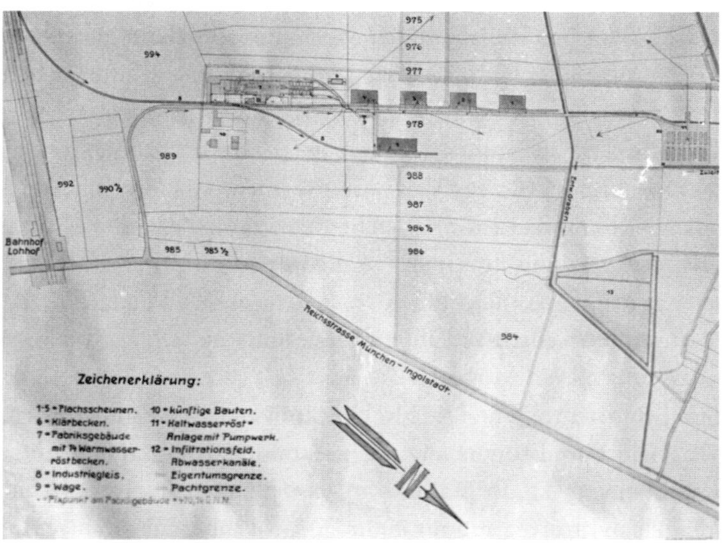

Lageplan der Flachsröste Lohhof G.m.b.H, ca. 1936. Links der Bahnhof von Lohhof, in der Mitte das Fabrikgebäude und die Flachsscheunen, rechts die Kaltwasserröstbecken.

Luftaufnahme aus dem Jahr 1943: links der Ort Lohhof mit Bahnhof, in der Mitte die Flachsröste

Bahnhof wurden Gleise zum Werksgelände gelegt. Die Flachsröste besaß damit einen werkseigenen Bahnhof.

Die Eintragung der Flachs- und Hanfröste Lohhof G.m.b.H. im Handelsregister erfolgte am 24. April 1939, zu diesem Zeitpunkt war die Anlage bereits mehr als ein Jahr in Betrieb. Von Beginn an kam es zu massiven Beschwerden seitens der Anrainer. Das für die Röste benötigte Wasser wurde aus der nahe gelegenen Moosach entnommen. Die Abwässer wurden wieder in den Fluss geleitet. Auch der massive Einsatz von Chlor konnte nicht verhindern, dass die Moosach zunehmend verunreinigt wurde. 1938 und 1939 kam es zu einem großen Fischsterben, über das sich der örtliche Fischer beim zuständigen Wasseramt beklagte. Proben ergaben eine starke Belastung und die Flachsröste erklärte sich bereit, die Kosten für 1.000 Forellensetzlinge zu übernehmen, um den Fischbestand auszugleichen. Die Abwässer waren jedoch nicht nur für die Umwelt schädlich. Die Arbeiterinnen und Arbeiter kamen täglich mit ihnen in Berührung. 1941 und 1943 wiederholten sich die Klagen. Auf der Moosach bildeten sich Pilze, das Wasser war braun und schlammig und stank furchtbar. Die Fische waren erneut verschwunden. Das Wasseramt ordnete 1943 eine Erneuerung der gesamten Abwasseranlage an, da diese durch die Vergrößerung des Betriebes von ursprünglich 23 Eisenbahnwaggons verarbeiteten Flachses pro Jahr auf nunmehr 77 nicht mehr ausreichte. Die

Luftaufnahme der Hanfröste Schrobenhausen, ganz unten die ehemaligen Zwangsarbeitsbaracken, undatiert (vermutlich 1950er Jahre)

Kriegswichtigkeit der Produktion und die kriegsbedingten Engpässe bei Baumaterialien und Chemikalien verhinderten aber, dass die Flachsröste sich ernsthaft um ihr Abwasserproblem kümmern musste.[14]

In Lohhof sollte ursprünglich sowohl Flachs als auch Hanf verarbeitet werden. Bereits 1936 beschloss die Leitung der Flachsröste jedoch, den Bereich der Hanfaufbereitung auszugliedern und einen zweiten Betrieb in Schrobenhausen zu errichten. Der Hanfanbau hatte auf den dortigen Moorböden Tradition und die alte örtliche Hanffabrik konnte den drastisch gestiegenen Anforderungen nicht mehr gerecht werden. Für das neu zu bauende Werk in Schrobenhausen wurde eine eigene G.m.b.H. gegründet, deren Leitung jedoch personell identisch mit der der Flachsröste in Lohhof war. Einer der Gesellschafter war die Weberei Ulrich Gminder aus Reutlingen, die die Hanfröste Schrobenhausen nach dem Krieg übernahm und bis zu deren Liquidierung Ende der 1950er Jahre betrieb. Während die Flachsröste genügend Eigenkapital für den Bau hatte, wurde der Baukredit für das Werk in Schrobenhausen mit einer Reichsbürgschaft des Reichsministeriums für Ernährung und Landwirtschaft über 240.000 Reichsmark abgesichert. Im Sommer 1937 waren bereits über 80 Arbeitskräfte im Betrieb beschäftigt. Das Werk war auf die Verarbeitung von 65.000 Doppelzentner Hanfstroh ausgelegt. In den ersten Jahren wurde jedoch nur eine Leistung von maximal 45.000 Doppelzentner erreicht.[15]

Leider existieren von der Flachsröste Lohhof nur wenige Fotografien, insbesondere keine, die die Zwangsarbeiterinnen und Zwangsarbeiter bei ihrer Arbeit zeigen. Dafür gibt es aus dem Nachlass des früheren Direktors Kurt Otto Vahlensieck eine Serie von undatierten und unbeschrifteten Aufnahmen aus dem Schwesterbetrieb, der Hanfröste Schrobenhausen. Sie zeigen vermutlich deutsche Arbeitskräfte vor 1939 bzw. nach 1945. Da sowohl die Arbeitsabläufe als auch die eingesetzten Maschinen in Schrobenhausen identisch mit denen in Lohhof waren und auch die Fabrik, die Lagerhallen, die Scheunen und das Fabrikgelände starke Ähnlichkeiten aufweisen, sind in der Folge auch einzelne dieser Aufnahmen zur Illustration und besseren Verständlichkeit abgebildet.

Anlieferung von Hanfstroh zur Hanfröste Schrobenhausen, undatiert (vermutlich 1950er Jahre)

Arbeiterinnen legen in der Hanfröste Schrobenhausen Hanfstroh in eine Maschine ein, 1950er Jahre.

Zwangsarbeit

Die Flachsaufbereitung war eine arbeits- und personalintensive Tätigkeit. Auch wenn die Industrie- und Handelskammer 1936 bei der Reichswirtschaftskammer erfolglos versucht hatte, aus dem Flachshelfer einen Lehrberuf zu machen,[16] handelte es sich bei dem Großteil der Arbeitskräfte um ungelernte Hilfsarbeiter, genauer gesagt um Hilfsarbeiterinnen, denn die Arbeit mit dem Flachs war traditionell eine Arbeit von Frauen. Dafür gab es mehrere Gründe. Zunächst waren auf den Bauernhöfen seit Generationen die Frauen für diesen Teil der Arbeit zuständig gewesen. Neben der Tauröste banden sie das Flachsstroh zu Bündeln, den sogenannten Garben, und stellten diese zum Trocknen auf. Auch die Herstellung der Fasern für den hofeigenen Bedarf an Flachsgarn war genauso Frauenarbeit wie das Spinnen des Garns und das anschließende Weben der Stoffe und Kleidungsstücke. Die Frauen riffelten zunächst die Leinsamen aus dem Stroh. Nach der Röste wurden die Stängel gebrochen, um beim anschließenden Schwingen des Strohs die holzigen Teile besser entfernen zu können. Übrig blieben schließlich die feinen Fasern, aus denen das Garn hergestellt wurde. Selbst die Holzreste der Stängel wurden als Streu oder Brennmaterial verwertet.

Dass auch in der industriellen Flachsverarbeitung überwiegend Frauen eingesetzt wurden, hatte jedoch einen anderen Grund. Die Löhne in der Landwirtschaft waren seit jeher gering. Ab der zweiten Hälfte der 1930er Jahre machten die im Gegensatz zu den steigenden Löhnen in der städtischen Rüstungsindustrie auf niedrigem Niveau stagnierenden Einkommen für viele Männer eine Tätigkeit in der Flachsverarbeitung unattraktiv. Frauen jedoch waren, zumal in ländlichen Regionen, flexibel in der saisonabhängigen Arbeit einzusetzen, die für viele Familien ein willkommenes Zubrot bedeutete – und: Frauen wurden für ihre Arbeit erheblich schlechter bezahlt als Männer. So erhielt 1938 ein männlicher Hilfsarbeiter der Flachsaufbereitung Falak 60 Pfennig Tariflohn in der Stunde, während eine Hilfsarbeiterin für die gleiche Tätigkeit nur 36 Pfennig, also etwas mehr als die Hälfte verdiente.[17] Es ist also wenig verwunderlich, dass die Belegschaft der Flachsrösten zum überwiegenden Teil aus Frauen bestand. Die wenigen lukrativen Stellen blieben den Männern vorbehalten. Sie stellten die Vorarbeiter, die sogenannten Röstmeister, denen nicht nur die Organisation der Arbeitsabläufe sowie die Entscheidung über den richtigen Moment zum Abbruch des Röstvorgangs und die Bewertung der Qualität des Flachses oblag, sondern auch die Kontrolle und Disziplinierung der weiblichen Belegschaft sowie die Berechnung von deren für die Höhe der Entlohnung relevanten Akkordleistung.

Die Flachsrösten sollten zunächst dabei helfen, die Arbeitslosigkeit abzubauen. Bereits 1938 kam es auf dem deutschen Arbeitsmarkt jedoch zu Engpässen. Immer mehr Frauen wurden in der Industrie angeworben, da die Kriegsvorbereitungen in der Wirtschaft sämtliche Arbeitskräfte absorbierten. Die fehlenden deutschen Arbeiter und Arbeiterinnen mussten durch im Ausland angeworbene ersetzt werden. Sie kamen zunächst aus mit dem Deutschen Reich verbündeten Staaten wie Italien oder aus neutralen Ländern wie Belgien oder den Niederlanden. Vor Kriegsbeginn war das Deutsche Reich für viele Arbeitskräfte aus den benachbarten Staaten ein durchaus begehrenswertes Ziel. Im Gegensatz zu ihren Heimatländern bot die durch die Kriegsvorbereitungen befeuerte deutsche Wirtschaft gut bezahlte Arbeitsplätze.

Mit Kriegsbeginn verschärfte sich die Lage weiter, denn die deutschen Männer wurden nun in erheblichem Umfang eingezogen und standen als Arbeitskräfte nicht mehr zur Verfügung. 1941 waren dem Arbeitsamt mehr als 40.000 offene Stellen im Stadt- und Landkreis München gemeldet, allein in der Landwirtschaft konnte weniger als ein Viertel des Bedarfs gedeckt werden.[18] Die deutsche Industrie war mehr denn je auf ausländische Arbeiterinnen und Arbeiter angewiesen, um den Bedarf der Kriegswirtschaft decken zu können. Formal erfolgte die An-

Sortieren des Hanfstrohs in der Hanfröste Schrobenhausen, undatiert (ca. Ende 1930er Jahre)

werbung von Arbeitskräften in den besetzten Gebieten weiterhin auf „freiwilliger" Basis. Wie das Beispiel der Niederlande zeigt, kann von „Freiwilligkeit" jedoch nicht die Rede sein. Dort wurden Sozialleistungen gestrichen, wenn die Empfänger sich nicht mit einer Vermittlung nach Deutschland bereit erklärten. Viele Menschen hatten keine Wahlfreiheit. Sie waren darauf angewiesen, die ihnen angebotene Arbeit in Deutschland anzunehmen, um sich und ihre Familien ernähren zu können. Die Zahl der „freiwilligen" Arbeitsmigranten war dennoch geringer, als es die deutschen Behörden erhofft hatten, und sie nahm zunehmend ab, denn die Versprechungen der sogenannten „Anwerberkommissionen" entpuppten sich allzu oft als inhaltsleer, mehr noch, die Behandlung der angeworbenen Arbeiterinnen und Arbeiter war häufig schlecht. Hinzu kamen die rassistischen Diskriminierungen, die gerade Arbeitskräfte aus Süd- und Osteuropa trafen, sowie der Umstand, dass viele nicht für die Nation arbeiten wollten, die ihre Heimat angegriffen hatte und besetzt hielt. Die zuständigen Dienststellen reagierten mit Dienstverpflichtungen. Spätestens jetzt konnte von Freiwilligkeit keine Rede mehr sein. Aber auch die bereits in Deutschland eingesetzten Arbeiterinnen und Arbeiter wurden vielfach nach Ablauf ihrer Dienstzeit für die weitere Tätigkeit zwangsverpflichtet.

Der Eroberungskrieg eröffnete den deutschen Behörden insbesondere in Osteuropa neue Möglichkeiten. Schon wenige Wochen nach Kriegsbeginn wurden Ende 1939 die ersten polnischen Kriegsgefangenen zur Zwangsarbeit in das Deutsche Reich gebracht. Auch die Zwangsrekrutierung ziviler Arbeitskräfte hatte bereits unmittelbar nach der Eroberung Polens durch die deutsche Arbeitsverwaltung begonnen, die dort zu diesem Zweck ein verzweigtes Netz an Außenstellen einrichtete. Zunächst sollten eine Million polnischer Arbeitskräfte überwiegend in der deutschen Landwirtschaft eingesetzt werden. Diese Dimensionen konnten nur unter dem Einsatz massiver Zwangsmaßnahmen erreicht werden. Sämtliche Polinnen und Polen im Alter von 15 bis 25 Jahren hatten sich seit dem Frühjahr 1940 zum Arbeitseinsatz nach Deutschland zu melden. Polizei und Einheiten der Schutzstaffel (SS) – einer der mächtigsten und gefürchtetsten Parteiorganisationen, die dem Reichsführer SS Heinrich Himmler unterstand – führten in den Städten groß angelegte Razzien durch, um die „unwilligen" Arbeitskräfte der deutschen Arbeitsverwaltung zuzuführen. Auch die Wehrmacht beteiligte sich an den Maßnahmen. Betriebe wurden durchkämmt, Familienangehörige in Sippenhaftung genommen – eine Praxis, die sich mit dem Überfall auf die Sowjetunion noch verschärfen sollte. Als Ende 1941 klar wurde, dass der Krieg im Osten und dadurch der Einsatz der deutschen Soldaten erheblich länger dauern würde als geplant, rekrutierte das NS-Regime in zunehmendem Maße Arbeitskräfte aus den eroberten Gebieten der Sowjetunion, um die Rüstungsproduktion und die Versorgung der Truppen sowie der Zivilbevölkerung zu gewährleisten. Dabei gab es starke ideologische Vorbehalte gegen den „Russeneinsatz“ im Reich, denn die sogenannten „Ostarbeiterinnen“ und „Ostarbeiter“ standen mit den Juden auf der untersten Ebene der nationalsozialistischen Rassenideologie. Aufgrund der desolaten Lage auf dem Arbeitsmarkt wurden diese Bedenken jedoch zurückgestellt. Im März 1942 ernannte Adolf Hitler mit Fritz Saukel einen Generalbevollmächtigten für den Arbeitseinsatz, der – mit weitreichenden Kompetenzen ausgestattet und mit zunehmender Brutalität – insgesamt fast 3 Millionen Bürger der Sowjetunion zur Zwangsarbeit nach Deutschland deportieren ließ. Insgesamt wurden während der NS-Zeit etwa 13 Millionen ausländische Arbeitskräfte ins Deutsche Reich geholt, um dort die Kriegswirtschaft am Laufen zu halten.[19]

Nachdem die Zwangsarbeiterinnen und Zwangsarbeiter in die Züge der Reichsbahn verfrachtet worden waren, stand ihnen meist eine mehrtägige Odyssee unter extrem schlechten Bedingungen bevor. Die Güterwaggons waren nicht beheizt. Es gab keine sanitären Einrichtungen, auch Nahrung und Wasser fehlte teilweise tagelang. Erste Station im Deutschen Reich war ein sogenanntes „Grenzentlausungslager“. Hier erfolgte eine erste medizinische Untersuchung und die Ausschaltung politisch verdächtiger Personen. Insbesondere Zwangsarbeitskräfte aus der Sowjetunion standen im Verdacht, kommunistisch indoktriniert zu sein. Anschließend kamen die Zwangsarbeiterinnen und Zwangsarbeiter in ein Auffanglager. Für München und das Umland war zunächst das Stammlager für Kriegsgefangene (Stalag) in Moosburg zuständig, ab Sommer 1942 das Durchgangslager (Dulag) in Dachau-Rothschwaige. Nachdem sie weitere gesundheitliche Untersuchungen über sich hatten ergehen lassen müssen, wurden die Zwangsarbeiterinnen und Zwangsarbeiter durch das Landesarbeitsamt Bayern auf die verschiedenen Betriebe im Landkreis München verteilt. Die Firmen mussten nachweisen, dass bei ihnen nicht aufschiebbare, kriegswichtige Aufträge bearbeitet wurden, für die keine anderen Arbeitskräfte zur Verfügung standen. Außerdem mussten sie für Unterkunft und Verpflegung Sorge tragen können.

Die Arbeitsbedingungen waren je nach Branche und Betrieb unterschiedlich. Zwangsarbeit war jedoch immer gleichbedeutend mit schwerer körperlicher Arbeit. Dabei richteten sich die Arbeitsbedingungen, die Behandlung und natürlich auch die Überlebenschancen stark nach der rassistischen Hierarchisierung, die das NS-Regime auch dem Zwangsarbeitseinsatz zugrunde legte. Sowjetische Kriegsgefangene, „Ostarbeiterinnen“ und „Ostarbeiter“ erhielten beispielsweise erheblich schlechtere Verpflegung als „Zivilarbeiterinnen“ und „Zivilarbeiter“ aus Nord- und Westeuropa, die außerdem in leichteren Tätigkeiten eingesetzt wurden. Die Sterblichkeit unter den sowjetischen Zwangsarbeitskräften, die vorwiegend in großen Rüstungsbetrieben eingesetzt wurden, war 1942 so hoch, dass sich die deutschen Behörden genötigt sahen, die Lebensbedingungen und die Nahrungsrationen zu verbessern, denn der nach wie vor große Mangel an Arbeitskräften und der zunehmend stockende Nachschub erforderten deren Erhaltung, nicht deren Vernichtung. Am Rande sei erwähnt, dass diese Maxime keineswegs für alle Zwangsarbeitskräfte galt. Insbesondere bei jüdischen KZ-Häftlingen und Gettoinsassen in Osteuropa war die „Vernichtung durch Arbeit" ein kalkulierter Bestandteil der rassistischen Vernichtungspolitik.

Bei vielen jener Firmen, die während der NS-Zeit von Zwangsarbeit profitierten, lässt sich heute nur noch schwer rekonstruieren, wer dort wann eingesetzt war. Das liegt zum einen daran, dass es viele Betriebe inzwischen nicht mehr gibt und auch bei noch existierenden Firmen häufig keine oder nur lückenhafte Archive vorhanden sind. Auch vernichteten betroffene Unternehmen ihre Akten aus der NS-Zeit gezielt, um die eigene Verstrickung zu verschleiern und um Entschädigungszahlungen zu vermeiden. Ähnliches trifft auch auf die Überlieferungslage in vielen staatlichen Behörden zu, die mit der Zuweisung der Zwangsarbeiterinnen und Zwangsarbeitern befasst waren. Insbesondere betroffen sind die Arbeitsämter, die ihre Akten lange Zeit erst gar nicht an die zuständigen Archive abgaben, sondern sie gleich tonnenweise selbst entsorgten. Auch dort wurden nach dem Krieg gezielt Spuren vernichtet, wie beispielsweise die verantwortlichen Sachbearbeiterinnen und Sachbearbeiter des Münchner Arbeitsamtes später selbst eingestanden. Besonders gründlich entledigten sich auch die Gauleitung der NSDAP und die Gestapoleitstelle in München angesichts der nahenden amerikanischen Truppen ihrer belastenden Akten.[20]

Die Unterlagen der Flachsröste Lohhof verbrannten größtenteils am 29. April 1945, als die US-Armee Lohhof befreite. Die restlichen Akten wurden nach der 1954 abgeschlossenen Liquidation zehn Jahre aufbewahrt und anschließend entsorgt. Die wenigen aus anderen Quellen überlieferten Informationen lassen darauf schließen, dass in der Flachsröste Lohhof zunächst vor allem Frauen und Männer aus der Region beschäftigt worden waren. Mit dem zunehmenden Arbeitskräftemangel wurden aber auch in Lohhof verstärkt ausländische Arbeitskräfte eingesetzt. Vor dem Sommer 1941 arbeitete dort eine größere Gruppe von vermutlich 34 belgischen Arbeiterinnen. Sie waren bereits in ihrer Heimat von der dortigen Arbeitsverwaltung für die Arbeit in der Flachsröste rekrutiert worden.[21] Im November 1941 bekam die Flachsröste mit Josef Demeulemeester aus Beveren bei Antwerpen einen belgischen Betriebsschlosser, der außerhalb des Lagergeländes im Dorf wohnte.[22] Über einen längeren Zeitraum wurden bei der Flachsröste auch französische Kriegsgefangene eingesetzt. Sie waren vom Stalag Moosburg nach Lohhof überwiesen worden und dort in einer mit Stacheldraht umzäunten Baracke unter

Der französische Zwangsarbeiter Robert Fillaux, ca. 1942

der Aufsicht von deutschen Soldaten untergebracht, die sich außerhalb des Firmengeländes befand.[23] Im Januar 1942 handelte es sich noch um 39 Männer. Auch nach dem Abzug der französischen Kriegsgefangenen im Frühjahr 1942 gab es in Lohhof noch einzelne französische Zwangsarbeitskräfte, wie den seit März 1943 als Zugmaschinenführer beschäftigten 27-jährigen Robert Raymond Fillaux aus Issoudun. Es gibt einige Hinweise, dass in Lohhof auch polnische Kriegsgefangene beschäftigt wurden. Es ist allerdings unsicher, ob sie schon 1939 eingesetzt worden waren, wie dies bei der Flachsaufbereitung Falak der Fall war, die bereits wenige Wochen nach Kriegsbeginn 25 polnische Kriegsgefangene überstellt bekommen hatte.

Seit Sommer 1941 wurden in Lohhof vor allem jüdische Zwangsarbeiterinnen aus München, seit Dezember desselben Jahres zusätzlich knapp 70 jüdisch-polnische Frauen aus dem Getto Litzmannstadt (Łódź) eingesetzt. Auf ihre Geschichte wird später noch ausführlich eingegangen. Am 21. Februar 1942 erhielt die Flachsröste nach einer entsprechenden Anforderung weitere Zwangsarbeiterinnen durch das Arbeitsamt zugeteilt. Es handelte sich um 32 Frauen aus der Ukraine. Nur zwei Tage später erhielt auch die Flachsaufbereitung Falak 40 ukrainische Zwangsarbeiterinnen, um ebenfalls ihr Arbeitskräftereservoir für die anstehende Flachssaison zu decken.[24] Ein Schreiben der örtlichen Polizeistation an den Landrat zeigt, unter welchen Bedingungen die „Ostarbeiterinnen" in Bichl eingesetzt wurden: „Diese Arbeitskräfte sind in einer innerhalb der Fabrikanlage der Falak befindlichen Baracke untergebracht. Die Baracke ist mit gut vergitterten Fenstern und Stacheldrahtumrandung versehen. Diese 40 neueingesetzten ukrainischen weiblichen Arbeitskräfte werden nur tagsüber gemeinsam in einer Arbeitsschicht verwendet. Sie werden zu Schichtbeginn geschlossen von der Baracke zur Arbeitsstätte und nach Schichtende von der Arbeitsstätte zur Baracke geführt. Das Verlassen der Fabrikanlage ist den ukrainischen Weibern verboten. Mit den übrigen ausländischen 36 kroatischen weiblichen Arbeitskräften kommen die Ukrainerinnen nicht zusammen und den Kroatinnen ist der Zutritt zur Baracke der Ukrainerinnen und auch der sonstige Verkehr strengstens verboten."[25] Für die Bewachung der Zwangsarbeiterinnen während des Dienstes und in der Nacht stellte der Betrieb Vorarbeiter ab, die für ihre Tätigkeit als Hilfspolizisten verpflichtet wurden und damit ermächtigt waren, gegebenenfalls Gewalt gegen die Frauen anzuwenden. Besonderen Wert legte die Polizei in ihrer Schilderung auf getrennte Unterbringung und Arbeitseinsatz der verschiedenen ethnischen Gruppen. Das entsprach der üblichen Anweisung der Behörden. Dass die ausländischen Zwangsarbeiterinnen getrennt von den deutschen Arbeitskräften einzusetzen waren, verstand sich von selbst.

Auch in Lohhof waren die ukrainischen Zwangsarbeiterinnen von den jüdischen getrennt untergebracht worden. Sie wurden unter ähnlichen Bedingungen wie in Bichl in der Baracke der französischen Kriegsgefangenen untergebracht. Die Kriegsgefangenen waren kurz zuvor abgezogen worden. Die älteren waren in die Heimat entlassen, die jüngeren anderweitig in der Landwirtschaft eingesetzt worden. Auch in Lohhof war den ukrainischen Frauen das Verlassen ihrer Unterkunft, beziehungsweise des Werksgeländes nicht gestattet. Die räumliche Trennung am Arbeitsplatz wurde jedoch nicht umgesetzt. Wie in vielen anderen Betrieben war es aus produktionstechnischen Gründen gar nicht möglich, die behördlichen Vorgabe von „rassenreinen Arbeitskommandos“ einzuhalten. Zwar waren den Ukrainerinnen und den Jüdinnen in Lohhof verschiedene Unterkünfte und auf dem Firmengelände auch verschiedene Toiletten zugewiesen, im Schichtdienst arbeiteten sie jedoch zusammen.

Mitte Februar 1942 hatte die Betriebsleitung der Flachsröste Lohhof mit 25 polnischen Kriegsgefangene weitere Zwangsarbeiter angefordert. Die Frage ihrer Unterbringung bereitete allerdings Probleme, denn sämtliche Baracken waren bereits belegt, eine gemeinsame Unterbringung mit den weiblichen Zwangsarbeiterinnen schied aus. Der Betrieb beschloss, die Polen zunächst im Gemeinschaftsraum der Fabrik unterzubringen, der allerdings direkt neben den Umkleideräumen der Frauen lag. Als Alternative wurde vorgeschlagen, die polnischen Männer im Nebenraum der nahe gelegenen Bahnhofsgaststätte zu internieren. Es ist nicht bekannt, wo sie letztendlich untergebracht wurden oder ob die polnischen Kriegsgefangenen überhaupt eintrafen, denn für die Zeit ab April 1942 sind kaum noch Quellen überliefert. Die wenigen vorhandenen Aktensplitter erlauben für den weiteren Verlauf des Zwangsarbeitseinsatzes in Lohhof lediglich noch eine grobe Einschätzung. Schon seit 1941 hatte die Flachsröste versucht, eine weitere Baracke zur Unterbringung von Zwangsarbeitskräften zu errichten, um den gestiegenen Produktionsanforderungen Rechnung tragen zu können. Die dafür erforderliche Genehmigung war bereits erteilt worden. Die Ausführung verzögerte sich aber, da aufgrund der kriegsbedingten Rohstoffknappheit das benötigte Baumaterial bislang nicht bewilligt worden war. Laut einer Notiz vom 17. März 1942 sah die Planung für die sommerliche Hauptsaison der Flachsproduktion neben den jüdischen Zwangsarbeiterinnen einen zusätzlichen Bedarf von „116 Hilfsarbeiterinnen im Alter von nicht über 45 Jahren“ vor. Neben den bereits zugeteilten 33 Ukrainerinnen sollten 31 weitere sofort und noch einmal „52 Ukrainerinnen“ eingesetzt werden, „sowie die bereits genehmigte Baracke fertig ist“.[26] Neben der 24-köpfigen deutschen Belegschaft arbeiteten zu diesem Zeitpunkt etwa 130 jüdische Zwangsarbeiterinnen, zwei belgische Techniker und vermutlich 25 polnische Männer in Lohhof. Im Ganzen belief sich der Arbeitskräftebedarf im Sommer 1942 also auf rund 300 Personen.

Die zusätzliche Baracke für die Unterbringung von ca. 80 Personen wurde noch im weiteren Verlauf des Jahres 1942 errichtet.[27] Die Flachsröste bekam in diesem Zeitraum und auch darüber hinaus weitere „Ostarbeiterinnen" zugeteilt, das zumindest geht aus den Akten hervor.[28] Vermutlich wurden in der Flachsröste Lohhof, übrigens genau wie im Schwesterbetrieb, der Hanfröste Schrobenhausen, bis Kriegsende ausländische Zwangsarbeiterinnen beschäftigt. Ihre genaue Zahl ist jedoch nicht mehr festzustellen. Aufgrund des allgemeinen Arbeitskräftemangels und der voranschreitenden Deportation der jüdischen Zwangsarbeiterinnen ist anzunehmen, dass in Lohhof zeitgleich maximal 170 Zwangsarbeitskräfte beschäftigt waren. Gegen Kriegsende sank ihre Zahl wahrscheinlich deutlich.

Zwangsarbeit war während der NS-Zeit ein Massenphänomen. Kaum ein Hof, kaum ein Unternehmen und auch nur wenige mittelständische Betriebe, in denen keine der Millionen Zwangsarbeiterinnen und Zwangsarbeiter eingesetzt waren. Sie prägten nicht nur die Firmen, sondern zunehmend auch die städtischen und ländlichen Regionen. Der Anblick vorbeimarschierender Zwangsarbeiterkolonnen war alltäglich geworden. Neben den sogenannten „Zivilarbeiterinnen" und „Zivilarbeitern" sowie den Kriegsgefangenen wurden auch Strafgefangene aus Häftlingsanstalten und KZ-Insassen zur Zwangsarbeit herangezogen und natürlich auch die Juden, die für das nationalsozialistische Regime neben den Kommunisten das größte Feindbild waren.[29]

Verfolgung der Juden

Die Verfolgung der Juden durch die Nationalsozialisten hatte bereits vor deren Machtübernahme in Deutschland begonnen. Vor allem die paramilitärische Kampforganisation der NSDAP, die Sturmabteilung (SA), hatte schon seit den frühen 1920er Jahren immer wieder Gewalt gegen jüdische Bürger ausgeübt. Nach der Machtübernahme wurden rechtsstaatliche Strukturen aufgelöst. Heinrich Himmler wurde im März 1933 der neue Münchner Polizeipräsident. Von nun an war der Terror Teil der staatlichen Politik. SA-Männer wurden zu Hilfspolizisten ernannt. Folterungen und Übergriffe fanden nun auch direkt in den Polizeirevieren und Gefängnissen statt. Noch in der Nacht auf den 10. März 1933 wurden politische Gegner verhaftet und misshandelt. Unter ihnen waren auch zahlreiche Juden. Am 1. April 1933 rief die NSDAP in ganz Deutschland zum Boykott jüdischer Geschäfte, Anwaltskanzleien und Arztpraxen auf. In den meisten deutschen Städten kam es 1933 und 1934 zu massiven antisemitischen Ausschreitungen. Schaufenster wurden zerschlagen, Geschäfte geplündert und jüdische Bürger öffentlich gebrandmarkt, durch die Straßen gejagt und verprügelt. Mit dem Gesetz zur Wiederherstellung des Berufsbeamtentums vom 7. April 1933 begann der Ausschluss von jüdischen Beamten aus dem Staatsdienst. Die Städte, aber auch die Privatindustrie, überboten sich bei der Entlassung von jüdischen Arbeitnehmerinnen und Abeitnehmern. Die Landeshauptstadt München verhängte sogar ein Auftragsverbot für jüdische Unternehmen.

Ziel dieser Politik war die Vertreibung der Juden aus Deutschland. Um sie zur Auswanderung zu nötigen, beraubte man sie Schritt für Schritt ihrer wirtschaftlichen Existenzgrundlage. Die „Volksgemeinschaft“ konnte nach den rassistischen Vorstellungen der Nationalsozialisten lediglich aus „Deutschblütigen“ bestehen. Juden konnten im Gegensatz zu den sogenannten „Ariern“ nicht Teil der „Volksgemeinschaft“ sein. Aber auch andere als „rassisch minderwertig“ bezeichnete Gruppen wie die Sinti und Roma und auch jene, die nicht bedingungslos den Vorgaben des neuen Staates folgten und Treue auf den Führer Adolf Hitler schworen, wurden – wie etwa Kommunisten, Sozialdemokraten und Homosexuelle – aus dem Gemeinwesen ausgestoßen. Die Verfolgung der Juden wurde kontinuierlich verstärkt. Es verging kaum eine Woche, in der nicht neue Gesetze und Verordnungen erlassen wurden, die sie benachteiligten und von der gesellschaftlichen Teilhabe ausschlossen. So war Juden beispielsweise das Betreten von Bibliotheken, Theatern oder Schwimmbädern untersagt. Ihnen wurde die Mitgliedschaft in Vereinen verboten. Sie durften kein Studium mehr aufnehmen, keine Haustiere mehr halten und mussten ihre Radiogeräte abgeben. Jüdische Kinder wurden von den öffentlichen Schulen verjagt und mussten fortan jüdische Privatschulen besuchen. Das antisemitische Hetzblatt „Stürmer" veröffentlichte immer wieder Namen und Fotos von Personen, die noch in jüdischen Geschäften einkauften. Damit wurde der Druck auf die Bevölkerung erhöht, um die Juden vollständig zu isolieren. Vielfach war diese Maßnahme jedoch gar nicht nötig. Freunde, Arbeitskollegen, Nachbarn und selbst nichtjüdische Familienangehörige wandten sich von den Juden ab, grüßten nicht mehr und mieden fortan jeglichen Kontakt. Nur wenige Nichtjuden hielten, oftmals im Geheimen, den Kontakt aufrecht.

Am 15. September 1935 wurden auf einem Reichsparteitag der NSDAP in Nürnberg die sogenannten „Nürnberger Gesetze" erlassen. Mit dem „Reichsbürgergesetz" und dem „Gesetz zum Schutze des deutschen Blutes und der deutschen Ehre" wurden die Juden zu Staatsbürgern zweiter Klasse herabgesetzt. Im „Reichsbürgergesetz" war definiert worden: „Jude ist, wer von mindestens drei der Rasse nach volljüdischen Großeltern abstammt."[30] Ab diesem Moment war nicht mehr die Religionszugehörigkeit entscheidend, sondern das, was die Nationalsozialisten als „Rasse" definiert hatten. Gläubige Christen und Menschen ohne jeglichen Bezug zu Religion waren über Nacht zu Juden geworden. Sie verloren wichtige Bürgerrechte. Die Eheschließung zwischen „Juden und Staatsangehörigen deutschen oder artverwandten Blutes" wurde verboten, ein Vergehen gegen dieses Verbot als „Rassenschande" mit öffentlicher Demütigung und Einweisung in ein Konzentrationslager scharf bestraft.

Das System der Konzentrationslager (KZ) war seit 1933 eingerichtet worden. Es unterstand der SS. Dort wurden politische Gegner in „Schutzhaft" genommen. Sie wurden ohne Gerichtsverfahren zum Teil für viele Jahre inhaftiert. Zwangsarbeit, Misshandlung und Mord gehörten zum Alltag der Gefangenen.

Viele deutsche Juden verließen wegen der stetig wachsenden Verfolgung ihre Heimat und wanderten zum Beispiel nach England, in die USA oder in das unter britischem Mandat stehende Palästina aus. Diejenigen, die in ein näher gelegenes Land wie Österreich, Frankreich oder die Niederlande emigrierten, hatten weniger Glück. Sie kamen ab 1938 erneut unter nationalsozialistische Herrschaft und wurden später, wenn ihnen die Flucht nicht gelang, deportiert und in den Vernichtungslagern in Osteuropa ermordet. Es gab aber auch viele Juden, die nicht auswanderten. Dafür gab es unterschiedliche Gründe. Ein großer Teil des Vermögens musste bei der Ausreise als sogenannte „Reichsfluchtsteuer" an die deutschen Finanzbehörden abgegeben werden und auch der Neuanfang in einem fremden Land kostete viel Geld. Das Erlernen einer neuen Sprache und neuer Berufe wirkte abschreckend. Gerade ältere Menschen scheuten den Neuanfang und waren häufig nicht bereit, ihre Heimat zu verlassen. Wir wissen heute, dass diese Entscheidung den meisten von ihnen das Leben kostete. Die Vernichtungspolitik war 1938 jedoch nur schwer absehbar und so hofften viele, die NS-Zeit irgendwie überstehen zu können.

Im November 1938 verschärfte sich die Situation erheblich. Unter den Nationalsozialisten vermehrten sich jene Stimmen, die ein noch schärferes Vorgehen gegen die Juden forderten. Einen Vorwand dafür lieferte das Attentat eines polnischen Juden auf einen deutschen Botschaftsangehörigen in Paris. Herzschel Grynspan wollte mit seiner Tat auf die kurz zuvor erfolgte Ausweisung von 17.000 polnischen Juden aus Deutschland nach Polen aufmerksam machen, unter denen sich auch seine Eltern befanden. In der Nacht vom 9. auf den 10. November kam es im ganzen Reich zu zentral gesteuerten Übergriffen auf Juden. Jüdische Geschäfte und Wohnungen sowie Einrichtungen der Jüdischen Gemeinden wurden zerstört und geplündert, die Synagogen angezündet. Wegen des zerbrochenen Glases der vielen zerstörten Schaufenster wird diese Nacht auch „Reichskristallnacht" genannt. Allerdings greift der Begriff zu kurz, denn es wurde nicht nur jüdisches Eigentum zerstört. Es kam zu regelrechten Hetzjagden, zahlreiche Juden wurden misshandelt und ermordet. Während des Pogroms und noch Tage später wurden jüdische Männer in ihren Wohnungen oder auf offener Straße verhaftet und in Konzentrationslager gesteckt, wo sie zum Teil mehrere Wochen und Monate lang misshandelt wurden. Viele überlebten die ihnen zugefügten Qualen nicht oder starben später an deren Folgen. Die öffentlich ausgeübte Gewalt während der „Reichskristallnacht" war für die deutschen Juden ein einschneidendes Erlebnis. Die Zahl der Emigranten stieg sprunghaft an. Doch die meisten Länder hatten mittlerweile ihre Tore für deutsche Flüchtlinge gesperrt oder strenge Aufnahmequoten eingeführt, die nur wenigen die Einreise ermöglichten.[31] Mit Ausbruch des Krieges wurde den Juden die Emigration in Länder unmöglich, die mit dem Deutschen Reich verfeindet waren. Nur die Ausreise in die USA, nach Schanghai und in einige wenige andere Länder wie die Dominikanische Republik war zunächst noch möglich, bis im Vorfeld der Deportationen Juden die Ausreise schließlich ganz verboten wurde. Ab dem Herbst 1941 rollten die Deportationszüge in die eroberten osteuropäischen Gebiete, wo die meisten deutschen Juden zusammen mit der örtlichen jüdischen Bevölkerung ermordet wurden.

Die Münchner Arisierungsstelle

Nach der „Reichskristallnacht" hatte das NS-Regime die wirtschaftliche Verfolgung noch einmal verschärft. Die restlichen noch bestehenden jüdischen Firmen waren geschlossen und an nichtjüdische Deutsche übergeben worden. Diese als „Arisierung" bezeichneten Zwangsverkäufe erfolgten weit unter Wert und beraubten die Juden ihrer letzten Einnahmemöglichkeiten. Nicht nur Firmen, sondern auch Häuser, Wohnungen und Grundstücke wurden nun „arisiert". In München war es vor allem die Arisierungsstelle, die seit 1938 die Verfolgung der Juden vorantrieb.

Doch was für eine Einrichtung war die Arisierungsstelle, wer arbeitete dort, welche Institutionen standen hinter ihr und welche Ziele verfolgte sie? Schon vor der „Reichskristallnacht" im November 1938 hatten verschiedene Parteigliederungen der NSDAP zentrale Rollen bei der Verfolgung der Münchner Juden eingenommen. Nun sollte die antisemitische Politik in München in einer Behörde gebündelt werden. Keine zwei Wochen nach der „Reichskristallnacht" hatte der NSDAP-Gauleiter für München und Oberbayern Adolf Wagner die „Vermögensverwertung München" gegründet, und damit die später als Arisierungsstelle bekannt gewordene Verfolgungsbehörde aus der Taufe gehoben. Ihre Hauptaufgabe war zunächst die Überwachung und Beschleunigung der „Arisierung" jüdischer Immobilien. Schon vor dem November 1938 war es aufgrund des wachsenden Verfolgungsdruckes zu einem Ausverkauf an jüdischem Eigentum gekommen. Juden, die emigrieren wollten, waren gezwungen ihren Besitz weit unter Wert zu verkaufen. Wagner und seine Parteifreunde forcierten selbst die „Arisierung" des jüdischen Eigentums. Die sogenannten „wilden Arisierungen" waren ihnen jedoch ein Dorn im Auge, da dem Staat und der Partei dadurch immense Vermögenswerte entgingen. Im Januar 1939 erhielt die Arisierungsstelle, die bislang ausschließlich der Gauleitung unterstanden hatte, eine Doppellegitimation. Neben der Parteiorganisation, die nun die Bezeichnung „Beauftragter der Gauleitung für die Arisierung" erhielt, wurde mit dem „Treuhänder gemäß Beschluss des Regierungspräsidenten" eine weitere staatliche Einrichtung geschaffen. Beide Stellen wurden in Personalunion von dem berüchtigten Antisemiten Hans Wegner geführt, der von Kollegen deshalb gerne als „König der Juden"[32] bezeichnet wurde. Die Macht der Arisierungsstelle war dabei durch ihre Doppel-

Hans Wegner als Gefangener der Alliierten, Ende der 1940er Jahre

legitimierung fast unantastbar, zumal ihr Begründer Adolf Wagner in Bayern selbst die höchsten Ämter in Staat und Partei als Innenminister und Gauleiter auf sich vereinte. Ab Anfang 1941 suchte die Arisierungsstelle zunehmend Wege, die Juden auch aus ihren Mietwohnungen zu verdrängen. Man hoffte, den schon damals angespannten Münchner Wohnungsmarkt entlasten zu können, indem man den Juden ihre Wohnungen nahm, um sie deutschen „Volksgenossen" zuzuteilen. Ein zentrales Anliegen war dabei auch die räumliche Trennung von Juden und „Ariern". Die Juden sollten auf engem Raum gettoisiert werden. Zu diesem Zweck errichtete die Arisierungsstelle mehrere sogenannte Wohn- und Arbeitslager. Im Gegensatz zu den Gettos in Osteuropa waren sie nicht vollständig abgeschlossen. Viele Insassen arbeiteten außerhalb der Lager und mussten sie beispielsweise für Behördengänge regelmäßig verlassen. Das Größte von ihnen war die sogenannte „Judensiedlung Milbertshofen". Das Barackenlager, das wenig mit einer „Siedlung" gemein hatte, wurde von jüdischen Zwangsarbeitern errichtet und im September 1941 fertiggestellt. Es wurde auf dem Gelände der „arisierten" jüdischen Großhandelsfirma für Öle und Fette „Jakob Böhm" in der Knorrstraße 148 errichtet.[33] Es bot Platz für ca. 650 Personen. In einem Seitenflügel des Klosters der Barmherzigen Schwestern in Berg am Laim war seit August 1941 ein zweites großes Lager für etwa 300 Juden untergebracht. Ein drittes Lager entstand im Herbst 1941 auf dem Gelände der Flachsröste Lohhof. Neben diesen Lagern wurden die Juden auch in rein jüdischen Häusern und in Einrichtungen der Jüdischen Gemeinde gettoisiert. In den sogenannten „Judenhäusern" mussten sich mehrere Familien und Einzelpersonen eine Wohnung teilen.[34] Auch in den jüdischen Alten- und Wohnheimen wurden immer mehr Menschen in einem Zimmer zusammengelegt, um so viele Juden wie möglich aus ihren Wohnungen zu vertreiben.

Für die Münchner Juden wurde die Arisierungsstelle neben der Gestapo zur maßgebenden Verfolgungsinstanz, denn sie weitete ihre Kompetenzen erheblich über die Kernbereiche ihrer Tätigkeitsfelder bei der „Arisierung", Entmietung und Gettoisierung aus. Sie suchte immer neue Bereiche, in denen sie den Juden weiteren Schaden zufügen konnte. Schon nach der „Reichskristallnacht" waren die deutschen Juden gezwungen worden, 1 Milliarde Reichsmark als „Sühneleistung" für „die feindliche Haltung des Judentums gegenüber dem deutschen Volk"[35] zu zahlen. Die Arisierungsstelle verlangte nun in ähnlich zynischer Weise von den Juden, die noch Vermögen besaßen, einen Beitrag zum Bau der Münchner „Judenlager". Sie überwachte aber auch durch selbstständige Kontrollen die Einhaltung diskriminierender Verordnungen wie das Tragen des „Judensterns", mit dem seit September 1941 alle Juden in Deutschland in der Öffentlichkeit gebrandmarkt wurden, oder das zeitgleich erlassene Verbot, öffentliche Verkehrsmittel zu benutzen. Die Arisierungsstelle verhängte dabei sogar Strafen und übte damit hoheitliche

Rechte aus, die eigentlich der Polizei und den Justizbehörden vorbehalten waren. Aber auch bei der Zuweisung von jüdischen Zwangsarbeiterinnen und Zwangsarbeitern sowie bei deren Kontrolle riss sie die Initiative an sich. So wurde sie zum „Motor der Verfolgung"[36]. Ein Überlebender fasste nach dem Krieg zusammen, dass die Arisierungsstelle ihre „Kompetenz nicht nur weit überschritt, sondern zu einem von allen Münchner Juden mehr gefürchteten Instrument als die Gestapo" wurde.[37] Auch was die Deportationen anging, übte die Arisierungsstelle einen nicht zu unterschätzenden Einfluss aus. Hans Wegner brüstete sich damit, dass „zwischen der Geh.[eimen] Staatspolizei München und meiner Dienststelle in der Durchführung dieser jüdischen Abwanderung engste Fühlungnahme bestand."[38] Die Arisierungsstelle stellte unter anderem das Sammellager Milbertshofen zur Verfügung. Dort wurden die Transporte zusammengestellt. Auf ihre Anordnung hin wurden ausgesuchte Personen auf die Deportationslisten gesetzt. Die Mitarbeiter der Arisierungsstelle waren außerdem bei sämtlichen Transporten anwesend und leisteten wichtige personelle Unterstützung bei ihrer Durchführung.

Das Personal der Arisierungsstelle, die ihren Sitz in der Widenmayerstraße 27 hatte, rekrutierte sich hauptsächlich aus altgedienten und vor allem als judenfeindlich und brutal bekannten Parteimitgliedern. Neben Hans Wegner, der seit 1929 Mitglied der NSDAP war und von dem unzählige gewalttätige Übergriffe auf Juden im Rahmen seiner Tätigkeit bei der Arisierungsstelle überliefert sind, wurden Ludwig Schrott, Richard Westermayr und Franz Mugler angestellt. Jeder hatte die Verantwortung über mehrere bestimmte Aufgabenressorts. Für die Geschichte des Zwangsarbeitslagers Lohhof ist insbesondere Franz Mugler von Interesse, da er unter anderem für die Errichtung und Kontrolle sämtlicher Münchner Lager für Juden zuständig war. Ein Überlebender sagte nach dem Krieg über ihn: „Obersturmführer Mugler war, als ich ihn kennen lernte, wohl einer der von den Münchner Juden am meisten gefürchteten Menschen".[39] Wegner, Mugler und seine Kollegen überboten sich darin, neue Schikanen für die Münchner Juden zu erfinden. Die im Folgenden unternommene Annäherung an die Biografie von Franz Mugler liefert wenigstens in Teilen Erklärungsansätze für sein Verhalten als Angestellter der Arisierungsstelle und steht dabei durchaus exemplarisch auch für seine Kollegen.[40]

Franz Mugler, Passfoto 1958

Franz Richard Mugler wurde am 28. Mai 1894 in Neunburg vorm Wald als drittes Kind eines Kaufmannes geboren. Volks- und Mittelschule besuchte er in Regensburg, eine kaufmännische Lehre absolvierte er im Getreidegroßhandel seines Bruders. Nachdem er zwischen 1914 und 1918 als Soldat im Ersten Weltkrieg gedient hatte, beteiligte er sich als Mitglied des berüchtigten Freikorps Epp an der Niederschlagung der Münchner Räterepublik. Diesem Freikorps gehörten auch viele andere spätere Nationalsozialisten an. Aus den dort gemachten Erfahrungen „entsprang ohne weiteres der Gedanke in mir, der Partei beitreten zu müssen, weil diese den Kommunismus bekämpfte",[41] wie er nach dem Krieg schilderte. Mugler war schon lange aktiver Sympathisant der NSDAP, bevor er schließlich 1930 der Partei auch offiziell beitrat. Nach dem Ersten Weltkrieg arbeitete er 1919 zunächst im Lebens- und Futtermittelgroßhandel seines Bruders. 1920 errichtete er ein Lichtspieltheater in Kelheim. 1927 kehrte er in seine Geburtsstadt Neunburg zurück und führte dort ein Unternehmen für Kulturfilme. Beide Firmen blieben jedoch mäßig erfolgreich und scheiterten bald. Zwischen 1930 und 1935 war Mugler arbeitslos. In dieser Zeit radikalisierte er sich weiter. In Neunburg war er als „fanatischer Anhänger der NSDAP schon lange vor der Machtübernahme"[42] bekannt. An der Gründung der Ortsgruppe war er maßgeblich beteiligt. Er galt als Mann der Tat, der sich politischen Gegnern zufolge besonders im Verteilen von Flugblättern und „im Ankleben von Plakaten"[43] hervortat, weniger als Redner. Schon damals war seine „Landsknechtnatur" berüchtigt. Er beteiligte sich immer wieder an gewaltsamen Übergriffen auf Gegner des Nationalsozialismus.[44] Nach dem Krieg sagte Mugler über sich selbst: „Ich ging aus Überzeugung zur NSDAP", und fügte hinzu, „ich bin restlos für die Ideen der Partei eingetreten".[45] 1935 war er Leiter der Deutschen Arbeitsfront (DAF) in Neunburg, dem nach eigener Aussage 1.500 bis 2.000 Arbeiterinnen und Arbeiter unterstanden. Seit 1930 war Mugler Mitglied der Motor-SA, die später in das Nationalsozialistische Kraftfahrerkorps (NSKK) integriert wurde. Seit 1937 war er dort Obersturmführer. Das entsprach dem unteren Offiziersrang eines Oberleutnants der Wehrmacht.

Durch seinen frühen Parteieintritt war Mugler einer der sogenannten „Alten Kämpfer". Mit diesem Titel wurden jene Parteimitglieder geehrt, die schon vor der Machtübernahme 1933, also während der sogenannten „Kampfzeit", Mitglied der NSDAP geworden waren. Mugler hatte gute Kontakte zu anderen „Alten Kämpfern", die inzwischen führende Posten in Staat und Partei innehatten. Zu ihnen zählten vor allem der Münchner Gauleiter Adolf Wagner, ein enger Vertrauter Hitlers, und der Reichsdentistenführer Karl Schaeffer, der seit 1933 Leiter des berufsständischen Reichsverbandes Deutscher Dentisten (RDD) war. Letzteren kannte Mugler seit 1929 aus ihrer gemeinsamen Zeit bei der NSDAP-Ortsgruppe Schwandorf. Schaeffer war zu diesem Zeitpunkt bereits Bezirksleiter des Gaues Oberpfalz. Mugler war in Neunburg sein Vertrauensmann, der das Propagandamaterial der Partei verteilte.

Auf Betreiben von Adolf Wagner, der mit Karl Schaeffer befreundet war, erhielt der arbeitslose Mugler 1936 eine Anstellung beim RDD in Berlin. Mugler war einer von vielen „Alten Kämpfern", die auf diese Weise für ihre Verdienste in der „Kampfzeit" mit einer lukrativen Stellung belohnt wurden, ohne dabei wirklich für ihre Tätigkeit qualifiziert zu sein. Die Beschaffung von Versorgungsposten entsprach dabei durchaus der Logik des NS-Systems, denn neben der damit verbundenen Auszeichnung für treue Dienste sollten die Stellen von öffentlichem Interesse mit zuverlässigen Parteisoldaten besetzt werden. Doch wie in vielen anderen Fällen auch, nahm bei Schaeffer und Mugler schon bald eine „Selbstversorgermentalität" überhand.

Mugler diente Schaeffer als Verbindungsmann zu diversen Parteidienststellen und staatlichen Behörden. Seine eigentliche Funktion war jedoch eine andere. Als eine Art persönlicher „Adjutant" von Schaeffer war er treuer Erfüllungsgehilfe bei dessen zahllosen Unterschlagungen. Schaeffer, der schließlich 1938 seines Amtes als Reichsdentistenführer enthoben wurde, hatte sich nicht nur ein beachtliches Gehalt genehmigt, er ließ sich auch hohe Summen für seine Auslagen erstatten. Zu diesen Auslagen zählten in etwa die Kosten für private Garderobe, Taxifahrten und die allabendlichen Saufgelage in den Berliner Bars und Restaurants. Für diese Veruntreuungen wurde Schaeffer im April 1940 zu fünf Jahren Gefängnis verurteilt.

Mugler hatte die Unterschlagungspraxis seines Chefs nicht nur gedeckt, er hatte sie im Kleinen auch kopiert. Trotz eines angesichts seiner kaum nennenswerten Aufgaben beachtlichen Gehaltes ließ auch er sich horrende Beträge für private Auslagen erstatten. Gegen Ende seiner Tätigkeit gab er schließlich der Einfachheit halber „nur noch runde Summen" an, „ohne sie zu belegen".[46] Im Gegensatz zu Schaeffer wurde Mugler jedoch nicht unmittelbar angeklagt. Nachdem sein Mäzen aus dem Amt geworfen worden war, stand Mugler Ende 1938 erneut auf der Straße und suchte eine neue Anstellung, mit der er den Lebensunterhalt für sich, seine Frau und seine zwei Kinder bestreiten konnte. Zur selben Zeit lief die „Arisierung" jüdischer Gewerbebetriebe auf Hochtouren. Wie zahllose andere skrupellose Geschäftsleute, bewarb er sich bei der DAF für die Übernahme eines jüdischen Geschäfts. Auch hier sollten „verdiente Parteigenossen" bevorzugt behandelt werden, um ihnen eine eigenständige wirtschaftliche Existenz zu ermöglichen.[47] Mugler wurde trotz seiner guten Kontakte zu seiner Enttäuschung bei der Vergabe nicht berücksichtigt. So wandte er sich erneut an Gauleiter Wagner, der ihm schließlich Anfang 1939 eine Anstellung als Abteilungsleiter bei der neu gegründeten Arisierungsstelle in München verschaffte. Wieder hatte sich Muglers hervorragendes Netzwerk bezahlt gemacht, denn auch hier erhielt er einen stattlichen Verdienst von 5.400 Reichsmark jährlich, zuzüglich Spesen, und weitere Annehmlichkeiten, wie etwa Zugriff auf einen Dienstwagen.

Während Mugler in Berlin der Ruf vorauseilte, dass man ihm nur Arbeit zu geben brauche, wenn man ihn loswerden wolle,[48] zeigte er sich in München von einer ganz anderen Seite: Mit Elan stürzte er sich in seine neue Arbeit bei der Arisierungsstelle. Mugler passte bestens in das Profil der antijüdischen Institution. In der Ausbeutung von Juden hatte er schon Erfahrung, moralische Skrupel kannte er nicht. 1938 hatte Mugler durch seine guten Kontakte zu Münchner Parteigrößen eine 3-Zimmer-Wohnung in München vermittelt bekommen, in der zuvor eine jüdische Frau gewohnt hatte. Mugler übernahm jedoch nicht nur die Wohnung der Vormieterin, sondern erwarb zu einem vergleichsweise günstigen Preis gleich deren gesamte Wohnungseinrichtung.[49]

Viele Verfolgte, aber auch ehemalige Kollegen beschrieben ihn später als launischen und aufbrausenden Menschen. Bei der Arisierungsstelle konnte er seinem Temperament freien Lauf lassen. Mugler war vor allem für die Ressorts Arbeitseinsatz, Häuserverwaltung (Entmietung) und Wohnungen (Wohnkontrollen) verantwortlich. Insbesondere war er für die Verwaltung der jüdischen Lager zuständig. Unter den Verfolgten war er als „Fronvogt der Juden" und als „Judenschreck" berüchtigt.[50] Eine besondere Freude bereitete es ihm, die Einhaltung der verschiedenen judenfeindlichen Verordnungen zu kontrollieren. So stellte er sich beispielsweise mit Vorliebe an wichtige Verkehrsknotenpunkte der Straßenbahn, wie beispielsweise den Stachus, oder er postierte sich an Stationen in der Nähe größerer Betriebe, die jüdische Zwangsarbeiterinnen und Zwangsarbeiter einsetzten, um jene Juden zu erwischen, die das Verbot, öffentliche Verkehrsmittel zu benutzen, umgingen. Mit Vorliebe prüfte er auch, ob die Juden ihrer „Kennzeichnungspflicht" mit dem „Judenstern" nachkamen, ob sie den „gelben Schandfleck" auch gut sichtbar an ihrer Kleidung und an ihren Wohnungstüren angebracht hatten. Er drang sogar in die Privatsphäre der Verfolgten ein und nahm abendliche Kontrollen in den Wohnungen vor, um zu sehen, ob sich die Bewohner an die Ausgangssperre von 20 Uhr im Winter und 21 Uhr im Sommer hielten. Beliebt war bei ihm auch die Überprüfung der Ausweispapiere. Fehlte die Kennzeichnung des Ausweises mit einem „J" für Jude oder war der für Juden obligatorisch zu führende Namenszusatz „Sara" bei Frauen bzw. „Israel" bei Männern nicht eingetragen, drohten ebenfalls schwerwiegende Strafen. Je nach Laune von Mugler und den anderen Angestellten der Arisierungsstelle überstellten sie die „Delinquenten" an die Gestapo oder verhängten selbst drastische Strafen, indem sie die Betreffenden beispielsweise in eines der Lager einwiesen und dort zusätzlich wahlweise Zwangsarbeit, Arrest, Ausgangssperren, Essensentzug oder Kontaktverbot verhängten.

Immer wieder wurden einzelne Juden auch körperlich misshandelt. Hans Wegner, der gerne seine Reitpeitsche zur „Züchtigung" einsetzte, war sicher der berüchtigtste Schläger der Arisierungsstelle. Aber auch die anderen Angestellten vergriffen sich regelmäßig an den verfolgten Juden. Bei einer seiner Kontrollen im Lager Berg am Laim entdeckte Mugler, dass sich eine jüdische Frau mit einer Verwandten in der klostereigenen Kapelle traf und dort ein Paket mit Nahrungsmitteln entgegennahm. Die Lagerinsassinnen und Lagerinsassen konnten mit Duldung der Klosterschwestern die Kapelle als geheimen Treffpunkt sowie als Raum für die spirituelle Andacht verwenden. Mugler verlor völlig die Beherrschung, schrie die Frau an und schlug ihr mit der Faust ins Gesicht, sodass dieser das Blut über das Gesicht lief und sie anschließend ärztlich behandelt werden musste.[51]

Mugler verstand es aber auch, sich menschlich zu zeigen. Insbesondere vor höhergestellten jüdischen Persönlichkeiten hatte er einen gewissen Respekt. Zu diesen Personen gehörte auch der jüdische Lagerleiter von Lohhof, Rolf Grabower. Doch auch dieses Muster passt zum Profil vieler Täter. Sie genossen es, ihre Macht sowohl zu sadistisch motivierten Machtdemonstrationen zu nutzen als auch Erleichterungen und Privilegien zu verschaffen, die sie sich gerne auch vergüten ließen. Mugler setzte sich beispielsweise dafür ein, dass der jüdische Rechtsanwalt Siegfried Neuland seine „arische“ Haushaltshilfe behalten durfte. Als Gegenleistung für seine Intervention „kaufte“ er ausgesuchte Teile von Neulands Wohnungseinrichtung, „vergaß“ jedoch die vereinbarte Summe zu bezahlen.

Im Sommer 1942 erfuhr Muglers steiler Karriereaufstieg bei der Arisierungsstelle ein jähes Ende. Die Veruntreuungen im RDD holten ihn ein. Nach längeren Voruntersuchungen wurde Mugler im Mai 1942 vor dem Landgericht in Berlin angeklagt. Gauleiter Wagner versuchte erneut, seine schützende Hand über Mugler zu halten. Er teilte dem Amt für Gnadensachen in der Privatkanzlei des Führers mit, er lege „persönlich größten Wert darauf, dass das Verfahren nicht durchgeführt wird, weil der Angeklagte zurzeit unentbehrlich ist. Selbst wenn er freigesprochen würde, könne außerdem durch das Verfahren in Zweifel gezogen werden, ob es berechtigt ist, den Angeklagten in einer so verantwortungsvollen Stelle (…) weiter zu beschäftigen. Da der Angeklagte sich in dieser Stelle nichts hat zuschulden kommen lassen, sondern außerordentlich tüchtig ist, ist die Durchführung des Verfahrens derzeit unerwünscht.“[52] Diesmal hatte die Intervention des Gauleiters jedoch keinen Erfolg. Obwohl Hitler und Wagner ein sehr gutes Verhältnis hatten, schien die Affäre um den ehemaligen Reichsdentistenführer inzwischen zu hohe politische Wellen geschlagen zu haben, um dessen ehemaligen Adjutanten aus der Schusslinie halten zu können. Der „außerordentlich tüchtige“ Mitarbeiter der Arisierungsstelle war im Sommer 1942 keineswegs mehr „unentbehrlich“, denn die meisten von ihm betreuten jüdischen Lager befanden sich bereits in der Abwicklung, der größte Teil der Münchner Juden war bereits deportiert. Die Arbeit der Arisierungsstelle schien damit ohnehin in absehbarer Zeit abgeschlossen zu sein.

Zudem war die Beweislage gegen Mugler erdrückend. Er wurde zu einem Jahr Gefängnis verurteilt und aus der NSDAP ausgeschlossen. Die Absetzung des gefürchteten Abteilungsleiters der Arisierungsstelle löste unter den Münchner Juden natürlich Verwunderung aus. Der wahre Grund dafür scheint nicht durchgesickert zu sein. Viele vermuteten, dass Mugler sich zu dreist an jüdischem Eigentum vergriffen hatte, denn seine in Berlin begonnene Karriere bei der Veruntreuung von Reichsgeldern hatte Mugler auch in München auf besonders zynische Weise fortgeführt. Wiederholt hatten er und andere Mitarbeiter der Arisierungsstelle sich, wie im Fall von Siegfried Neuland geschildert, privat Möbel und Wertgegenstände von Juden angeeignet und den Staat um die Einnahmen aus dem zu enteignenden Besitz jüdischer Bürger betrogen. Dieser Diebstahl war – selbst im nationalsozialistischen Verständnis – rechtswidrig, freilich nicht unter dem Gesichtspunkt, dass den Juden ihr Eigentum gestohlen wurde – das war staatlich sanktioniert. Dass Mugler durch den Diebstahl das Deutsche Reich um fest eingeplante Einkünfte betrog, war jedoch nicht hinnehmbar. Mugler selbst behauptete stets, er sei wegen „zu menschenwürdiger Behandlung der Juden“ bei der Arisierungsstelle entlassen worden. Der Generalkläger am Landgericht München stellte nach dem Krieg jedoch treffend fest, dass vielmehr „die noch nicht deportierten jüdischen Bürger in München von dem Betroffenen befreit“[53] worden seien, weil er schlicht seine Finger zu tief in den staatlichen Honigtopf gesteckt hatte.

Mugler wurde zunächst im Gestapogefängnis im Wittelsbacher Palais inhaftiert. Nachdem das Urteil rechtskräftig geworden war, wurde er im November 1942 in das Münchner Gefängnis Stadelheim verlegt. Im März 1943 wurde er vorzeitig zur „Bewährung“ an die Front entlassen. Aufgrund von wehrkraftzersetzenden Aussagen verbrachte er die Zeit bis Kriegsende jedoch in mehreren Militärgefängnissen.

Nach dem Krieg wurde Franz Mugler durch ehemalige Verfolgte erkannt und zunächst im ehemaligen Stalag Moosburg, das nun als Internierungslager für ehemalige NS-Täter fungierte, gefangen gehalten. 1948 wurde Mugler in seinem Spruchkammerverfahren und in einem anschließenden Sammelverfahren gegen die Angestellten der Arisierungsstelle als Hauptschuldiger zu zehn Jahren Arbeitslager verurteilt. Doch wie viele andere mussten auch die verurteilten Gewalttäter der Arisierungsstelle nur einen kleinen Teil ihrer Strafen absitzen. In den ersten Jahren nach Kriegsende verhängten die Gerichte in den Entnazifizierungsprozessen durchaus hohe Strafen. Als sich im Zuge der Verschärfung des kalten Krieges die politische Großwetterlage zu drehen begann, wurde das Strafmaß meist drastisch reduziert oder die Urteile wurden gänzlich kassiert. Franz Mugler kam bereits 1952 auf freien Fuß, nachdem schon zuvor immer wieder Teile seiner Haft ausgesetzt worden waren. Nach seiner vorzeitigen Freilassung lebte er als freier Mann in München.

„Arbeitseinsatz" der Münchner Juden

Bis 1938 hatte die Verfolgung der Juden vor allem ein Ziel gehabt: Der wirtschaftliche und gesellschaftliche Druck sollte sie zu einer möglichst schnellen Flucht aus Deutschland zwingen. Dabei hatten sich die Behörden erst einmal wenig Gedanken über die Auswirkungen der finanziellen Nöte jener Personen gemacht, für die eine Emigration aus verschiedenen Gründen nicht in Frage kam oder die finanziell dazu nicht in der Lage waren. Als Reichsbürgern standen den deutschen Juden trotz der „Nürnberger Gesetze" zunächst noch Sozialleistungen zu. Immer mehr Kommunen beschwerten sich jedoch schon bald über die steigenden Ausgaben für jüdische Wohlfahrtsempfänger und suchten nach Wegen, ihnen die Auszahlung zu verweigern, oder sie verpflichteten sie im Gegenzug zum „Arbeitseinsatz". Die „Pflichtarbeit" war bereits seit der Weimarer Republik ein Instrument des Sozialstaates, um Druck auf arbeitslose Sozialhilfeempfänger auszuüben. Im Nationalsozialismus galt der Fürsorgegrundsatz „Keine Leistung ohne Gegenleistung". Viele Kommunen verhängten das Mittel der „Pflichtarbeit" nicht nur gegen Juden. Die Juden wurden jedoch von anderen Arbeiterinnen und Arbeitern getrennt in eigenen Arbeitskolonnen eingesetzt und standen unter der Aufsicht von nichtjüdischen Vorarbeitern.

Ab 1938 war schließlich absehbar, dass eine vollständige Vertreibung aller in Deutschland lebender Juden kurzfristig nicht erreicht werden würde. Da die Behörden jedoch nicht bereit waren, weiterhin die Sozialleistungen für die bedürftigen Juden auszuzahlen, sollten diese fortan von den Jüdischen Gemeinden getragen werden. Klar war jedoch auch, dass die Mittel der Gemeinden dazu nicht lange ausreichen würden. Zeitgleich hatte das NS-Regime die antijüdischen Maßnahmen drastisch verschärft. Durch den Verlust des Arbeitsplatzes, die „Arisierung" jüdischer Geschäfte und den zunehmenden Entzug des Vermögens waren immer weniger Juden in der Lage, sich selbst zu versorgen. Bislang hatte das NS-Regime einen generellen Arbeitseinsatz der deutschen Juden strikt abgelehnt, um den Druck zur Auswanderung möglichst hoch zu halten. Diese Politik wurde nun geändert. Die Juden sollten ihren Lebensunterhalt wieder selber verdienen, allerdings in Tätigkeiten und zu einem Lohn, die keinerlei Anreize bieten sollten, den Verbleib in Deutschland der Emigration vorzuziehen. Die wirtschaftlichen Anstrengungen zur Vorbereitung des Krieges waren enorm und hatten zu einem erheblichen Mangel an Arbeitskräften geführt. Aus volkswirtschaftlicher Sicht war es doppelt unsinnig, die Arbeitskraft der Juden nicht auszunützen. Ähnlich wie später bei der Gettoisierung suchten die Behörden jedoch nach einem Weg, wie sie die Juden abseits der nichtjüdischen Mehrheitsgesellschaft halten konnten. Ein Kontakt zwischen Juden und nichtjüdischen

„Volksgenossen“ sollte auf ein Minimum reduziert werden. Ab Herbst 1938 wurde der „geschlossene Arbeitseinsatz“ deutscher Juden gezielt vorbereitet.

Nach der „Reichskristallnacht“ war die Zahl der erwerbslosen Juden durch die nun radikal erfolgenden „Arisierungen“ noch einmal dramatisch gestiegen. Im Dezember 1938 ordnete der Präsident der Reichsanstalt für Arbeitsvermittlung und Arbeitslosenversicherung Friedrich Syrup an, dass die Arbeitsämter von nun an erwerbslose Juden in speziellen Arbeitskommandos einzusetzen hätten. Dabei sollte vor allem auf eine räumliche Trennung zur restlichen Belegschaft achtgegeben werden. Dieser Erlass bildete in den kommenden drei Jahren die Grundlage für den Zwangsarbeitseinsatz der deutschen Juden. Mit Kriegsbeginn verschärfte sich der „Arbeitseinsatz“ zunehmend. Da die meisten Emigrationsziele nun nicht mehr zu erreichen waren, die nationalsozialistische Vertreibungspolitik damit endgültig gescheitert war, begannen die Behörden einen umfangreichen „Arbeitseinsatz“ der Juden in geschlossenen Arbeitslagern vorzubereiten. Im September 1939 mussten die Jüdischen Gemeinden eine Kartei sämtlicher arbeitsfähiger Juden im Alter von 16 bis 55 Jahren anlegen, auf deren Grundlage die Zwangsarbeit organisiert wurde. Die Altersgrenze wurde in der Folge wiederholt angehoben. Der Arbeitszwang stand von Anfang an in Konkurrenz zu den weiterhin bestehenden Vertreibungszielen. Nach der Besetzung Polens plante das Reichssicherheitshauptamt die Deportation der deutschen Juden in das „Generalgouvernement“. Auch wenn diese Pläne erst nach der Eroberung der sowjetischen Territorien ab Ende 1941 umgesetzt wurden, war jedoch von vorneherein klar, dass der Zwangsarbeitseinsatz der Juden im Deutschen Reich nur eine mittelfristige Lösung bleiben würde. Waren Juden bislang vor allem zu Straßenbauarbeiten oder bei kommunalen Arbeitgebern eingesetzt worden, begannen die Arbeitsämter ab Herbst 1940, sie flächendeckend auch in der Industrie einzusetzen. Damit begegneten die Arbeitsämter dem immer größer werdenden Mangel an Arbeitskräften. Die als Blitzkrieg bekannt gewordene Strategie schneller militärischer Siege war zunehmend ins Stocken geraten. Es war abzusehen, dass deutsche Arbeitskräfte längerfristig bei der Wehrmacht gebunden sein würden, zumal die Planungen für das „Unternehmen Barbarossa“, wie der Deckname für den Überfall auf die Sowjetunion lautete, bereits auf Hochtouren liefen. Im Februar 1941 waren schließlich 41.000 im Altreich lebende Juden als Zwangsarbeiterinnen und Zwangsarbeiter eingesetzt. Das entsprach 70 Prozent der als arbeitsfähig klassifizierten Juden. Weitere 20 Prozent arbeiteten für die Gemeinde oder in den wenigen noch zugelassenen Berufen. Anfang 1941 hatte die Arbeitsverwaltung das Arbeitskräftepotenzial der deutschen Juden nahezu ausgeschöpft.[54]

In diesem Kontext beginnt die Geschichte des Zwangsarbeitseinsatzes jüdischer Frauen in der Flachsröste Lohhof. Die Zwangsarbeit der Münchner Juden ist ein bislang kaum erforschtes Thema.[55] Insgesamt gab es in München etwa 50 bis 60 Betriebe, in denen jüdische Zwangsarbeitskräfte eingesetzt wurden. Wie auch in anderen Regionen des Deutschen Reiches hatte sich in München das Arbeitsamt um den „Arbeitseinsatz" der Juden zu kümmern. Dazu war 1938 eine Abteilung eingerichtet worden, die sich ausschließlich mit der Vermittlung der Juden befasste. Ihr Leiter war der bereits seit 1928 im Arbeitsamt angestellte Josef Paulus. Paulus, 1896 geboren, war 1933 in die NSDAP und in die SS eingetreten. Seine Kollegen beschrieben ihn als „aufbrausend" und als einen Menschen, der sich bedingungslos dem Nationalsozialistischen Staat und seinen Zielen zur Verfügung stellte. Besonders einschüchternd wirkte dabei, dass Paulus im Dienst häufig seine SS-Uniform trug. Ihm waren die Juden nach eigener Aussage „zuwider". Nach Kriegsende bekannte er: „Ich war fast bis zum Schluss ein begeisterter Anhänger [des Nationalsozialismus], der auf den Sieg gehofft und an ihn geglaubt hat."[56]

Josef Paulus war von 1938 an Sachbearbeiter für den „jüdischen Arbeitseinsatz" im Arbeitsamt München, Passfoto 1938

Als 1941 der Verfolgungsdruck noch einmal erhöht wurde, riss die Arisierungsstelle einen Großteil der mit dem jüdischen Zwangsarbeitseinsatz verbundenen Aufgaben an sich. „Vom Arbeitsamt in München bestens unterstützt",[57] suchte sie nach weiteren geeigneten Firmen in der Privatindustrie, um den „jüdischen Arbeitseinsatz" auszudehnen. Rückblickend beschrieb die Arisierungsstelle ihre diesbezügliche Tätigkeit: „Zunächst waren als Arbeitsstätten für Juden Gärtnereien, Betonbearbeitungsbetriebe usw. vorgesehen, später kamen dann die Flachsröste Lohhof, die ‚Judensiedlung Milbertshofen' und allmählich die verschiedenen Betriebe, wie Großdruckereien, Verlagsanstalten, Telefonfabriken hinzu, auch der Einsatz bei Schneeräumungsarbeiten und letztlich auch bei Aufräumungsarbeiten von Fliegerschäden wurde hier aktuell."[58] Von 1939 bis 1941 beschäftigten unter anderen die Gartenbaubetriebe Max Laugl in Pasing, Möhl & Schnitzlein in der Ismaninger Straße und Oskar Buchner in Schwabing-West jüdische Zwangsarbeitskräfte. Bei den genannten Großdruckereien handelte es sich um die Firma Druckerei & Kartonagen (ehem. Gebrüder Obpacher – Kunst im Druck) und um die zum Bruckmannverlag gehörigen Münchner Graphischen Kunstanstalten in der Lothstraße, bei dem Verlag um Oldenbourg und bei der Telefonfabrik um die Apparatebau- und Batteriefabrik Kammerer am Ostfriedhof. Aber auch in der chemischen Industrie bei den Luitpoldwerken in Sendling, der Damenhutfabrik Brettschneider am Hohenzollernplatz, der Matratzen- und Polstermöbelfabrik Rudolf M. Seider in der Au, der Sauerkrautfabrik

Braun und Wagner am Kolumbusplatz sowie in zahlreichen mittelständischen Betrieben wie dem Café Annast am Odeonsplatz wurden Juden zur Zwangsarbeit eingesetzt. Räumungsarbeiten im Winter und nach Fliegerangriffen mussten die Juden nicht nur für die Stadt leisten, auch die Arisierungsstelle selbst ließ die Juden immer wieder für sich arbeiten. Ab 1943 wurden die mit einem nichtjüdischen Partner in sogenannter Mischehe lebenden Juden insbesondere zum Reinigen der städtischen Straßenbahnen eingesetzt, aber auch in den Luitpoldwerken, bei Brettschneider, Kammerer und Obpacher mussten sie teilweise bis zum Ende des Krieges arbeiten.[59]

Auch in München fehlten Anfang 1941 in Industrie und Landwirtschaft so viele Arbeitskräfte wie nie zuvor. Die Arisierungsstelle suchte trotz der bereits hohen Quote der zur Zwangsarbeit eingesetzten Jüdinnen und Juden nach Möglichkeiten, den „Arbeitseinsatz" auszuweiten. Nur ein kleiner Teil der arbeitsfähigen Münchner Juden war aus guten Gründen, beispielsweise wegen der Betreuung von Kleinkindern oder kranken Familienangehörigen bislang noch von der Zwangsarbeit freigestellt. Freistellungen wurden fortan jedoch kaum noch gewährt, zudem griff die Arisierungsstelle auf andere Personengruppen zurück. Vor allem ältere Menschen, die der harten körperlichen Arbeit nicht gewachsen waren, und Juden, die in Mischehe lebten, wurden dabei ohne Rücksicht auf ihre gesundheitliche und familiäre Situation zur Arbeit gezwungen.

Seit März wurden, bis zu ihrer Fertigstellung im Herbst 1941, etwa 500 jüdische Zwangsarbeitskräfte beim Bau der „Judensiedlung Milbertshofen" eingesetzt. Die dazu erhaltenen Bilder zählen zu den wenigen Aufnahmen, die es von der Zwangsarbeit der Juden in München gibt. Die Arisierungsstelle, die den Bau des Lagers überwachte und die Arbeitsleistung der Juden durch drastische Strafen und körperliche Misshandlungen zu steigern versuchte, brüstete sich, ein „Beschäftigungsverhältnis völlig eigener Art"[60] geschaffen zu haben. Anders als die in der Industrie beschäftigten Zwangsarbeiterinnen und Zwangsarbeiter erhielten die in Milbertshofen eingesetzten keinerlei Lohn oder andere Entschädigungen für ihre Arbeit.

Eine weitere Gruppe, die ab Sommer 1941 von der Arisierungsstelle besonders zur Zwangsarbeit gedrängt wurde, waren jüdische Frauen. In Milbertshofen wurden bereits verstärkt Frauen eingesetzt. Sie arbeiteten vor allem im Büro, in der Küche, beim Reinigungsdienst, im Garten oder in der lagereigenen Nähstube. Im Münchner Arbeitsamt wurde dieser Entwicklung Rechnung getragen. Elisabeth Moegen, Jahrgang 1870, wurde als „Sachbearbeiterin für den Arbeitseinsatz jüdischer Frauen" eingesetzt. Auch sie wurde von ihren Nachbarn und Kollegen als überzeugte Nationalsozialistin beschrieben: „Im Arbeitsamt (...) erwarb sich die Moegen auf Grund ihrer Härte einen nicht zweideutigen Ruf und konnte somit als bestgeeignete Person, den Jüdinneneinsatz übernehmen."[61]

Die Arisierungsstelle zwang beim Bau der „Judensiedlung Milbertshofen“ 1941 vor allem ältere Männer zu harter körperlicher Arbeit.

Der Personalakte von Elisabeth Moegen ist zu entnehmen, mit welchem Eifer sie den Arbeitseinsatz jüdischer Frauen betrieb: „Ihre anfangs nicht immer gewandte Art hat sich durch ihren Arbeitseifer inzwischen gewandelt. Sie ist zuverlässig und an Spezialaufgaben interessiert, weshalb ihr Ermittlungen, Transporte und das Sondergebiet des Arbeitseinsatzes der Jüdinnen übertragen werden konnten. Diese Aufgaben erledigte sie zur vollen Zufriedenheit." Der Betriebsrat des Münchner Arbeitsamtes kam, wenig erstaunlich, in seinem Gutachten für den Nachkriegsprozess gegen Elisabeth Moegen zu dem Schluss, „dass die Moegen sich nicht darauf beschränkt hat, den Einsatz von Jüdinnen in Zwangsarbeit nach ihren Vorschriften durchzuführen, sondern bemüht war, ihn mit großer Härte zu bewirken und diese Möglichkeit scheint ihren Arbeitseifer besonders gefördert zu haben." Abschließend stellte der Betriebsrat fest: Das ihr eigene, „ungewöhnlich gehässige Verhalten gegenüber wehrlosen Menschen stempelte sie zu einem würdigen Gegenstück ihres Amtskollegen Josef Paulus."[62]

Die wenigen Überlebenden, die sich nach dem Krieg noch im Prozess gegen die ehemalige Sachbearbeiterin des Zwangsarbeitseinsatzes jüdischer Frauen äußern konnten, bestätigten dieses Bild. Sidonie Vogel etwa erhielt von dem Betrieb, in dem sie zur Zwangsarbeit eingesetzt war, die Erlaubnis, nur halbtags zu arbeiten, um ihren kranken Mann pflegen zu können. Elisabeth Moegen lehnte diese Vergünstigung jedoch brüsk ab. „Wenn Ihnen das nicht passt, dann wird es noch schlechter", drohte sie. „Nach den von der Moegen gemachten Drohungen", erzählte Frau Vogel dem Fahndungsdienst des Münchner Arbeitsamtes, „musste ich mich fügen und meinen kranken Mann alleine lassen".[63] Im Fall der mit einem nichtjüdischen Mann verheirateten Maria Gönczi weigerte sich Elisabeth Moegen ein ärztliches Attest anzuerkennen, demzufolge die an einem Herzleiden schwer erkrankte Frau einen Termin auf dem Arbeitsamt nicht wahrnehmen konnte, und befahl ihr, am nächsten Tag unter allen Umständen zu erscheinen, andernfalls werde sie veranlassen, dass sie die Gestapo abholen würde. Am nächsten Tag begleitete sie ihr Mann zum Arbeitsamt. Als er mit dem Hinweis, er sei kriegsverwundeter Teilnehmer des Ersten Weltkrieges und es sei doch offensichtlich, dass seine Frau krank und nicht einsatzfähig sei, um ihre Freistellung bat, schrie ihn Elisabeth Moegen an: „Wir haben keine kranken Juden, entweder arbeiten sie, oder sie sind tot." Trotz der gültigen Atteste und der Proteste ihres nichtjüdischen Ehemannes wurde Maria Gönczi unmittelbar zur Firma Oldenbourg in Zwangsarbeit versetzt.[64] Elisabeth Moegen begnügte sich jedoch nicht nur damit, die jüdischen Frauen zu schikanieren, die gezwungen waren, bei ihr vorzusprechen. Regelmäßig führte sie auch in den Betrieben vor Ort Kontrollen durch. Nach Aussagen mehrerer Verfolgter war sie es auch, die zusammen mit Angestellten der

Arisierungsstelle nach Milbertshofen kam, um dort Fotografien von jüdischen Zwangsarbeiterinnen und Zwangsarbeitern in besonders erniedrigenden Posen zu machen.

Auch wenn die Arisierungsstelle meist vorgab, zu welcher Arbeit die jeweiligen Frauen eingesetzt werden sollten, so blieb für Elisabeth Moegen und Josef Paulus doch ein erheblicher Handlungsspielraum. Das äußerte sich nicht zuletzt in der menschenverachtenden Art, mit der sie ohne Zwang die jüdischen Verfolgten behandelten. Mehrfach wiesen sie auch einzelnen Personen schlechtere Arbeit zu, als es die Arisierungsstelle angeordnet hatte. So erreichte Elisabeth Moegen, dass die 62 Jahre alte Hermana Eckert bis zu ihrem Zusammenbruch in Lohhof arbeiten musste, obwohl dort eigentlich nur wesentlich jüngere Frauen eingesetzt werden sollten.[65] Bedeutend ist auch, was beide nicht getan haben. Ein ehemaliger Mitarbeiter von Paulus brachte es nach Kriegsende auf den Punkt: „Gerade an dieser Stelle hätte ein weniger fanatischer Mann viel Gutes tun, manchen Betroffenen die Situation erleichtern können. Gauleitung und Gestapo waren sich anscheinend bewusst, dass Herr Paulus der rechte Mann war, der hier scharf durchgriff."[66] Während einzelne andere Mitarbeiterinnen und Mitarbeiter den Verfolgten halfen, indem sie beispielsweise deren Karten aus dem Karteischrank der jüdischen Zwangsarbeitskräfte verschwinden ließen, überboten sich Josef Paulus und Elisabeth Moegen in ihrem unnachgiebigen Vorgehen gegen die Juden und trugen dadurch maßgeblich zur Ausweitung der Verfolgung bei.

Im Sommer 1943 zog die Arisierungsstelle in unerträglicher Weise Bilanz über den Zwangsarbeitseinsatz jüdischer Frauen. In ihrem Abschlussbericht heißt es: „Nach anfänglichen Schwierigkeiten – die jüdischen Frauen waren begreiflicherweise bislang jeder körperlichen Arbeit ferne gestanden und auch abgeneigt – gelang es, auch den weiblichen jüdischen Arbeitseinsatz ins Rollen zu bringen, zunächst im Lager der Flachsröste Lohhof, da in Münchener Betrieben anfänglich keine Geneigtheit, somit keine Aussicht zu bestehen schien, aus dem erwähnten Grund jüdische Frauen als Hilfsarbeiterinnen aufzunehmen. Auch in Lohhof gab anfänglich die Trägheit dieser weiblichen jüdischen Arbeitskräfte laufend Anlass zu Klagen, allerdings konnte hier dann durch öftere persönliche Kontrolle [und] entsprechende scharfe Anordnungen in absehbarer Zeit Ordnung und Besserung erzielt werden, sodass in Lohhof ein festes Arbeitslager mit seit Beginn 1942 durchschnittlicher Belegungszahl von 100 bis 110 weiblichen jüdischen Arbeitskräften errichtet war."[67] Was die Arisierungsstelle in ihrem Bericht stillschweigend überging, war die Tatsache, dass schon vor der Verschärfung des „Arbeitseinsatzes" im Frühjahr 1941 mehr als 40 Prozent der jüdischen Zwangsarbeitskräfte im Deutschen Reich Frauen waren.[68] Daher hatte sie kurzerhand die Auswahlkriterien erweitert und verstärkt auf ältere Frauen und junge Mädchen zurückgegriffen, sehr zum Ärger der Fabrikleitung in Lohhof, der vertraglich, entsprechend der harten körperlichen Tätigkeit, Arbeitskräfte zwischen 16 und 45 Jahren zugesichert worden waren. Diese jedoch waren, entgegen der diffamierenden Unterstellung der Arisierungsstelle, bereits zum großen Teil in anderen Betrieben eingesetzt.

Eine weitere Gruppe, auf die sich die Arisierungsstelle eingeschossen hatte, waren jüdische Frauen, die in sogenannter privilegierter Mischehe lebten. Im Gegensatz zu jüdischen Männern, deren Ehe mit einer nichtjüdischen Frau nur dann als privilegiert galt, wenn das Paar nichtjüdisch erzogene Kinder hatte, waren sie bislang von der Zwangsarbeit weitgehend ausgenommen worden. Der Arisierungsstelle waren die Mischehen ein besonderer Dorn im Auge. Sie versuchten die nichtjüdischen Partner zur Scheidung zu nötigen, indem sie beispielsweise mit der Entmietung drohten oder Benachteiligungen für die Betroffenen anordneten.[69] In Lohhof lebten etwa zehn Prozent der Zwangsarbeiterinnen in einer privilegierten Mischehe. Die Arisierungsstelle konstatierte am Ende ihrer Tätigkeit selbstzufrieden: „Besonders ist aber festzuhalten, dass beim Arbeitseinsatz jüdischer Eheteile aus Mischehen vielfach gerade die arischen Ehepartner größtes Unverständnis und Widerspruch zeigten, der teilweise in direkten Widerstand ausartete, sodass hier oft scharf durchgegriffen werden musste."[70]

„Die Hölle von Lohhof"[71]

Die Flachsröste Lohhof sollte nach den Vorstellungen der Arisierungsstelle ein Betrieb mit einer Belegschaft von ausschließlich jüdischen Zwangsarbeiterinnen werden. Dabei war der „Arbeitseinsatz" nur eines von mehreren Verfolgungsinteressen, das die Arisierungsstelle in Lohhof umsetzen wollte. Bereits seit März 1940 hatte die Gauleitung konkrete Pläne entwickelt, die Münchner Juden in Wohn- und Arbeitslagern zu gettoisieren. Im Frühjahr 1941 wurden die Pläne schließlich umgesetzt. Nachdem die Arisierungsstelle mit den Lagern in Milbertshofen und Berg am Laim bereits zwei solche Lager geplant und mit den Bauarbeiten dort begonnen hatte, „gelang es nach langwierigem Suchen auch noch im Gelände der Flachsröste Lohhof (bei Unterschleißheim) Unterbringungsmöglichkeiten für ca. 80 Jüdinnen zu finden und einzurichten; eine dort leerstehende Holzbaracke wurde zu diesem Zwecke hergerichtet und ebenfalls mit einer eigenen Küchenanlage versehen, die zur Verpflegung der dort untergebrachten weiblichen jüdischen Arbeitskräfte diente. Diese ca. 80 Jüdinnen im Alter von 16 – 23 Jahren waren sämtlich als Hilfsarbeiterinnen in dem Flachsröstbetrieb Lohhof beschäftigt."[72]

Wann die Entscheidung für die Flachsröste als drittes Lager für die Münchner Jüdinnen fiel und wann mit dem Umbau der Baracke begonnen wurde, ist aus den heute noch zur Verfügung stehenden Quellen nicht mehr genau festzustellen, es dürfte jedoch zwischen März und Mai 1941 gewesen sein, wie Hans Wegner, der Leiter der Arisierungsstelle, in einem Beschwerdeschreiben über Kurt Otto Vahlensieck, den Direktor der Flachsröste, vom 4. April 1942 andeutet. Darin beschreibt er die Umstände näher, die zur Auswahl von Lohhof als Betrieb für jüdische Zwangsarbeitskräfte geführt hatten: „In diesem Zusammenhang lege ich jedoch Wert darauf, festzustellen, dass es nicht das Verdienst von Herrn Vahlensieck ist, wenn der Betrieb Lohhof im Laufe des letzten Jahres arbeitstechnisch wieder in die Höhe gekommen ist. Ich führe diese Tatsache vielmehr auf meine eigene Initiative zurück, wobei ich von Herrn Oberreg[ierungsrat] Schäfer vom Arbeitsamt in München bestens unterstützt worden bin, als wir vor ungefähr einem Jahr eine Betriebsstelle suchten, in der die bis dahin brachliegenden, jüdischen Arbeitskräfte zu einer produktiven Tätigkeit eingesetzt werden konnten. Die Verhältnisse waren damals [in Lohhof] so, dass Arbeitskräfte beinahe überhaupt nicht vorhanden waren, andererseits jedoch nahezu 95.000 Zentner Flachs dem Verderb preisgegeben waren."[73] Die unerträglich selbstgerechte Art, die das Schreiben Wegners prägt, ist in vielen der von ihm verfassten Berichte wiederzufinden. Jedenfalls passten die Voraussetzungen bei der Flachsröste Lohhof ideal zu den Plänen der Arisierungsstelle, einen

NS-Funktionäre besichtigen die Hanfröste Schrobenhausen. Im Vordergrund ein gefülltes Warmwasserröstbecken, undatiert (ca. Ende 1930er Jahre).

Ort zu finden, an dem sie ein Lager für den geschlossenen Zwangsarbeitseinsatz jüdischer Frauen einrichten konnte. Die lagermäßige Unterbringung auf dem Fabrikgelände bedeutete zugleich eine Steigerung der Effizienz für den Betrieb, denn der Zugriff auf die Arbeitskräfte konnte unmittelbar erfolgen, lange Anfahrtswege vermieden werden. Die Arisierungsstelle war auf ihr in Lohhof geschaffenes Modell stolz. Mehrfach führte sie hohe NS-Funktionäre durch das Lager und auch die im nahe gelegenen Fliegerhorst in Oberschleißheim stationierten Soldaten kamen widerholt vorbei, um das jüdische Zwangsarbeiterinnenlager zu begutachten. Die Arisierungsstelle legte großen Wert darauf, ihre Erfahrungen bei der Verfolgung der Juden mit anderen Kommunen zu teilen. Bereits beim Bau der „Judensiedlung Milbertshofen" hatten mehrere Kommunen Interesse an der Art gezeigt, wie in München die Juden gettoisiert wurden, und auch das Lager in Lohhof hatte Vorbildcharakter. Im November 1941 führte Franz Mugler einen Vertreter des Nürnberger Oberbürgermeisters durch das Lager.

Die ersten jüdischen Frauen waren spätestens im Juni 1941 nach Lohhof zur Zwangsarbeit eingewiesen worden. Anfang Juli begann die Belegung der Baracke. Damit war Lohhof das erste der drei Münchner Lager, in dem Juden untergebracht wurden. Die Belegung in Berg am Laim begann erst im August, die in Milbertshofen im September 1941. Rolf Grabower war am 10. Juli 1941 von der Arisierungsstelle in seine Funktion als jüdischer Leiter des Zwangsarbeitskommandos bei der Flachsröste Lohhof eingesetzt worden.[74] Fünf Tage später setzten seine täglichen Aufzeichnungen über das Geschehen ein. Doch der „Arbeitseinsatz“ hatte bereits zuvor begonnen. Die spätere Leiterin des Lagers in Berg am Laim, Else Behrend-Rosenfeld, wurde dort schon ab dem 1. Juli zur Arbeit gezwungen. In ihrem Tagebuch beschreibt sie, wie es dazu gekommen war. „Am 21. Juni, also letzten Samstag, erhielt ich eine kurze Aufforderung, am Montag, dem 23., morgens um acht Uhr, zum Stellvertreter des Gauleiters, dem Hauptsturmführer Wegner, in die Widenmayerstraße [zur Arisierungsstelle] zu kommen. Charakteristisch war die Unterschrift. Die Buchstaben haben eine Höhe von fünf Zentimetern. Ich hatte sofort das Gefühl, dass diese Aufforderung nur etwas Unangenehmes bedeuten könnte. – Pünktlich zur festgesetzten Zeit war ich zur Stelle, außer mir noch eine ganze Reihe anderer, mir unbekannter Menschen. Nach etwa einer Stunde wurde gerufen: ‚Die Jüdin Behrend!‘“ Nachdem Else Behrend-Rosenfeld von Hans Wegner angeschrien und beschimpft worden war, erhielt sie einen verschlossenen Brief, mit dem sie auf das Arbeitsamt zu gehen hatte. In dem Brief stand, die „Jüdin Behrend“ sei „unverzüglich zur Arbeit in der Flachsfabrik Lohhof einzuweisen.“ Als Angestellte der Jüdischen Gemeinde war Else Behrend-Rosenfeld gut über die Situation der Münchner Juden informiert. Durch ihr Tagebuch erfahren wir, dass in Lohhof schon vor ihr andere jüdische Frauen eingesetzt wurden. „Natürlich weiß ich von Lohhof; doch hat man bisher nur junge Mädchen und jüngere Frauen dorthin zur Arbeit geschickt.“[75] Die Arisierungsstelle hatte sie als Strafmaßnahme zur Flachsröste abkommandiert, denn sie, die in Icking im Isartal wohnte, hatte ohne es zu wissen gegen eine Bestimmung verstoßen, der zufolge Juden nicht mehr in Gemeinden außerhalb der Stadt wohnen durften.

Else Behrend-Rosenfeld leistete im Sommer 1941 Zwangsarbeit in Lohhof. Später wurde sie Leiterin des Lagers in Berg am Laim, 1940er Jahre.

Das Zwangsarbeitskommando in der Flachsröste erhielt die offizielle Bezeichnung „Jüdischer Arbeitseinsatz Lohhof“, das Lager in der betriebseigenen Baracke „Jüdisches Frauenarbeitslager Lohhof“. Nach der Ankunft von Rolf Grabower wurde im Juli 1941 zunächst die Verwaltung eingerichtet. Dem in Verwaltungsfragen erfahrenen ehemaligen Beamten wurde Mitte Juli Elisabeth Heims als Stellvertreterin

Elisabeth Heims, undatiert

zur Seite gestellt. Sie hatte bislang ein privates Heim für ältere Juden bei sich in der Wohnung geführt. Da es kurz zuvor behördlicherseits geschlossen worden war, wurde sie nach Lohhof versetzt. Heims gehörte den Quäkern an, einer christlich-spirituellen Gruppierung mit starkem sozialen Engagement, die sich während des Nationalsozialismus auch intensiv für die verfolgten Juden einsetzte.[76] Grabower und Heims verstanden sich sehr gut. Allerdings war die Zusammenarbeit nicht von langer Dauer, denn Elisabeth Heims wurde bereits im November 1941 deportiert. An ihre Stelle trat die 19 Jahre alte Irmgard Spiegelberg.

Das Büro der Lagerleitung befand sich in derselben Baracke, in der auch die Zwangsarbeiterinnen untergebracht waren. In dem kleinen Raum stand als wichtigster Gebrauchsgegenstand die Schreibmaschine, mit der Grabower täglich seine Notizen verfasste. Von diesem Büro aus mussten zunächst die notwendigsten Dinge geregelt werden. Formal war das Lager in Lohhof eine Einrichtung der Jüdischen Gemeinde, die logistisch der „Judensiedlung Milbertshofen" unterstellt war. Ein Großteil der Lieferungen, die von Milbertshofen eintrafen, wurde mit dem Zug zum Bahnhof nach Lohhof transportiert und von dort zu Fuß in die Flachsröste gebracht. Finanziell war das „Arbeitslager" auf die Unterstützung durch die Jüdische Gemeinde angewiesen, auch wenn es über ein eigenes Sonderkonto verfügte, von dem – die Zustimmung der Arisierungsstelle vorausgesetzt – eigenständig Ausgaben getätigt werden konnten. Auf diesem Konto waren einmalig 8.000 RM von der Reichsvereinigung der Juden in Deutschland und 2.000 von der Jüdischen Gemeinde München eingezahlt worden. Die wenigen noch in München zugelassenen jüdischen Rechtsanwälte, die sich seit 1938 Konsulenten nennen mussten, überwiesen monatlich 500 Reichsmark aus ihren Einkünften auf das Sonderkonto. Außerdem sammelte die Lagerleitung unter den Familien der in Lohhof beschäftigten Frauen Spenden. Aufgrund der akuten finanziellen Nöte übte sie bisweilen auch Druck auf die Familien aus oder bot im Gegenzug Erleichterungen an. Grabower versuchte auch die Firmenleitung zur Finanzierung der nötigen Ausgaben für die Fertigstellung der Baracke und für den „Arbeitseinsatz" der Frauen zu bewegen, denn sie profitierte direkt von diesen Maßnahmen. Beispielsweise waren Handschuhe, Kopftücher, passendes Schuhwerk, aber auch Besteck Mangelware. Die Baracke selbst war noch kaum bezugsfertig, geschweige denn für den kommenden Winter ausgerüstet. Es fehlten Trennwände. Zwischendecken oder sonstige Isolierungen waren genauso wenig vorhanden wie

Öfen zum Heizen. Grabowers Bemühungen waren jedoch nur mäßig erfolgreich. Zwar versprach die Firmenleitung der Flachsröste wiederholt Hilfe, erfüllte ihre Zusagen jedoch selten, sodass Grabower häufig auf die Lagerkasse zurückgreifen musste, um die entsprechenden Anschaffungen tätigen zu können. So wurde das Einziehen der Wände und Decken schließlich von den Juden selbst finanziert und mithilfe eines kriegsgefangenen, französischen Zimmerers ausgeführt.

Leben im Lager

Trotz des unfertigen Zustandes der Baracke war umgehend mit der Belegung begonnen worden. Die Arisierungsstelle wies über das Arbeitsamt immer mehr Frauen zur lagermäßigen Unterbringung in Lohhof ein. Elisabeth Heims teilte die Barackeninsassinnen in die einzelnen Stuben ein und war bemüht, ihren Aufenthalt den Umständen entsprechend angenehm zu gestalten. So stellte sie Blumenkästen auf und brachte an den Fenstern Vorhänge an. Auch für die anderen Münchner Lager sind entsprechende Versuche der Lagerinsassinnen und Lagerinsassen belegt, ihre Umgebung freundlicher zu gestalten. In den Konzentrationslagern und auch in vielen anderen Zwangsarbeitslagern gab es meist keine entsprechenden Handlungsspielräume für die Insassinnen und Insassen. Die Arbeits- und Unterbringungsbedingungen ließen es nicht zu oder es war schlichtweg verboten. Für die Verfolgten waren solche selbstbestimmte Handlungen wichtig. Sie waren ein Zeichen gegen die Entmenschlichung, eine Möglichkeit, sich der eigenen Existenz zu versichern und an eine Zukunft zu glauben.

Die ersten in der Baracke untergebrachten Zwangsarbeiterinnen waren überwiegend sehr junge Frauen und Mädchen ab 14 Jahren. Viele waren zum ersten Mal von ihren Eltern getrennt worden, die häufig selbst von der Arisierungsstelle entmietet und in eines der jüdischen Lager eingewiesen worden waren. In der für sie ungewohnten und beängstigenden Umgebung hatten die jungen Frauen große Schwierigkeiten, sich an die im Lager gegebenen Verhältnisse und an die anstrengende Arbeit anzupassen. Die Jüdische Gemeinde bestimmte zwei Frauen, die als Ansprechpartnerinnen für die Sorgen und Probleme der in Lohhof eingesetzten Zwangsarbeiterinnen fungieren sollten. Else Behrend-Rosenfeld, die aus gesundheitlichen Gründen zwischenzeitlich von der Zwangsarbeit in Lohhof befreit worden war und mittlerweile wieder für die Jüdische Gemeinde arbeitete, und Alice Bendix, die Leiterin des jüdischen Kinderheims in der Antonienstraße, berieten Grabower im Umgang mit den jüdischen Frauen. Sie waren sich bewusst, dass die jungen Frauen kaum mit einer ihren Bedürfnissen entsprechenden Behandlung rechnen konnten. Um sie vor Fehlern zu schützen und da „mit einem allmählichen Hineinwachsen in Ordnung und Disziplin nicht zu rechnen“ sei, so Alice Bendix, müsse Grabower „von vornherein für strikte Befolgung der Anordnungen Sorge tragen“. Sie riet ihm weiter, alle Barackeninsassinnen gleichermaßen mit den täglichen Aufgaben wie dem Stubendienst zu betrauen und Rügen nur unter vier Augen zu erteilen. In jedem Barackenzimmer wurde eine Stubenälteste bestimmt, die den Stubendienst unter den Mitinsassinnen zu organisieren und zu kontrollieren hatte. Der reibungslose Ablauf im Lager war von hoher Bedeutung. Wenn es bei den unangemeldeten Kontrollen der Arisierungsstelle zu Beanstandungen kam, wurden harte Strafen verhängt. Anfang März 1942 führte der Leiter der Arisierungsstelle, Hans Wegner, eine dieser unangekündigten Kontrollen in Lohhof durch. Dabei fand er das Lager in einem unordentlichen Zustand vor. Vor allem echauffierte er sich über die dreckigen Fabriktoiletten. Wegner ordnete daraufhin drastische Strafen an, unter anderem „die besonders schmutzigen Judenmädchen mit der Nase in ihren Dreck zu stoßen, außerdem sollen sie strafweise auf geraume Zeit in den Luftschutzkeller eingesperrt werden.“ Als weitere Strafen für derartige „Versäumnisse“ wurden Essensentzug, Wochenendarbeit oder Ausgehverbote angeordnet. Kontrollen wurden nicht nur von der Arisierungsstelle, sondern auch vonseiten des Betriebes, der NSDAP-Ortsgruppe und der örtlichen Polizeistation durchgeführt.

In der Baracke befand sich neben dem Gemeinschaftsraum auch eine Küche, in der eine als Köchin abgestellte Zwangsarbeiterin für die Zubereitung der Mahlzeiten zuständig war. Im Gegensatz zu den Kriegsgefangenen und zu den anderen Zwangsarbeiterinnen waren die jüdischen Frauen weitgehend mit ausreichend Nahrungsmitteln versorgt. Zwar wurden den Lagerinsassinnen keine eigenen Lebensmittelmarken zugewiesen, da das Lager seine Nahrungsmittel direkt über das Ernährungsamt des Landratsamtes im Rahmen der sogenannten Heimverpflegung zugeteilt bekam. Diese Form der Zuweisung war erheblich schlechter als die Versorgung über die Lebensmittelmarken. Die jüdischen Frauen konnten jedoch auf ein 1941/42 noch einigermaßen funktionierendes soziales Netzwerk zurückgreifen, das den ausländischen Zwangsarbeiterinnen und Zwangsarbeitern nicht zur Verfügung stand. So versorgten viele Familien ihre in Lohhof untergebrachten Töchter nach Möglichkeit mit zusätzlichen Nahrungsmitteln. Das jüdische Zwangsarbeitskommando wurde auch durch die Jüdische Gemeinde unterstützt. Verfügte eine jüdische Einrichtung über überschüssige Lebensmittel, so wurden diese an die anderen verteilt. Auch kam den Zwangsarbeiterinnen die ländlich-bäuerliche Umgebung zugute, denn im Gegensatz zu städtischen Verteilerstellen gab es zu dieser Zeit in Lohhof noch mehr und vor allem auch hochwertigere Nahrungsmittel. Zumindest

1941 erhielt das jüdische Zwangsarbeitslager phasenweise sogar Fleisch, Wurst, frisches Obst und Gemüse. Nahrungsmittel, die Juden in anderen Großstädten schon lange nicht mehr zugewiesen wurden.[77] Dabei verdienten einige Betriebe aus Lohhof und Unterschleißheim, etwa Gärtnereien, Metzgereien und andere Lebensmittelgeschäfte, nicht schlecht von den lukrativen Großaufträgen aus dem jüdischen Zwangsarbeitslager. Hedwig Frei kümmerte sich für das Lager als Einkäuferin um die Beschaffung der Lebensmittel. Auch der Betrieb, der ein Interesse an der körperlichen Leistungsfähigkeit seiner Arbeitskräfte hatte, unterstützte hier die Lagerleitung, indem er beispielsweise Kontakt zu Kartoffellieferanten vermittelte. Kartoffeln waren während des Krieges die Haupternährungsquelle. Aufgrund der relativ guten Versorgungslage war es den jüdischen Zwangsarbeiterinnen möglich, ihre Lebensmittelvorräte mit den anderen, schlechter versorgten Gruppen in der Flachsröste zu teilen. Else Behrend-Rosenfeld notierte in ihrem Tagebuch, dass sie und andere Frauen den in ihrer Gruppe eingesetzten französischen Kriegsgefangenen immer wieder Nahrungsmittel, vor allem Brot, zusteckten.[78] Dabei mussten beide Seiten sehr vorsichtig sein, denn jeglicher Kontakt war streng verboten. Die Arisierungsstelle, wie auch der Betrieb nahmen diese Anordnung ernst. Die 31-jährige Erna Lehmann war von dem Vorarbeiter Wilhelm Höber dabei erwischt worden, wie sie sich auf dem Boden der Flachsscheune von einem französischen Kriegsgefangenen Familienfotos zeigen ließ. Höber hatte den Lagerleiter Grabower unter Druck gesetzt, den Fall an die Arisierungsstelle zu melden. Da Erna Lehmann auf Anraten von Grabower den Vorfall zugab und um Entschuldigung bat, sah der Leiter der Arisierungsstelle Hans Wegner von einer unmittelbaren Bestrafung ab. Er ließ den Zwangsarbeiterinnen jedoch mitteilen, „wenn das noch ein einziges Mal vorkomme, so werde er ein Exempel statuieren und die Betreffende einsperren“.[79] Es ist nicht bekannt, ob der französische Kriegsgefangene ebenfalls mit einer Verwarnung davonkam oder aber bestraft wurde.

Nicht nur örtliche Geschäfte profitierten durch das jüdische „Arbeitslager“. Auch Angestellte der Firma verdienten sich zusätzlich etwas, indem sie den Zwangsarbeiterinnen Nahrungsmittel anboten. So verkaufte die Frau des Wärters mittags im Wärterhäuschen am Eingangstor des Fabrikgeländes Magermilch in Bierflaschen und im Winter warme Suppe. Für jene Zwangsarbeiterinnen, die sich die zusätzlichen Nahrungsmittel trotz der schlechten Bezahlung leisten konnten, waren sie eine willkommene Ergänzung zur regulären Versorgung. Die minderwertigen jüdischen Lebensmittelmarken schlossen die Juden von der Zuteilung von Milch und Fetten weitgehend aus. Es ist nicht bekannt, ob die Firmenangestellten reguläre Schwarzmarktpreise von den jüdischen Frauen verlangten, oder ob, wie in anderen Fällen, zum Teil erhebliche Aufschläge bezahlt werden mussten.[80]

In der Mittagspause nahmen die Lagerinsassinnen ihre Mahlzeit schichtweise im Gemeinschaftsraum der Baracke oder bei gutem Wetter auf dem Feld ein. Zur Essensausgabe hatte die Lagerleitung eigene Lebensmittelmarken hergestellt. Die aus München pendelnden Zwangsarbeiterinnen mussten sich selbst verpflegen oder konnten in der nahegelegenen Bahnhofswirtschaft Lechner gegen ihre regulären Lebensmittelmarken ein Mittagessen erstehen. Ihnen stand dabei der Nebenraum zur Verfügung, da die Juden nicht im selben Raum wie die „arischen" Gäste sitzen durften. Auch das Betreten der Küche war strengstens untersagt. Damit der Kontakt zum Wirtshauspersonal möglichst gering blieb, musste eine jüdische Zwangsarbeiterin in der Mittagszeit die Essensausgabe durchführen. Die Lagerleitung ermahnte die Frauen wiederholt, sich leise und unauffällig zu benehmen, um keinen Anlass für Beschwerden zu bieten.

Die Ernährungslage verschlechterte sich zunehmend mit dem Verlauf des Krieges. Die zugewiesenen Nahrungsmittelmengen wurden immer kleiner. Fleisch und Gemüse waren Mangelware und auch Kartoffeln waren immer schwieriger zu bekommen. Der jüdische Zwangsarbeitseinsatz in Lohhof endete bereits im Herbst 1942. Bis zu diesem Zeitpunkt war die Versorgungslage der jüdischen Frauen noch weitgehend gesichert. Besonders in der Endkriegsphase verschlechterte sie sich derart, dass die Sterblichkeitsrate unter Zwangsarbeiterinnen und Zwangsarbeitern dramatisch anstieg. Von Beginn an prekär stand es um die Kohlenversorgung. Im Winter 1941/42 musste der dürftige Vorrat in Lohhof stark rationiert werden, um wenigstens die Schlafstuben nach der Arbeit heizen zu können.

Die Zusammensetzung des jüdischen „Arbeitskommandos" bei der Flachsröste Lohhof war sehr heterogen. Neben den jungen Barackeninsassinnen waren auch viele ältere Frauen eingesetzt. Die meisten kamen aus sogenannten rein jüdischen Familien, also aus Familien, in denen beide Elternteile Juden waren. Andere lebten mit einem nichtjüdischen Ehemann in privilegierter Mischehe. Diese Frauen waren häufig mit der Ehe zum Christentum konvertiert. Andere Zwangsarbeiterinnen waren nach NS-Definition „Geltungsjüdinnen". So wurden jene „Mischlinge" bezeichnet, die nicht christlich, sondern jüdisch erzogen worden waren oder schlichtweg das Pech hatten, trotz einer christlichen oder areligiösen Erziehung bei der Jüdischen Gemeinde gemeldet worden zu sein.

Else Behrend-Rosenfeld bezweckte mit der folgenden Beschreibung ihrer Arbeitskolleginnen das Absurde der NS-Rassenpolitik zu entlarven. Ihre Schilderung gibt einen plastischen Eindruck der jüdischen Lagergemeinschaft in Lohhof wieder: „Da ist die Frau eines früheren Bankdirektors (...) Neben ihr sitzt ‚Tante Julchen', wie sie von allen genannt wird, ein Fräulein H, etwa 45 Jahre alt (...). ‚Klein Erna' (...) ist fromme Christin, ihr Vater starb, als sie noch klein war. Die Mutter heiratete

Irmgard Spiegelberg, ca. 1938

einen Major, also einen ‚Arier‘ an dem ‚Klein Erna‘ sehr hängt. Sie führte bisher der Mutter den Haushalt, da ihre Mutter leidend ist. Sie stand den Juden und allem, was ihnen in den letzten Jahren geschah, ganz fern, bis der Obersturmführer Mugler sie vor zwei Monaten bestellte und zur Arbeit nach Lohhof schickte. – Ähnlich liegen die Dinge noch bei zwei anderen, der Frau Brand, die Mischling ist, aber von den Eltern in die Jüdische Gemeinde als Mitglied eingetragen wurde, obwohl sie religiös völlig indifferent war und ist und von der jüdischen Religion keine Ahnung hat. (...) Unsere Jüngste, deshalb auch ‚Baby‘ genannt, stand gleichfalls dem Judentum und den jüdischen Menschen fern. Ihr Vater, Halbjude, ein tüchtiger Arzt, leitete viele Jahre ein Sanatorium in Ebenhausen, er ist nicht mehr am Leben. Ihre Mutter, Volljüdin, lebt mit ihr zusammen. Die Eltern sind getauft, wie sie auch. Sie sieht rein ‚arisch‘ aus, hellblond, mit blauen Augen, ohne irgendein sogenanntes jüdisches Rassekennzeichen.“ [81] Bei „Baby“ handelte es sich um die spätere stellvertretende Lagerleiterin Irmgard Spiegelberg. Damit waren die mit Else Behrend-Rosenfeld in Lohhof eingesetzten Frauen ein Spiegelbild des assimilierten, bürgerlichen deutschen Judentums.

In Lohhof arbeiteten aber auch Frauen mit einem anderen kulturellen Hintergrund. So kamen etliche aus Familien, die sich zum religiösen Judentum bekannten. In ihrer religiösen Praxis gab es einige wichtige Gebote, die von orthodoxen Juden streng eingehalten werden müssen. Eines von ihnen ist das Verbot jeglicher Arbeit am Sabbat. Der Sabbat ist im Judentum der siebte Tag in der Kalenderwoche, vergleichbar etwa mit dem christlichen Sonntag. Er fällt jedoch auf den Samstag. Das Verbot zur Arbeit erstreckt sich dabei vom Sonnenuntergang am Freitag bis zum Eintritt der Dunkelheit am folgenden Samstag. Unter der nationalsozialistischen Verfolgung war es den Juden immer weniger möglich, ihre rituelle Praxis aufrechtzuerhalten. Else Behrend-Rosenfeld formuliert es in ihrem Tagebuch so: „Die Zeit, da am Sabbat nicht gearbeitet wurde, war lange vorbei, diese Vorrechte hatte die Widenmayerstraße [Arisierungsstelle] längst kassiert.“ [82] Da in der Flachsröste, wie in vielen anderen Betrieben, die Arbeitszeit sich auch auf den Freitagabend und den Samstag erstreckte, war für die orthodoxen Zwangsarbeiterinnen ihre religiöse Pflichterfüllung am Sabbat unmöglich. Auch andere Gebote konnten nicht eingehalten werden. Den jüdischen Speisegesetzen zufolge dürfen nur solche Nahrungsmittel verzehrt werden, die den jüdischen Reinheitsgesetzen entsprechen. Insbesondere gewisse Fleischsorten, wie das Schweinefleisch, gelten als nicht koscher. Zudem müssen die Nahrungs-

Beate Epstein,
ca. 1938

Blanka Weinstock,
ca. 1938

mittel speziell zubereitet und verzehrt werden. Vor allem gilt es dabei, Fleisch und Milchprodukte zu trennen. Aufgrund der Nahrungsmittelknappheit und den Voraussetzungen in der lagereigenen Küche konnten diese Regeln in Lohhof nicht eingehalten werden. Am 8. September 1941 vermerkte Grabower in seinen Aufzeichnungen zu dem Neueingang zweier Schwestern: „Der Vater von Ruth und Bytia Rosenbusch teilt mit, dass seine Kinder weder von unserem Geschirr, noch von unserem Essen und Getränken Gebrauch machen werden." Grabower der selbst keinen Bezug zur jüdischen Religion und zu deren Ritualen hatte, machte sich vor allem Sorgen um die Auswirkungen solch religiös bedingter Ausnahmeregelungen auf die Lagergemeinschaft. Er notierte weiter: „Aus Gründen der Aufrechterhaltung der Gemeinschaft bat ich, dass die Mädels hier nicht kochen und nicht spülen und ihr eigenes Essen, das nach Angabe des Vaters täglich herausgebracht werden könne, am Tisch mit den anderen Mädels verzehren." Allerdings verbot die stellvertretende Lagerleiterin Elisabeth Heims, dass das durch eine andere Zwangsarbeiterin in einer Thermosflasche nach Lohhof gebrachte Essen in der dortigen Küche aufgewärmt werden dürfe, mit dem Hinweis, „dass solche Extrawürste im Rahmen der Allgemeinheit untragbar seien." Während die Lagerleitung aus Sorge um die Eintracht zwischen den Lagerinsassinnen handelte, lehnte die Arisierungsstelle jegliche Rücksichtnahme auf die religiösen Belange der Juden aus ideologischen Gründen ab. Jom Kippur, der Versöhnungstag, ist der höchste jüdische Feiertag. An ihm gilt für gläubige Juden ein strenges Fastengebot, das im Herbst 1941 auch in Lohhof zahlreiche gläubige Jüdinnen einhalten wollten. Die Lagerleitung ermahnte alle Zwangsarbeiterinnen, „dass Essen dasteht und sie vernünftig sein sollten, da sie unbedingt ihre Arbeit leisten müssten." Trotz der Ermahnung überließ die Lagerleitung den Frauen die Wahl, ob sie fasten wollten oder nicht. Grabower berichtete ausführlich über diesen Tag in seinen Notizen: „Von den Mädchen, die gefastet haben, waren Epstein, Oettinger und Weinstock schon um 9 Uhr kaum noch arbeitsfähig, sahen sehr schlecht aus und fühlten sich elend." Grabower selbst sprang für die Frauen ein, die sich so etwas ausruhen konnten. „Da die zweite Schicht es viel schwerer hatte, sagte ich ihr mittags ernst, sie sollten vernünftig sein". Einige aßen daraufhin, „die anderen hielten in erstaunlicher Weise bis zum Schluss durch." Auch andere Zwangsarbeiterinnen erklärten sich an diesem Tag außerhalb ihrer Schicht bereit, für die fastenden Kolleginnen einzuspringen. Französische Kriegsgefangene zeigten sich solidarisch und halfen aus.[83]

Arbeit und Lohn

Der Tagesablauf für die jüdischen Zwangsarbeiterinnen war auf Anweisung der Arisierungsstelle militärisch straff gegliedert: „5 Uhr 30 wecken, 5 Uhr 35 – 5 Uhr 50 Frühsport, 5 Uhr 50 – 6 Uhr 10 waschen." Die begrenzten Waschmöglichkeiten erlaubten immer nur einer kleinen Anzahl der Frauen, sich morgens im Wechsel zu waschen. Anschließend „6 Uhr 30 Kaffee fassen, 6 Uhr 45 Apell, 6 Uhr 55 Abmarsch zum Dienst. 7 Uhr – 12 Uhr Dienst, 12 Uhr bis 12 Uhr 45 Mittagspause, 12 Uhr 45 bis 17 Uhr Dienst, 17 Uhr bis 18 Uhr waschen." Tatsächlich blieb der vorgesehene Ablauf häufig Makulatur, denn die tägliche Arbeitszeit betrug bis zu 12 Stunden, da einzelne Vorarbeiter zum Teil erhebliche Überstunden leisten ließen, um die gute Witterung auszunutzen oder Maschinenausfälle zu kompensieren. Für viele Zwangsarbeiterinnen war dieses Pensum kaum zu bewältigen, zumal es sich bei der Arbeit in der Flachsröste um eine harte körperliche Tätigkeit handelte. Als die jüdische Lagerleitung beim verantwortlichen Vorarbeiter Franz Steiner die übermäßig lange Arbeitszeit zu reduzieren versuchte, reagierte dieser schroff: „Wir sind keine Schokoladenfabrik". Er geriet darüber so in Rage, dass er den jüdischen Lagerleiter, der den Vorfall in seinen Notizen wiedergab, anschrie: „Er befehle im Betrieb", und überhaupt: „es sei ein deutscher Betrieb, kein jüdischer".

Else Behrend-Rosenfeld war zum Anfang ihres Zwangsarbeitseinsatzes von der Kleiderkammer der Jüdischen Gemeinde notdürftig mit einem Arbeitskleid, einem Sonnenhut gegen die brütende Hitze und Sandalen ausgerüstet worden. In Lohhof angekommen, wurde sie zum Sortieren des Flachsstrohs eingeteilt. Ihr Tagebuch gibt Aufschluss über die Arbeitsbedingungen. Durch den andauernden Arbeitskräftemangel lagerte eine Unmenge Stroh in den Scheunen sowie zu riesigen Diemen aufgehäuft auf dem freien Feld. Durch die lange Lagerzeit war ein Teil des Flachsstrohs bereits verdorben. Dieser musste nun aussortiert werden, der brauchbare Flachs in verschiedene Güteklassen aufgeteilt werden. „Wir durchschritten etwa fünf Minuten lang ein großes, ebenes Gelände, auf einer ausgetretenen Straße, zu

Arbeiter befüllen die Kaltwasserrösten in der Hanfröste Schrobenhausen mit Hanfstroh, undatiert (ca. Ende der 1930er Jahre).

deren beiden Seiten sich in unregelmäßigen Abständen häusergroße Haufen von Flachsbündeln, hin und wieder auch nach einer Seite offene Scheunen befanden, die zum größten Teil gleichfalls mit Flachshaufen angefüllt waren. Schließlich erreichten wir auf freiem Felde eine Gruppe von etwa acht Menschen, die an zwei Tischen Flachshaufen sortierten, die dann eine Maschine mit Hanfschnur zu Bündeln band. (...) An der Maschine arbeitet ein Mann, ein kriegsgefangener Franzose (...). Die Flachshaufen müssen völlig auseinandergenommen, die einzelnen Stängel auf ihre Festigkeit geprüft werden. Brechen sie, so kommen sie auf den Abfallhaufen. Es ist dann darauf zu achten, dass gleich große Haufen derselben Flachssorte gemacht werden, und dass das Ende der Stängel eine möglichst glatte, runde Fläche bildet. Die Franzosen machen sich lustig über den vielen Abfall. Anscheinend liegen die Stapel schon viel zu lange, viele Haufen sind völlig verschimmelt und entwickeln entsetzlichen Gestank. Auch der Staub, den die Bündel enthalten und der uns bald mit einer grauen Schicht ganz bedeckt, ist sehr unangenehm. Am schwersten aber ist das dauernde Stehen in der glühenden Sonnenhitze zu ertragen." [84]

Während die Zwangsarbeiterinnen im Sommer mit der Hitze zu kämpfen hatten, setzte ihnen im Winter die Kälte zu, denn etliche Tätigkeiten mussten auch

Feldarbeit in der Hanfröste Schrobenhausen. Im Hintergrund eine der hausgroßen Diemen, undatiert (ca. Ende 1930er Jahre)

im Winter im Freien fortgesetzt werden. Das Sortieren und Bündeln war nur eine von vielen Tätigkeiten, zu denen die Zwangsarbeiterinnen eingesetzt wurden. Die Arbeit im Freien begann beim Abladen des Flachsstrohs von den Güterwaggons und dem Einlagern in den Scheunen bzw. dem Aufhäufen auf Diemen. Nach dem Sortieren und Entsamen wurde der beste Flachs bei entsprechender Witterung auf den Feldern zur Tauröste ausgebreitet. Er musste regelmäßig gewendet werden und anschließend eingesammelt und zur weiteren Verarbeitung in die Fabrik gebracht werden. Die Tauröste brachte den qualitativ hochwertigsten Flachs hervor. In den Kaltröstbecken konnten im Sommer ebenfalls große Mengen Flachsstroh geröstet werden. Das Stroh musste zunächst auf Karren verladen und zu den weit entfernt liegenden Becken gebracht werden. Anschließend wurde es in die Gruben gelegt und nach dem Röstvorgang wieder aus ihnen herausgeholt, bevor es auf den umliegenden Feldern zum Trocknen ausgebreitet werden konnte. Das Röstverfahren wurde während der kälteren Jahreszeit auch innerhalb der Fabrik angewendet. Zunächst wurde das Flachsstroh durch große Luken in die Fabrik geworfen und dann in die Warmwasserröste gelegt. In den mit 30 Grad warmen Wasser gefüllten Bassins verbleiben die Flachsstängel etwa 72 Stunden. Das nasse Stroh musste dann in einen

Zwei Arbeiterinnen im Fabrikgebäude der Flachsröste Lohhof, undatiert (ca. Ende der 1930er Jahre)

Arbeit am Trockner in der Flachsröste Lohhof, undatiert (ca. Ende der 1930er Jahre)

25 Meter langen Trockner eingelegt werden, das im Anschluss daran durch Knickwalzen geführt wurde, die die Holzteile der Stängel knicken und lockern. Das vollständige Abtrennen der Fasern wurde in einer Schwingmaschine mit schnell rotierenden Messern bewerkstelligt. Die fertigen Flachsfasern wurden zu transportfähigen Ballen gepresst und schließlich verladen.[85] Die verschiedenen Tätigkeiten forderten von den Frauen eine ununterbrochene große körperliche Anstrengung, denn der Flachsstroh hatte insbesondere im nassen Zustand ein erhebliches Gewicht. Zudem war im Umgang mit den sensiblen Maschinen eine hohe Konzentration nötig. So durfte beispielsweise nicht zu viel Flachs auf das Förderband des Trockners gelegt werden. Besonders musste darauf geachtet werden, dass keine Fremdkörper in die Maschinen gelangten, da diese sonst kaputtgingen. Die Vorarbeiter fanden immer wieder Eisenteile in den Maschinen, die zum Teil erhebliche Produktionsausfälle verursachten. Selbst Rolf Grabower vermutete dahinter gezielte Sabotage. Ob die jüdischen Zwangsarbeiterinnen oder die französischen Kriegsgefangenen dafür verantwortlich waren, ist nicht bekannt. Die Arbeit war mitunter auch gefährlich, denn beim Abladen des Flachsstrohs und auch bei der Arbeit an den Maschinen konnte es leicht zu Verletzungen kommen. So wurden wiederholt Zwangsarbeiterinnen durch den schweren Riemen verletzt, der öfters von der Antriebswelle der Schwingmaschine herunterfiel. Am 2. Oktober 1941 verletzte sich die 16-jährige Lotte Schwarzschild schwer. Sie war trotz der Warnung des französischen Hilfsschlossers an einer neuen Maschine eingesetzt worden, an der noch keine Schutzvorrichtungen installiert worden waren. Lotte Schwarzschild bekam beim Vorsortieren des Flachsstrohs eine Hand in die Maschine, das obere Daumenglied wurde teilweise abgetrennt, sodass Grabower den Notarzt aus dem nahe gelegenen Feldmoching holen musste, der die Frau sofort in die Israelitische Privatklinik einwies.

Nach dem Krieg rechtfertigten sich sowohl der Betrieb als auch die Angestellten der Arisierungsstelle und des Arbeitsamtes, dass die jüdischen Zwangsarbeiterinnen dieselben Tätigkeiten wie die deutschen Arbeitskräfte leisten mussten. Dass die Umstände des „Arbeitseinsatzes“ gänzlich andere waren, verschwiegen sie jedoch wider besseres Wissen. Viele Frauen waren aufgrund ihres Alters, ihrer Vorbildung und ihrer körperlichen Fähigkeiten für die Tätigkeiten völlig ungeeignet. Auf körperliche Einschränkungen wurde keine Rücksicht genommen, so wurden Zwangsarbeiterinnen mit chronischen Schädigungen an Beinen und Händen genauso eingesetzt wie solche, deren Herz-Kreislauf-System angegriffen war. Einige Frauen, wie die damals 62-jährige Hermana Eckert, erlitten dadurch bleibende Schäden. Sie war während der Arbeit zusammengebrochen, musste anschließend sogar operiert werden und blieb ihr restliches Leben davon gezeichnet.[86] Und natürlich konnte auch von einer Gleichbehandlung nicht die Rede sein, denn sämtliche Rahmenbedingungen waren

Hermana Eckert, ca. 1938

bei den jüdischen Zwangsarbeiterinnen erheblich schlechter. Verschiedene Versuche der Jüdischen Gemeinde, die jüdischen Zwangsarbeiterinnen in die gesetzliche Krankenversicherung aufnehmen zu lassen, waren am Widerstand der Behörden gescheitert, sodass die Frauen bei Krankheiten und Unfällen nicht versichert waren. Die Kosten für Krankentransporte und Behandlungen mussten also von den Frauen selbst, beziehungsweise von der Jüdischen Gemeinde bezahlt werden. Natürlich erhielten kranke Zwangsarbeiterinnen keine Bezahlung mehr. Bei den geringen Löhnen kam es so schnell zu Versorgungsengpässen, die viele jüdische Zwangsarbeiterinnen nötigten, krank zur Arbeit zu erscheinen. Juden durften schon lange nur noch von jüdischen Ärzten behandelt werden, die sich nach offiziellem Sprachgebrauch Krankenbehandler nennen mussten. Auch wurden sie in Kliniken abgewiesen und durften wie Lotte Schwarzschild nur noch im jüdischen Krankenhaus behandelt werden. In Lohhof, wie in den anderen Lagern für Juden, war ein Krankenzimmer mit einer kleinen Hausapotheke eingerichtet worden. Hier konnten vermeintlich leichtere Krankheiten behandelt werden, bei Verdacht auf ansteckende Infektionen wurde der Raum zur Isolation der Patienten verwendet. Für die Betreuung der Kranken war die ebenfalls in Lohhof beschäftigte Zwangsarbeiterin Ruth Seligmann verantwortlich. Um den weiten Weg in die Stadt, und damit einen unnötige Arbeitszeitverlust zu vermeiden, kamen sieben jüdische Ärzte, unter ihnen Dr. Magdalena Schwarz, Dr. Julius Spanier und Dr. Carl Salomon, regelmäßig nach Lohhof, um die Insassinnen zu behandeln. Nur zu Fachärzten und in Notfällen wurde die Fahrt in die Stadt genehmigt.

Ungleich schlechter als bei der deutschen Belegschaft war auch die Entlohnung. Die in München wohnenden Zwangsarbeiterinnen erhielten einen Stundenlohn von 30 Pfennig, was einem Durchschnittslohn von ca. 12 Reichsmark in der Woche entsprach, die jüdischen Vorarbeiter, Kapos genannt, erhielten leicht höhere Löhne von etwa 45 Pfennig die Stunde. Sie hatten vor allem für das pünktliche Erscheinen der Zwangsarbeiterinnen am Arbeitsplatz und die anstandslose Ausführung der Arbeit Sorge zu tragen. Ältere Zwangsarbeiterinnen erhielten grundsätzlich niedrigere Löhne und die Firma stellte bei schlechten Produktionsergebnissen auf Akkordzahlung um, was weitere Einkommenseinbußen zur Folge hatte. Der Grundlohn war dem der polnischen Zwangsarbeiterinnen und -arbeiter angeglichen, die am unteren Ende der rassistisch geprägten Einkommensskala lagen. Den Juden wurde zusätzlich eine Sonderabgabe von 15 Prozent abgezogen. Die Lagerinsassinnen erhielten sogar

Neben Rolf Grabower fungierten mindestens acht weitere Männer als Kapos: David Goldenblatt (ohne Abb.), Alfred Weil (Abb. S. 122) sowie (v.l.o.) Jakob Katzenstein, Georg August Lichtwitz, Richard Lindner, Fritz Regensburger, Max Weikersheimer und Alois Weiner. Im Herbst 1941 wurden die meisten männlichen Kapos nach Milbertshofen zurückberufen. Nun wurden auch einige Frauen als „Feldgruppenführerinnen" eingesetzt, unter ihnen Herta Ehrmann, Berta Heymann, Kitty Neustätter und die stellvertretende Lagerleiterin Irmgard Spiegelberg (Abb. S. 59).

nur 20 Pfennig Taschengeld je Arbeitstag. Für die jüdischen Zwangsarbeiterinnen reichte der karge Lohn nicht zum Leben. Falls sie nicht noch über einen Rest eigenen Kapitals verfügten oder wie Else Behrend-Rosenfeld Geld von Verwandten oder Bekannten erhielten, waren sie auf die Unterstützung der Jüdischen Gemeinde angewiesen. Im August 1941 waren das mindestens 30 Personen, also knapp ein Drittel der in Lohhof arbeitenden jüdischen Frauen. Aber auch innerhalb der jüdischen Lagergemeinschaft versuchte man, der prekären finanziellen Lage Einzelner mit Solidarität zu begegnen. Die besserverdienenden jüdischen Kapos traten Ende August 1941 beispielsweise für 15 unbemittelte Frauen je fünf Reichsmark ihres Lohnes ab.

Von der schlechten Bezahlung profitierte vor allem die Arisierungsstelle, denn der Betrieb hatte an sie einen festen Betrag je Arbeitskraft und Stunde zu entrichten. Die Arisierungsstelle schüttete davon jedoch nur einen Bruchteil an die Zwangsarbeiterinnen aus, den Rest strich sie selbst für ihre Rolle als „Vermittlerin" und „Kontrollinstanz" ein oder behielt ihn, wie im Falle der Lagerinsassinnen, als „Unterbringungsentgelt". Dennoch profitierte auch die Firma von dieser Abmachung. Sie hätte sonst nie auf ein derart großes Reservoir von Arbeitskräften zurückgreifen können und der Produktionsstau hätte zu weiteren massiven Verlusten geführt. Durch den Einsatz der jüdischen Zwangsarbeiterinnen wurde nun in kürzester Zeit nicht nur der Altbestand an Flachsstroh abgearbeitet, sodass bereits zur Ernte im Spätsommer 1941 die Scheunen mit neuen Vorräten aufgefüllt werden konnten. Die Betriebsführung war nun auch in der Lage, mit ihren Lieferanten neue, hochdotierte Verträge abzuschließen. Für die Zwangsarbeiterinnen war das gleichbedeutend mit einer Erhöhung ihres Arbeitspensums, denn der Betrieb wurde auf ein Zweischichtensystem mit einer sechs- statt bislang fünftägigen Arbeitswoche umgestellt. Den Frauen blieb nun kaum noch Zeit zur Regeneration.

Eine der wenigen Möglichkeiten zur Erholung war die Krankmeldung. Das war jedoch mit Risiken verbunden, denn sowohl die Fabrikleitung als auch die Arisierungsstelle prüften die Atteste und es drohten Strafen, selbst wenn die Krankmeldung begründet war. Der Druck auf Lagerleitung und jüdische Ärzte war derart hoch, dass diese selbst jede Krankmeldung kritisch hinterfragten oder beispielsweise fiebersenkende Medikamente verabreichten, um eine Weiterarbeit zu ermöglichen. Erholungspausen gab es lediglich, wenn die Produktion aufgrund von defekten Maschinen ausgesetzt werden musste. Solch ein freier Tag ergab sich Anfang März 1942, als ein schwerer Schaden im Heizraum die gesamte Produktion der Flachsröste lahmlegte. Da der Schaden auch am kommenden Morgen noch nicht behoben war, konnte die Frühschicht zum ersten Mal seit Langem ausschlafen. Solche Ausfälle hatten jedoch den Nachteil, dass die Fabrikleitung versuchte, mit Mehrarbeit die verlorene Zeit wieder aufzuholen.

Schikanen und Demütigung

Der „Arbeitseinsatz“ in der Flachsröste Lohhof hatte unter den Münchner Juden einen extrem schlechten Ruf. Die Zwangsarbeiterinnen selbst bezeichneten ihn als „die Hölle von Lohhof“, wie Grabower in seinen Tagesberichten notierte. Diesen Ruf hatte sich die Flachsröste jedoch nicht nur aufgrund der harten Arbeitsbedingungen und der verhassten Unterbringung in der lagereigenen Baracke erworben. Insbesondere der lange Anfahrtsweg war für die nicht in Lohhof untergebrachten Zwangsarbeiterinnen eine Tortur. „Die Arbeit in den Fabrikräumen in Lohhof gilt für ziemlich schwer. (...) Hinzu kommt der weite Weg. Lohhof ist die Eisenbahnstation hinter Schleißheim, man muss mit der Bahn und zu Fuß eineinviertel bis anderthalb Stunden Weg hin und ebenso viel zurück rechnen“, notierte sich Else Behrend-Rosenfeld Anfang Juli 1941 in ihr Tagebuch. Die Situation verschlimmerte sich dramatisch, als ab September 1941 den Münchner Juden die Benutzung des innerstädtischen Nahverkehrs verboten wurde. Zuvor war es den aus München pendelnden Juden noch möglich gewesen, die öffentlichen Verkehrsmittel zu benutzen, um zum nächstgelegenen Bahnhof zu gelangen, von dem aus sie den Zug nach Lohhof nahmen. Die in München wohnenden Zwangsarbeiterinnen mussten fortan zu Fuß bis zu den Bahnstationen gehen, was den Anfahrtsweg erheblich länger und mühsamer machte. Hintergrund für dieses Verbot war eine am 15. September 1941

Die Flachsscheunen lagen am Hauptweg, der das Fabrikgeläude durchschnitt und das Hauptgebäude mit den Kaltwasserröstgruben verband, undatiert (ca. Ende der 1930er Jahre).

Am Bahnhof Lohhof kamen jeden Morgen die jüdischen Zwangsarbeiterinnen aus München an, 1938.

durch den Reichsinnenminister erlassene Verordnung, die den Juden die Benutzung öffentlicher Verkehrsmittel nur noch mit einer polizeilichen Ausnahmegenehmigung ermöglichte.[87] Nicht zum ersten Mal gingen die Behörden in der sogenannten „Hauptstadt der Bewegung", in der Stadt also, in der die NSDAP gegründet worden war und in der Adolf Hitler seine ersten Erfolge gefeiert hatte, noch einen Schritt weiter. Auf Anordnung des Gauleiters Adolf Wagner wurden in München prinzipiell keine Ausnahmegenehmigungen zur Benutzung der Trambahn erteilt, während andere Städte jüdischen Zwangsarbeiterinnen und Zwangsarbeitern zumindest bei Anfahrtswegen über sieben Kilometern eine entsprechende Erlaubnis erteilten.[88] So wurde auch der Antrag der Flachsröste für die 27 der 71 Frauen abgelehnt, die mehr als eine halbe Stunde Marschweg zum nächstgelegenen Bahnhof zurücklegen mussten. Für die Juden hatte diese neue Einschränkung katastrophale Auswirkungen. Seit der Verschärfung des Zwangsarbeitseinsatzes im Frühjahr 1941 waren die meisten Juden über ganz München auf die verschiedenen Firmen verteilt worden. Die Wege waren entsprechend weit. Auch die Münchner Unternehmen, die Juden beschäftigten, beschwerten sich über die neue Verordnung: „Darf ich Ihre Aufmerksamkeit auf eine in voriger Woche ergangene Anordnung lenken, die nicht dazu angetan ist, der deutschen Wirtschaft zu nützen", schrieb eine Geschäftsführerin an die Industrie- und Handelskammer Bayern. „Es handelt sich um das Verbot der Tram-Benutzung von Seiten der Juden. Dasselbe hat zur Folge, dass die in den Betrieben

Angestellten heute bis zu 2 Stunden Weg zu ihrer Arbeitsstätte zurückzulegen haben, also 4 Stunden Pflastertreten pro Tag! Das hierunter die Arbeitsleistung leidet, ist selbstverständlich. Ebenso dass diese in unserem Zeitalter des Vierjahresplans besonders unerwünschte Minderung der Arbeitskraft mit dem Fortschreiten der ungünstigen Jahreszeit immer stärker in Erscheinung treten wird. Hinzu kommt, dass die Zahl der weit außerhalb wohnenden ständig im Anschwellen ist: ein neuer Erlass fordert, dass sämtliche Pensionen bis 1. November judenfrei sein müssen. Das bedeutet 250 Obdachlose, die nur in den Milbertshofener Baracken eine Unterkunft finden können, die an sich schon zur Erhaltung guter Arbeitskraft nicht geeignet ist."[89] Auch wenn es der Verfasserin vordergründig nur um die „Erhaltung guter Arbeitskraft" zu gehen schien, trifft ihre Schilderung ziemlich genau auf die Situation der Münchner Juden zu. Insbesondere für die älteren Zwangsarbeiterinnen und Zwangsarbeiter waren die stundenlangen Anmärsche qualvoll. Die Arisierungsstelle ging auf diese und ähnliche Beschwerden jedoch nicht ein. Einzig jüdische Ärzte und hohe Funktionäre der Jüdischen Gemeinde durften weiterhin die Straßenbahn benutzen, alle anderen Gesuche um Ausnahmeregelungen lehnte sie prinzipiell ab. Die Gauleitung bewies damit erneut, dass das eigentliche Interesse ihrer Verfolgungspolitik nicht die wirtschaftliche Ausbeutung der Juden war, auch wenn sie jede sich bietende Gelegenheit dazu ergriff. Vielmehr ging es um die systematische Ausgrenzung der Juden, an deren Ende als Ziel die Emigration und später die Vernichtung stehen sollte. Auch die Flachsröste hatte sich mehrfach vergebens um eine Sonderregelung für ihre jüdischen Zwangsarbeitskräfte eingesetzt. Die Fabrik in Lohhof lag 17 Kilometer vom Stadtzentrum und mehr als 20 Kilometer vom Lager in Berg am Laim entfernt. Dort lebten viele der nicht in der lagereigenen Baracke internierten Zwangsarbeiterinnen. Die Reichsbahn durften Juden im Gegensatz zur Straßenbahn mit einer Sondergenehmigung benutzen, nur so konnten die in München wohnenden Zwangsarbeiterinnen überhaupt nach Lohhof gelangen.

Judith Hirsch und Erwin Weil an Ostern 1942

Was diese neue Schikane für die Juden selbst bedeutete, zeigt das Beispiel der 14-jährigen Judith Hirsch, die 1939 nach Kriegsausbruch mit ihren Eltern nach München gezogen war. Ihre Eltern lebten in Mischehe. Sie selbst wurde von den Behörden als „Geltungsjüdin" geführt. Die Familie Hirsch wohnte in der Israelischen Privatklinik, wo die Eltern als Hausmeister arbeiteten. Nachdem die Klinik und das

Schwesternheim Anfang Juni 1942 geschlossen, Patientinnen und Patienten, Ärzte und Krankenschwestern deportiert worden waren, zog Judith Hirsch in das Lager Berg am Laim. Während dieser Zeit musste sie täglich nach Lohhof zur Zwangsarbeit fahren. Mitte 1942 schrieb sie an ihren Freund Erwin Weil: „In Lohhof ist es furchtbar. Ich bin jetzt außer meiner Arbeitszeit noch 5 – 6 Stunden unterwegs. Abends falle ich grad ins Bett, so müde bin ich. Hoffentlich dauert es nicht mehr allzu lange, denn lang kann ich es nicht mehr mitmachen.“ [90] Auch wenn der Weg von Berg am Laim nach Lohhof tatsächlich etwas kürzer gewesen sein dürfte, zeigt die von Judith Hirsch als gefühlte Ewigkeit wahrgenommene Wegstrecke, wie zermürbend der tägliche Fußmarsch für die Zwangsarbeiterinnen war. In aller Frühe musste sie den weiten Weg bis zur Bahnstation zu Fuß zurücklegen. Meist begleitete sie ihre Mutter, die Strecke nutzend, um ihre Tochter zu sehen, die sie sonst nur sonntags besuchen durfte.[91]

Zeitgleich mit dem Verbot zur Benutzung öffentlicher Verkehrsmittel wurde im September 1941 eine weitere folgenschwere Schikane gegen die Juden erlassen. Die Polizeiverordnung über die Kennzeichnungspflicht zwang die noch im Deutschen Reich verbliebenen Juden, ab dem Alter von sechs Jahren auf der linken Brustseite den gelben „Judenstern“ zu tragen. Diese öffentliche Brandmarkung sollte zur weiteren Isolierung führen und veranlasste viele Juden ihre Wohnungen nur noch zu verlassen, wenn es unbedingt nötig war. Else Behrend-Rosenfeld beschrieb in ihrem Tagebuch, welchen Schock diese neue Demütigung unter den Münchner Juden auslöste: „Wieder sieht man die jüdischen Menschen mit steinernen Gesichtern durch die Straßen gehen, mit Augen, die durch alles und alle hindurchzusehen scheinen, viele mit gesenktem Kopf, manche aber auch, und dazu gehöre ich, mit stolz erhobenem Haupte.“[92] Nach der extremen Gewalterfahrung während der „Reichskristallnacht“ hatten sich viele Juden zurückgezogen und versucht, möglichst unsichtbar zu bleiben. In der Öffentlichkeit war das nun nicht mehr möglich und erneut wurden Juden Opfer von öffentlicher Demütigung oder Gewalt. Die Lagerleitung in Lohhof hatte am 18. September 1941 die sogenannten Davidsterne verteilt. Die Betroffenen hatten die Kosten von 20 Pfennig pro Stück selbst zu übernehmen. Die Frauen mussten sie fest an ihre Kleidungsstücke annähen und durften sich während der Arbeit sowie außerhalb des Fabrikgeländes nicht ohne sie zeigen.

Die Kennzeichnungspflicht fand allerdings auch unter der deutschen Bevölkerung nicht nur Zustimmung. Viele Menschen sahen beschämt weg, es kam sogar vereinzelt zu öffentlichen Sympathiebekundungen. Auch für den Leiter des jüdischen Frauenarbeitslagers in Lohhof, Rolf Grabower, war die sogenannte Sternverordnung zunächst ein Schlag ins Gesicht gewesen. Ähnlich wie Else Behrend-Rosenfeld (er)trug er den Stern jedoch mit trotzigem Stolz. In seinen biografischen

Zwei mit dem Davidstern gekennzeichnete Passanten in der Lindwurmstraße, Oktober 1941

Aufzeichnungen schildert Grabower, dass ihm mehrfach fremde Menschen unvermittelt die Hand schüttelten und sagten, dass sie empört darüber seien, dass er den Stern tragen müsse. Besonders bewegte ihn eine Erfahrung im Frühsommer 1942. Eines Morgens auf dem Weg zur Arbeit fuhr eine junge Frau mit dem Fahrrad an Grabower vorbei. Als sie den Stern sah, sprang sie von ihrem Rad und reichte ihm ihr Frühstück. Für den Fall, dass jemand die Szene beobachtet hatte, erklärte sie, es sei seines und er habe es verloren. Wie wichtig diese Sympathiebekundungen für die Verfolgten waren, davon zeugt die Anmerkung, mit der Grabower Jahre später seine Schilderung versah. „Sie muss jetzt etwa 35 Jahre alt sein. Vielleicht liest sie diese Stelle und ersieht, welche guten Gefühle ihre anständige Behandlung in mir erweckt hat.“ Neben diesen Momenten, die den Verfolgten ein Stück Menschlichkeit zurückgaben, gab es natürlich auch zahlreiche negative Erfahrungen. Auf einer Fahrt nach Lohhof wurde Grabower beispielsweise von drei einsteigenden Unteroffizieren aus seinem Zugabteil verscheucht. Andere Juden wurden gar in der Öffentlichkeit bespuckt oder mit Steinen beworfen. Für die in Lohhof arbeitenden und in München wohnenden Frauen entwickelte sich der lange Anfahrtsweg zum Spießrutenlauf. Viele versteckten daher den „Schandfleck“. Aus der örtlichen Bevölkerung kam es scheinbar mehrfach zu Denunziationen, denn Grabower musste diesbezüglich immer wieder vor dem Ortsgruppenleiter und der Polizei erscheinen.

Die Arisierungsstelle wies die Lagerleitung daraufhin an, zu kontrollieren, ob die Zwangsarbeiterinnen den Stern auch gut sichtbar trugen. Grabower notierte mehrfach, dass die Frauen die Sterne unter ihren Schals und Mantelkragen verbargen oder dass er in der Stadt einzelnen in Lohhof arbeitenden Frauen begegnet war, die den Stern gar nicht angebracht hatten.

Anfang November 1941 wurden schließlich auch die Zugabteile für die gut 70 aus München nach Lohhof pendelnden Frauen gekennzeichnet. Sie durften fortan nur noch bestimmte Züge verwenden, in denen ihnen je zwei Abteile zugewiesen waren. Auf den Bahnhöfen durften sie sich nur in bestimmten Bereichen aufhalten. So wurden die Kontakte zur restlichen Bevölkerung auf ein Minimum reduziert.

Auch im Umgang mit der Bevölkerung Lohhofs gab es strenge Vorschriften. So durften die Zwangsarbeiterinnen nicht in den örtlichen Geschäften einkaufen. Dennoch kamen die jüdischen Frauen regelmäßig mit den Anwohnern in Kontakt, nicht zuletzt bei ihrem täglichen Weg zwischen der Bahnstation und dem Fabrikgelände. Auch durften die Lagerinsassinnen nach ihrer Arbeitszeit Spaziergänge in der Umgebung des Fabrikgeländes unternehmen, solange sie sich diesseits der Bahn, also auf der dem Ort abgewandten Seite aufhielten. Bei diesen Gelegenheiten kam es zu verschiedenen Vorkommnissen. Die Haltung der Bevölkerung war überwiegend abweisend, einige Jugendliche beschimpften die jüdischen Frauen sogar und warfen mit Steinen nach ihnen. Die in einem nahe gelegenen Lehrlingsheim untergebrachten Jungen entwickelten aber auch Interesse an den in Lohhof beschäftigten Mädchen. Die Situation war für beide Seiten durchaus gefährlich, da der Kontakt zwischen Juden und Nichtjuden verboten war. Der Verdacht eines sexuellen Kontaktes wurde gar als „Rassenschande" verfolgt. Die Lagerleitung setzte sich mit der Leitung des Lehrlingsheimes in Verbindung, die den Jungen den Umgang mit den jüdischen Mädchen strengstens verbot.

Die Arisierungsstelle war sich bewusst, dass der „Arbeitseinsatz" in Lohhof das härteste und unter den jüdischen Frauen in München gefürchtetste Zwangsarbeitskommando war. Ähnlich wie bereits im Falle des ebenfalls gefürchteten Massenlagers Milbertshofen, setzte die Arisierungsstelle auch Lohhof gezielt als Straflager ein. Anfang Februar 1942 beispielsweise hatte die Arisierungsstelle Fanny Jacobovics nach Lohhof eingewiesen. Seit 1939 war sie die Leiterin des jüdischen Altenheims in der Mathildenstraße gewesen. Vorher hatte sie bereits in ihrer Geburtsstadt Regensburg ein jüdisches Altenheim geleitet. Die Arisierungsstelle warf Jacobovics wegen der extremen Überbelegung in der Mathildenstraße vor, sie habe „100 alte Juden in unglaublichster Weise versauen und verkommen lassen". Ein Vorwurf, der ebenso unzutreffend wie infam war, denn es war die radikale Entmietungspraxis der Arisierungsstelle, die seit Sommer 1941 sämtliche jüdische Einrichtungen dazu gezwungen hatte, erheblich mehr Personen aufzunehmen, als für diese jemals vorgesehen waren. Trotz aller Versuche der Leiter und Leiterinnen war die Situation in den Heimen für die dort untergebrachten Menschen im Laufe der Jahre 1941/42 immer unerträglicher geworden. Noch vor ihrer Ankunft hatte die Arisierungsstelle die Lagerleitung in Lohhof angewiesen, Frau Jacobovics strafweise in einem der „Polinnenzimmer“ unterzubringen. Dabei handelte es sich um jene Barackenstuben, in denen die jüdisch-polnischen Frauen lebten. Rolf Grabower notierte die weiteren Anweisungen der Arisierungsstelle. „Harte und strenge Arbeit an einer Stelle wo es riecht. Wenn es kalt ist, hat sie draußen zu arbeiten.“ Außerdem erhielt sie „Ausgeh- und Telefonverbot“, sollte „von der Gemeinschaft ausgeschlossen sein“ und ihre Mahlzeiten alleine auf ihrem Zimmer einnehmen.[93] Etwa zur gleichen Zeit wurde eine weitere Frau nach Lohhof strafversetzt. Anne-Lise von Branca lebte mit ihrem nichtjüdischen Mann in Gröbenzell, von wo aus sie jeden Tag mit dem Zug anreisen musste. Die promovierte Literaturwissenschaftlerin stammte aus einer liberalen Kaufmannsfamilie aus Hannover. Ihr einziges „Vergehen“ war es gewesen, dass sie bei einer Begrüßung das Wörtchen „von“ vor ihrem Nachnamen verwendet hatte. Die Arisierungsstelle verhöhnte sie daraufhin als „Baronin“ und ordnete für sie eine möglichst unangenehme Arbeit in Lohhof an.[94]

Anne-Lise von Branca, undatiert

Viele Frauen hielten die Bedingungen in Lohhof nicht aus. Sie stellten über die Lagerleitung den Antrag, aus Lohhof entlassen zu werden, oder versuchten in einen anderen Betrieb versetzt zu werden. In der Regel lehnte die Arisierungsstelle solche Anträge ab. Lediglich wenn die Interessen des Betriebes davon nicht berührt wurden, erteilte sie in Einzelfällen ihre Zustimmung. Neben der Krankmeldung, die zumindest für wenige Tage eine Erleichterung bringen konnte, blieb nur die Flucht. Insgesamt entschieden sich nur wenige Münchner Juden, unterzutauchen. Zu ihnen gehörte die Lagerleiterin von Berg am Laim, Else Behrend-Rosenfeld, die im August 1942 nach Berlin floh und 1944 schließlich über die Schweizer Grenze entkommen konnte.[95] Mitte März 1942 kam es auch in Lohhof zur Flucht einer jüdischen Zwangsarbeiterin. Es war die Zeit, als sich Gerüchte über eine weitere bevorstehende Deportation verdichteten. Die 46 Jahre alte Elisabeth Kühl hatte sich bei einer Lagerinsassin etwas Geld geliehen und war dann verschwunden. Sie hatte einen Brief hinterlassen, in dem sie Suizidabsichten äußerte und der ihr wohl einen Vorsprung verschaffen sollte. Elisabeth Kühl war katholisch getauft. 1940 war sie von

Elisabeth Kühl, Passfoto 1938

ihrem nichtjüdischen Ehemann geschieden worden. Es war nicht ihr erster Fluchtversuch. Bereits Anfang Dezember 1941 war Grabower von der Arisierungsstelle gewarnt worden, dass Elisabeth Kühl zu fliehen versuchen könnte. Sie habe schon einen entsprechenden Versuch unternommen. An Weihnachten 1941 hatte sie erneut versucht zu fliehen. Sie war unerlaubt zu Angehörigen nach Brannenburg in Oberbayern gefahren, wurde dort kurze Zeit später aufgegriffen und nach Lohhof zurückgebracht. Im März 1942 änderte sie ihr Ziel und versuchte sich im ländlichen Tirol zu verstecken. Ihre verzweifelte Flucht war jedoch erneut nur von kurzer Dauer. Sie wurde in der Gemeinde Tösens im Landkreis Landeck aufgegriffen. Sie hatte versucht ihre Identität zu verschleiern, indem sie die ersten Seiten aus ihrem Pass herausgerissen hatte. Dort befanden sich die verräterischen Angaben, die sie als Jüdin auswiesen. Bei der Vernehmung gab sie an Katholikin zu sein. Doch als die Stapoleitstelle bei der ausstellenden Behörde in Karlsruhe die Reisepassnummer abfragte, flog Elisabeth Kühl auf. Dieses Mal wurde sie nicht nach Lohhof zurückgebracht. Am 6. Mai 1942 war sie von Tösens nach Innsbruck überstellt worden. Am 12. Juni 1942 wurde sie in das Frauenkonzentrationslager Ravensbrück eingewiesen, von dort aus kam sie kurze Zeit später nach Auschwitz. Die dortige Lagerkommandantur stellte ihre Sterbeurkunde auf den 11. Oktober 1942 aus. Als Todesursache wurde „Influenza" angegeben. Beide Angaben lassen sich nicht überprüfen, vermutlich starb Elisabeth Kühl unter den unmenschlichen Arbeitsbedingungen an Entkräftung und Unterernährung.[96]

Der „Arbeitseinsatz" bei der Flachsröste Lohhof war von den jüdischen Frauen aus München jedoch nicht nur wegen der harten und ungewohnten Arbeitsbedingungen gefürchtet, die viele an den Rand ihrer körperlichen Belastbarkeit brachten, sondern auch wegen der schlechten Behandlung durch die deutschen Angestellten. Else Behrend-Rosenfeld war gleich nach ihrer Ankunft in der Flachsröste von den französischen Kriegsgefangenen darauf hingewiesen worden, dass man sich vor einigen der Vorarbeitern in Acht nehmen müsse: „Ich wurde schnell belehrt, daß die drei Aufseher nach der Farbe ihrer Hüte benannt werden. Zwei von ihnen, le chapeau gris [der graue Hut] und le chapeau blanc [der weiße Hut] seien unangenehm, der dritte, le chapeau vert [der grüne Hut], sei ein gutmütiger anständiger Kerl, der aber nicht so viel zu sagen hätte, wie die beiden anderen."[97]

Die deutsche Belegschaft

Der geschlossene Arbeitseinsatz der deutschen Juden sollte getreu der NS-Ideologie vor allem die „strengste Trennung der arischen und jüdischen Arbeitskräfte“[98] gewährleisten, wie die Münchner Arisierungsstelle es in ihrem Abschlussbericht formulierte. Zu diesem Zweck waren über das ganze Reich verteilt jüdische Zwangsarbeitslager wie das in der Flachsröste Lohhof gegründet worden. Während an anderen Einsatzorten eine strikte Trennung möglich war, arbeiteten in Betrieben wie Lohhof aus arbeitsorganisatorischen Gründen trotz des Verbotes Juden und deutsche Belegschaft nebeneinander an denselben Maschinen. Diese Nähe eröffnete für die Betroffenen Handlungsspielräume, die sich je nach Firma und Personal unterschiedlich auswirkten. Während es in einigen Betrieben durchaus zu Sympathiebekundungen oder gar zu versteckter Hilfeleistung kam, verhielten sich die Angestellten der Flachsröste den jüdischen Zwangsarbeiterinnen gegenüber meist wenig solidarisch. Die Angestellte Frau Burger beispielsweise arbeitete in der Fabrik am Trockner. Sie schimpfte häufig über die faulen jüdischen Arbeiterinnen. Sie und ihre Kolleginnen meldeten auch kleine Übertretungen sofort an die Vorarbeiter, anstatt sie beispielsweise zu „übersehen“ oder zunächst der jüdischen Lagerleitung bekannt zu geben. Diese Meldungen konnten harte Strafen, wie Nacharbeit oder Bunkerhaft, nach sich ziehen oder die Vorarbeiter gaben ihrerseits die Vorkommnisse an die berüchtigte Arisierungsstelle weiter, was für die Betreffenden noch unangenehmere Konsequenzen haben konnte. Die deutschen Beschäftigten verstanden sich nicht als Kolleginnen der Zwangsarbeiterinnen und verhielten sich damit so, wie der NS-Staat es von ihnen erwartete. Die Zwangsarbeiterinnen waren nicht Teil der „Volksgemeinschaft“ und damit auch kein Teil der Betriebsgemeinschaft. Der jüdische Lagerleiter Rolf Grabower hingegen versuchte die Frauen weniger durch Strafen als durch Lob zu motivieren und regte das immer wieder auch bei den deutschen Vorarbeitern an. Meist bekamen die jüdischen Frauen aus München von der deutschen Betriebsgefolgschaft aber lediglich in Abgrenzung zu den anderen Zwangsarbeiterinnengruppen „Positives“ zu hören, denn die Belgierinnen, die Ukrainerinnen und vor allem die jüdisch-polnischen Frauen galten wahlweise als (noch) fauler, (noch) verwahrloster und (noch) unkultivierter.

Kriegsbedingt hatte die Flachsröste seit 1940 nur wenig deutsches Stammpersonal. Immer ältere Jahrgänge waren zum Militärdienst einberufen, jüngere Frauen zur Arbeit in den Rüstungsbetrieben dienstverpflichtet worden. Anfang 1942 arbeiteten bei einer Gesamtbelegschaft von knapp 200 Personen nur 24 „deutschstämmige“ Angestellte in der Flachsröste.[99] Es handelte sich dabei zum

Wilhelm Höber, geboren 1910, undatiert

einen um die Firmenleitung und die Büroangestellten, zum anderen um die Vorarbeiter sowie die wenigen bereits erwähnten Frauen, die in den Werkshallen an den Maschinen eingesetzt waren. Auch der Vorarbeiter Wilhelm Höber, wurde 1939 zur Wehrmacht eingezogen und nahm am kriegsauslösenden Überfall auf Polen am 1. September desselben Jahres teil. Als kriegswichtiger Betrieb konnte die Flachsröste jedoch die Rückstellung wichtiger Arbeitskräfte beantragen. Höber wurde in der Folge als unabkömmlich (UK) eingestuft und kehrte um die Jahreswende 1940/41 nach Lohhof zurück. Andere deutsche Arbeiter der Flachsröste erhielten ebenfalls die begehrte „UK-Stellung". Es waren vor allem die Vorarbeiter, die sogenannten Betriebs- oder auch Röstmeister. Neben Wilhelm Höber waren das Franz Steiner, Anton Schollweck, Josef Finkenzeller und Max Stetter. Ihre Arbeit bestand darin, die verschiedenen Arbeitsgruppen einzuteilen. Sie bestimmten Arbeitsumfang und -tempo, waren zuständig für die Kontrolle der Arbeitsleistung sowie für die Überwachung der Zwangsarbeiterinnen. In dieser Funktion entschieden sie auch über Art und Umfang von Strafen, wenn es ihrer Meinung nach zu Unregelmäßigkeiten kam oder wenn die Zwangsarbeiterinnen nicht schnell und fleißig genug arbeiteten. Die fünf Männer hatten also neben der Firmenleitung einen erheblichen Einfluss auf die Situation der in Lohhof eingesetzten Zwangsarbeiterinnen. Betrachtet man ihr Verhalten näher, so wird deutlich, wie unterschiedlich sie ihre Handlungsspielräume nutzten und welch unterschiedliche Wirkung ihr Verhalten auf die Lage der Zwangsarbeiterinnen hatte.

Als der Zwangsarbeitseinsatz der jüdischen Frauen aus München im Sommer 1941 begann, war Franz Steiner in Lohhof zuständiger Röstmeister für den Außeneinsatz auf den Feldern und in den Kaltröstgruben. Er war als glühender Anhänger des NS-Regimes bekannt. Steiner war äußerst ungehalten, dass nun Juden in seinem Betrieb eingesetzt wurden. Rolf Grabower berichtet von massiven Wutausbrüchen, begleitet von üblen antisemitischen Beschimpfungen. Für die jüdischen Zwangsarbeiterinnen war dabei besonders unangenehm, dass zwischen Steiner und dem Betriebsmeister für den Fabrikeinsatz Wilhelm Höber ein extrem schlechtes Verhältnis herrschte. Rolf Grabower notierte mehrfach, die „Meinungsverschiedenheiten werden auf unseren Köpfen ausgetragen".[100] Franz Steiner musste den Betrieb kurz darauf verlassen. Seinen Posten übernahm Anton Schollweck. Aber auch das Verhältnis zwischen Höber und Schollweck war schlecht und so besserte sich die Situation nicht. Es waren insbesondere diese beiden, die im Folgenden die Lage der Zwangsarbeiterinnen prägten.

Anton Schollweck kam aus der Gegend von Freising und stammte aus einer Familie mit sechs Kindern. Sein Vater war Schreiner. Schollweck war nie Mitglied der NSDAP. Nach dem Krieg trat er der SPD bei, für die er in den 1970er Jahren im Stadtrat von Freising saß. Schollweck war seit 1936 bei der Flachsröste beschäftigt. Der ausgebildete Schlosser Wilhelm Höber stammte aus Pocking in der Nähe von Passau. Vor seiner Anstellung bei der Flachsröste Lohhof im Jahr 1935 war er mehrere Jahre arbeitslos gewesen. 1935 war Höber der NSDAP beigetreten – wie er nach dem Krieg behauptete nur, weil er sonst die Stellung in Lohhof nicht erhalten hätte. Da weder sein Kollege Schollweck noch die beiden Direktoren der Flachsröste Parteimitglieder waren, darf diese Aussage jedoch angezweifelt werden. Höber kam aus einem katholischen Elternhaus und hatte nach eigenen Angaben bei der letzten freien Wahl 1933 die Bayerische Volkspartei gewählt. Es ist heute nur noch schwer zu rekonstruieren, welche Einstellung Höber tatsächlich zum Nationalsozialismus hatte. Seine spätere Ehefrau war 1935 wegen der als „Rassenschande" verfolgten Beziehung zu einem Juden verhaftet worden. Höber beteuerte nach dem Krieg in seinem Entnazifizierungsprozess: „dass ich mit den Zielen und den Methoden der Partei nicht einig ging, geht besonders aus der Tatsache hervor, dass ich meine Frau heiratete, trotzdem mir genau bekannt war, dass sie wegen Beziehung zu einem Juden in Schutzhaft war." Höber versäumte auch nicht, darauf hinzuweisen, dass ihm „gerade diese Tatsache seinerzeit schwere Unannehmlichkeiten bereitet hat."[101] Wenn die Spruchkammer ehemalige jüdische Zwangsarbeiterinnen als Zeugen vernommen hätte, wäre Höber kaum nur als Mitläufer eingestuft worden und straffrei geblieben. Dem Gericht wäre sonst bekannt geworden, dass Höber als Vorarbeiter der Flachsröste Lohhof durchaus „Ziele" des NS-Staates unterstützt und dabei auch dessen „Methoden" angewendet hatte.

Anton Schollweck, geboren 1914, undatiert

Körperliche Gewalt gegen Zwangsarbeiterinnen und Zwangsarbeiter war ein häufig angewendetes Mittel zur Disziplinierung. Insbesondere von Wachmannschaften sind vielerorts brutale Übergriffe bekannt. Aber auch firmeneigene Vorarbeiter beteiligten sich an solchen Exzessen. Häufig erhielten sie den Status von Hilfspolizisten, wurden im Gebrauch der Schusswaffe geübt und hatten den Befehl, diese im Falle einer Flucht auch einzusetzen, damit ihr Beispiel als Abschreckung für andere galt. Den Aufzeichnungen des jüdischen Lagerleiters zufolge kam es in der Flachsröste zumindest bis März 1942 zu keinen Gewaltexzessen. Es kam aber wiederholt zu gewaltätigen Übergriffen. Insbesondere der als aufbrausend bekannte Wilhelm

Josef Finkenzeller, Jahrgang 1903, als Soldat der Wehrmacht, undatiert

Höber schlug mehrfach Frauen mit der flachen Hand ins Gesicht. Solche gerne verharmlosend als pädagogische Maßnahmen getarnten „Ohrfeigen" verteilten auch andere Vorarbeiter.

Josef Finkenzeller, Parteimitglied seit 1933, schlug beispielsweise eine jüdische Zwangsarbeiterin, weil sie angeblich während einer Nachtschicht acht Mal auf die Toilette gegangen war. Für den Aufseher war lediglich die Erfüllung des Arbeitssolls von Bedeutung. Er vermutete, dass sich die betreffende Frau vor der Arbeit drücken wollte, und bestrafte sie deshalb. Ob sie vielleicht gute Gründe für ihr Verhalten hatte, beispielsweise eine Erkältung oder das Einsetzen der Periode, interessierte ihn offensichtlich nicht. Rolf Grabower hatte bereits im Sommer 1941 eine ihm erteilte Anweisung notiert, nach der allgemeine Unannehmlichkeiten von Frauen kein Grund seien, von der Arbeit fernzubleiben. Überhaupt war es eine beliebte und besonders demütigende Schikane der Vorarbeiter, den Zwangsarbeiterinnen die Benutzung der Toiletten während der Arbeitszeit zu untersagen. Mehrere Frauen berichteten, dass es ihnen bei Androhung von Strafe nur in der Mittagspause erlaubt war, den Arbeitsplatz für einen Gang auf die Toilette zu verlassen. Auch deutsche Mitarbeiterinnen wie Frau Burger schlugen die jüdischen Zwangsarbeiterinnen bei vermeintlichem Ungehorsam oder schlechter Arbeitsleistung. „Ohrfeigen", ja sogar Prügel, waren in den 1940er Jahren (und auch danach noch) ein häufig angewandtes Disziplinierungsinstrument, unter dem vor allem Lehrlinge, aber auch Hilfsarbeiterinnen und Hilfsarbeiter zu leiden hatten. Die körperliche Gewaltanwendung durch die Belegschaft der Flachsröste gegen die jüdischen Zwangsarbeiterinnen war jedoch mehr als eine pervertierte disziplinarische Maßnahme zwischen Vorgesetzten und Untergebenen. Sie war rassistisch motiviert und richtete sich gegen eine Personengruppe, die keinerlei Möglichkeiten hatte, sich ihr zu entziehen.

Das deutsche Stammpersonal, insbesondere die Vorarbeiter und die Firmenleitung waren ausschließlich um den Betrieb besorgt und hatten kein Interesse, das Los der Zwangsarbeiterinnen zu verbessern. Die Auswirkungen auf das Leben der Verfolgten interessierten sie wenig. Höber und seine Kollegen waren keine jener Sadisten, die ihre Befriedigung in der Misshandlung von Juden suchten. Ihr Handeln stand jedoch im Einklang mit ihrem grundsätzlichen Einverständnis mit den nationalsozialistischen Handlungsmaximen. Der Antisemitismus spielte dabei eine wichtige Rolle. Antijüdische Stereotype und antisemitische Beleidigungen gehörten in Lohhof zum alltäglichen Umgangston. Dennoch gab es feine Unterschiede im Verhalten der Vorarbeiter gegenüber den Zwangsarbeiterinnen. Insbesondere der einflussreiche Betriebsmeister Wilhelm Höber galt als besonders streng. Es ist anzunehmen, dass es sich bei ihm entweder um „le chapeu gris" oder um „le chapeau blanc" aus der Darstellung von Else Behrend-Rosenfeld handelt. Vergünstigungen gestand er nur selten zu. Anton Schollweck griff seltener auf antijüdische Beschimpfungen zurück als Wilhelm Höber und auch Erleichterungen waren bei ihm einfacher zu erhalten. Das mag auch an seiner eigenen, phasenweise laxen Arbeitsmoral gelegen haben, denn Schollweck schlief während der Arbeitszeit gerne mal in einem kleinen Schuppen, der auch „Affenkasten" genannt wurde, seinen Rausch aus. Er entspricht dem Bild von „le chapeau vert" in Else Behrend-Rosenfelds Tagebuchaufzeichnungen. Die Zwangsarbeiterinnen und die jüdische Lagerleitung versuchten sich solche Unterschiede zunutze zu machen, um ihre Situation zu verbessern, indem sie beispielsweise ihre Anliegen bei Schollweck und nicht bei Höber vorbrachten.

Eine Garantie für bessere Behandlung war das jedoch nicht, denn auch für Anton Schollweck stand vor allem der Betrieb im Mittelpunkt. Er war bereit, zur Erfüllung der Produktionsziele, Maßnahmen zu ergreifen, die eine unmittelbare Verschlechterung der Lage der jüdischen Zwangsarbeiterinnen zur Folge hatten. Als Hans Wegner und Franz Mugler von der Arisierungsstelle am 2. März 1942 dem Lager einen unangemeldeten Kontrollbesuch abstatteten, nutzte Schollweck die Gelegenheit, sich zu beschweren: Die jüdischen Frauen hätten aufgrund der häufigen Zahnarztbesuche zu viele Fehlzeiten, was sich äußerst negativ auf die Produktion auswirken würde. Auch in den anderen Münchner Lagern für Juden war der Besuch eines Facharztes die letzte Möglichkeit, Freiräume zu schaffen. Als die Arisierungsstelle im Mai 1942 den Lagerinsassen in Berg am Laim jeglichen Ausgang in die Stadt verwehrte, der nicht von ihr angeordnet worden war oder medizinische Gründe hatte, stellte die Lagerleiterin fest: „Erstaunlich war in den kommenden Wochen das Bedürfnis unserer Insassen, ihre Zähne nachsehen und behandeln zu lassen! Es ist keine kleine Mühe, den einzelnen begreiflich zu machen, dass gar zu häufige Zahnarztbesuche das Verbot auch dieser letzten Möglichkeit nach sich ziehen könnten."[102] Wie berechtigt ihre Sorge war, zeigt die Reaktion der Arisierungsstelle auf die Denunziation von Anton Schollweck. Sie entschied, den „Arzturlaub"[103] zu unterbinden, und verordnete, dass die Frauen nur noch in ihrer Freizeit, samstagabends oder sonntags, zum Zahnarzt nach München fahren dürften. Für die Frauen verkürzten sich so in doppeltem Maße die dringend benötigten Ruhe- und Erholungsphasen, während wichtige Behandlungen zu ihrem Schaden aufgeschoben werden mussten.

Die Firmenleitung der Flachsröste hatte deutlich weniger Kontakt zu den Zwangsarbeiterinnen. Direktor Kurt Vahlensieck und sein Buchhalter Ludwig Thoma hatten jedoch regelmäßig Kontakt zum Leiter des jüdischen „Arbeitslagers" Rolf

Kurt Vahlensieck, Jahrgang 1900, war ab 1941 Direktor der Flachsröste Lohhof, ca. Ende der 1930er Jahre.

Grabower. Seine über diese Begegnungen abgefassten Notizen bestätigen das Bild eines in erster Linie am Profit orientierten Unternehmens, dessen Angestellte meist nur dann gesteigertes Interesse am Schicksal der (jüdischen) Zwangsarbeiterinnen zeigten, wenn es zum Vorteil der Firma beitrug.

Nach dem Ausscheiden von Direktor Herrmann Bachmayer im August 1941 hatte im Dezember desselben Jahres der aus Haiger bei Marburg stammende Diplomlandwirt Kurt Otto Vahlensieck die Geschäfte der Flachsröste Lohhof übernommen. Vahlensieck, der sein landwirtschaftliches Studium in Weihenstephan abgeschlossen hatte, lebte mit seiner Familie auf Gut Rothschwaige bei Dachau und hatte dort bereits in der Landwirtschaft seines Schwiegervaters Erfahrung mit dem Anbau von Hanf gewonnen. Ab 1933 hatte er zunächst je ein Jahr lang für den Bayerischen Landesverband landwirtschaftlicher Genossenschaften und den Milchwirtschaftsverband Bayern gearbeitet. Laut Familienchronik schied er aus dem Verband aus, da er kein Parteimitglied war.[104] Im November 1935 wurde Vahlensieck zweiter Geschäftsführer der Flachs- und Hanfröste Lohhof. Bis 1941 hatte er als Direktor den Schwesterbetrieb von Lohhof, die Hanfröste Schrobenhausen, geleitet. Trotz seiner Funktion als Betriebsleiter eines wehrwirtschaftlichen Betriebes wurde Vahlensieck bis Kriegsende kein Mitglied der NSDAP. Er gehörte aber zu jenen, die vom Leid der Juden profitierten, ohne dabei selbst zum Kreis der unmittelbaren Täter zu gehören. Auf der Suche nach einem für seine Familie geeigneten Wohnsitz erwarb Vahlensieck ein Haus in bester Lage von der in „Arisierung" befindlichen Otto Bärlocher G.m.b.H. Dabei zahlte Vahlensieck im Gegensatz zu vielen anderen Arisierungsprofiteuren den gültigen Marktpreis, wie die früheren Besitzer nach dem Krieg bezeugten. Der Münchner Markt für Immobilien war bereits Ende der 1930er Jahre umkämpft. Der Erwerb von jüdischen Anwesen eröffnete vielen Interessenten eine Option und sie fragten selten, wie der Verkauf zustande kam.[105]

In Lohhof stellte sich die Situation ähnlich dar. Die jüdischen Zwangsarbeiterinnen kamen nicht auf Initiative der Firma, sondern auf Betreiben der Arisierungsstelle nach Lohhof. Hermann Bachmayer hatte sich vehement gegen die Zuweisung gewehrt, was vielleicht der Grund für sein Ausscheiden aus dem Betrieb kurz nach Beginn des „Arbeitseinsatzes" war. Die Firmenleitung der Flachsröste war jedoch auf die Arbeitskräfte angewiesen, zumal sie selbst zu diesem Zeitpunkt kaum über eigene verfügte und das Rohstofflager während der Hauptsaison prall gefüllt war.

Den jüdischen Zwangsarbeiterinnen gegenüber verhielt der neue Direktor Vahlensieck sich meist zurückhaltend, in Einzelfällen zeigte er sich auch großzügig. Mal spendete er der jüdischen Lagerkasse 20 RM als Dank für Grabowers Engagement für den Betrieb, mal genehmigte er auch einige freie Stunden oder bedankte sich bei Zwangsarbeitern, die dabei geholfen hatten, einen Brand zu löschen. Rolf Grabower wurde regelmäßig zu Vahlensieck oder Thoma vorgelassen und konnte bei ihnen Probleme des jüdischen Zwangsarbeitseinsatzes ansprechen.

Als wehrwichtiger Betrieb hatte die Flachsröste hohe Lieferquoten zu erfüllen und die Arisierungsstelle überwachte argwöhnisch den „Arbeitseinsatz" der Juden. Einzelnen Firmen oder einzelnen Betriebsleitern war es nicht möglich, das rassistische System der Zwangsarbeit grundlegend zu verändern, sie hatten jedoch Einfluss auf die Lebensbedingungen der bei ihnen zwangsweise beschäftigten Menschen. Sie waren in der Lage, ihre Situation positiv zu beeinflussen. Dazu waren weder Kurt Vahlensieck noch die Belegschaft der Flachsröste bereit. Für sie stand das Interesse des Betriebes an erster Stelle. Sie waren willens, für die Profitmaximierung des Unternehmens die Arbeitsbedingungen der jüdischen Zwangsarbeitskräfte zu verschlechtern, ihren Lohn zu kürzen, den Druck auf sie zu erhöhen, ja sogar ihre Deportation anzuregen, wenn ihre Arbeitsleistung den Anforderungen nicht entsprach, wie an späterer Stelle ausgeführt wird.

Nach dem Krieg wurde Vahlensieck, wie sämtliche Betriebsleiter, durch die US-Militärverwaltung verhaftet. Er wurde zunächst im Lager Moosburg, dann in Dachau interniert. Da er nachweisen konnte, nie Mitglied der NSDAP oder einer der ihr angehörenden militanten Gliederungen gewesen zu sein, wurde er im Mai 1946 entlassen.[106] Kurz zuvor war aufgrund einer Anzeige eines überlebenden Juden der jüdische Zwangsarbeitseinsatz in Lohhof Gegenstand von Voruntersuchungen geworden. Gegen Vahlensieck oder einen anderen Angestellten der Flachsröste wurde jedoch nie ein entsprechendes Verfahren eröffnet. Das Thema Zwangsarbeit war nach dem Krieg trotz seiner Dimension nur selten Gegenstand juristischer Aufarbeitung, geschweige denn gesellschaftlicher Diskussion. Erst in den 1990er Jahren brach eine durch Entschädigungsforderungen ehemaliger Zwangsarbeiterinnen und Zwangsarbeiter angestoßene Debatte aus. Ohne den Druck der USA wäre es 1998 kaum zur Gründung einer Stiftung zur Entschädigung ausländischer Zwangsarbeiterinnen und Zwangsarbeiter gekommen. Durch diese Lösung erhielten die deutschen Unternehmen und der deutsche Staat Rechtssicherheit und vermieden ein Schuldeingeständnis. Weitere Ansprüche wurden ausgeschlossen.

So war auch in Lohhof nicht das Thema Zwangsarbeit Gegenstand der Voruntersuchung, sondern die Frage der Behandlung der jüdischen Zwangsarbeiterinnen. Mehrere Aussagen und ein Gutachten sprachen Vahlensieck und seine Belegschaft von jeglicher Schuld frei. Angesichts der tatsächlichen Umstände lohnt ein Blick auf die Dokumente, die für die Ermittlungsbehörden scheinbar ausreichend waren, kein Verfahren einzuleiten. Das erste Dokument ist das Protokoll einer Ortsbegehung, bei der die Rolle der Flachsröste im Zuge des Zwangsarbeitseinsatzes der Münchner Juden geklärt werden sollte. Vernommen wurden die einstigen Vorarbeiter des Betriebes. Sie hatten ein starkes Eigeninteresse daran, ihre Rolle, wie auch die des Betriebes zu beschönigen. Das Protokoll gipfelte in der infamen Behauptung: „Der beste Beweis dafür, wie gut die Jüdinnen im Betrieb behandelt wurden, ist die Tatsache, dass sie Herrn Schollweck wiederholt dringend ersuchten, er möchte für sie bei der Betriebsleitung vorsprechen und durchsetzen, dass sie in Lohhof bleiben dürften, um nicht evakuiert zu werden." Die Ignoranz gegenüber dem, was die Zwangsarbeiterinnen nach ihrer Deportation erwartete, verwundert nicht angesichts der Tatsache, dass die Unterzeichner, es handelte sich unter anderem um Wilhelm Höber, Anton Schollweck und Max Stetter, kaum ein Jahr nach dem Bekanntwerden der NS-Vernichtungspolitik den Holocaust in ihrem Bericht offen relativierten.[107] Die Behauptung, dass die Jüdinnen gestorben seien, so schrieben sie, sei nachweislich „unwahr". „Eine Reihe von ihnen wurde bereits wieder gesehen und ist die lebendige Widerlegung dieses Gräuelmärchens".[108] Tatsächlich überlebten etwa 30 der 300 in Lohhof eingesetzten jüdischen Zwangsarbeitskräfte.

Das zweite Dokument ist ein Gutachten von zwei langjährig in der Landwirtschaft tätigen Personen. Es sollte eine „objektive Einschätzung" zu den Arbeitsbedingungen und zum Verhalten des Betriebes während der NS-Zeit liefern. Nach eigenen Aussagen waren die beiden Gutachter „nicht persönlich bekannt" mit der Betriebsleitung. Da sie jedoch bereits während der NS-Zeit im selben Berufsfeld tätig waren, darf zumindest angezweifelt werden, dass es sich bei ihrem Urteil wirklich um eine neutrale Einschätzung handelte. Sie kamen zu dem Schluss, „dass die Flachsröste Lohhof als neue und modern ausgestattete Einrichtung in technischer und hygienischer Beziehung einwandfrei gearbeitet hat." Weiter hieß es, und man beachte den verschleiernden Sprachgebrauch: „Kriegsbedingte Schwierigkeiten, wie sie durch die Art der Arbeitskräfte gegeben waren, hat die Betriebsleitung soweit es in ihrer Macht stand, abzuwenden versucht".[109]

Es soll aber nicht verschwiegen werden, dass Kurt Vahlensieck auch von jüdischer Seite ein positives Leumundszeugnis ausgestellt worden war. Der einstige Lagerleiter Rolf Grabower bescheinigte ihm, „dass wir einen besseren Betriebsführer, natürlich unter Berücksichtigung aller Umstände, uns kaum hätten wünschen können."[110] Grabowers in Lohhof verfasste Aufzeichnungen hinterlassen jedoch auch einen anderen, deutlich negativeren Eindruck. Die Diskrepanz regt zu Nachfragen an.

Selbstverwaltung? Rolf Grabower leitet das „jüdische Arbeitskommando Lohhof"

Sowohl die Mitarbeiter der Arisierungsstelle als auch die Betriebsleitung der Flachsröste Lohhof versuchten nach dem Krieg die Verantwortung für ihr Handeln von sich zu weisen. Besonders beliebt war die Aussage, dass „die Jüdinnen selbst verantwortlich" für ihr Lager und damit implizit auch für ihre Lage gewesen seien. Anlässlich der eben erwähnten Untersuchung nach dem Krieg zu den Umständen des Zwangsarbeitereinsatzes in Lohhof gab der Betrieb an: Die Juden „hatten eine eigene Verwaltung [...] auf welche der Betrieb keinen Einfluss nehmen durfte und wollte."[111] Auch die Angestellten der Arisierungsstelle verwiesen nach dem Krieg auf die Verantwortung der jüdischen Leiter von Lohhof und den anderen Münchner Lagern. Hans Wegner von der Arisierungsstelle versuchte sich in einem Nachkriegsprozess in besonders zynischer Weise mit der Behauptung zu schützen, dass die jüdische Leitung sogar eigenverantwortlich für die Disziplinierung und Bestrafung der Lagerinsassen zuständig war. Er und die anderen Beteiligten verschwiegen natürlich, dass die sogenannte Selbstverwaltung aufgezwungen war, ihr Rahmen strengstens vorgegeben und dessen Einhaltung scharf kontrolliert wurde. So waren beispielsweise die Lagerleiter in Milbertshofen und Lohhof nicht von der Jüdischen Gemeinde, sondern von der Arisierungsstelle eingesetzt worden. Sämtliche Vorkommnisse mussten ihr unmittelbar berichtet, ihren Anordnungen musste sofort Folge geleistet werden. Auch bezüglich der Disziplinierung und Bestrafung gab die Arisierungsstelle klare Anweisungen, und nahm diese teilweise sogar selbst vor. Regelmäßige Kontrollen gehörten zur Routine. Aber auch die Betriebsleitung griff dauernd in den Lagerbetrieb ein, indem sie beispielsweise die Unterbringung möglichst vieler Zwangsarbeiterinnen im Lagerkomplex forderte, da sonst durch den langen Anfahrtsweg Verzögerungen im Arbeitsablauf entstanden. Es sind zahlreiche weitere Fälle überliefert – und an unterschiedlichen Stellen in diesem Buch beschrieben –, die belegen, wie der Betrieb zu seinen eigenen Gunsten versuchte, auf die jüdische Lagerleitung Einfluss zu nehmen.[112] Man bediente sich also nicht nur gerne und ohne Bedenken der billigen Arbeitskräfte und setzte sie nach Belieben unter Druck, um ihre Leistungen zu optimieren. Zugleich verweigerte man jegliche Verantwortung und versteckte sich schon während des Krieges hinter der Zuständigkeit der Arisierungsstelle bzw. verwies auf die jüdische „Selbstverwaltung".

Die Leitung des „Jüdischen Arbeitskommandos Lohhof" formal der Jüdischen Gemeinde zu übertragen, war eine Praxis, die die Arisierungsstelle bereits in anderen Fällen eingesetzt hatte und die auch in vielen anderen Regionen erfolgreich angewandt wurde. Die Behörden sparten eine Menge Personal, indem sie die organisatorischen Dinge nicht selbst durchführten. Es entsprach der NS-Rassenideologie, dass die Juden selbst die Arbeit für ihre Vertreibung leisten sollten, um „Volksgemeinschaft" und Staat in möglichst geringem Umfang für deren Kosten aufkommen zu lassen und um möglichst wenige Kontaktflächen zur deutschen Bevölkerung zu bieten. Aber auch die Kontrollmöglichkeiten waren durch den unmittelbaren Zugriff der Behörden auf eine kleine jüdische Führungsschicht erheblich effizienter, zumal einzelne Personen jeder Zeit ausgewechselt werden konnten, wenn ihre Arbeit nicht den Erwartungen entsprach. Die jüdischen Repräsentanten standen unter erheblichem Druck, denn durch ihre exponierte Tätigkeit waren sie und ihre Familienangehörigen trotz einiger Vergünstigungen in besonderem Maße der Willkür der Behörden ausgesetzt. Sie hegten anfänglich die Hoffnung im Handel mit den NS-Instanzen möglichst viele „Juden und Jüdinnen durch Auswanderung zu retten. Später ging es darum, die totale Vernichtung aufzuhalten; und am Ende nur noch darum, die Qualen lindern zu helfen."[113] Ein Vorhaben, das angesichts der Skrupellosigkeit und Brutalität der Verfolgung wenig erfolgreich sein konnte. So wurden die jüdischen Repräsentanten gegen ihren Willen immer mehr zu Erfüllungsgehilfen der nationalsozialistischen Verfolgungspraxis. Durch die fortschreitende Emigration, später durch die einsetzenden Deportationen, waren auch in München bereits weite Teile der jüdischen Führungsschicht vertrieben worden. So wurden immer mehr bislang wenig erfahrene Personen in diese verantwortungsvollen Tätigkeiten gedrängt. Die Arisierungsstelle suchte sich dabei bevorzugt Personen aus, von denen sie annahm, dass sie leicht zu steuern seien.

Die Biografie des Leiters des „Jüdischen Arbeitskommandos Lohhof" zeigt einen dieser Fälle. Dr. Rolf Grabower wurde am 21. Mai 1883 als Sohn eines jüdischen Justizrats und Notars und einer halbjüdischen Mutter in Berlin geboren. Obwohl sein Vater 1905 und der jüdische Vater seiner Mutter bereits 1837 zum Christentum konvertiert waren und Grabower selbst evangelisch getauft war, galt er nach den Rassegesetzen des „Dritten Reiches" mit mehr als zwei jüdischen Großelternteilen als Jude. Grabower, dessen Vorfahren bereits seit über 150 Jahren in Deutschland lebten, bestand 1901 das Abitur am Französischen Gymnasium in Berlin. Im Anschluss studierte er Rechtswissenschaften in Heidelberg, Königsberg und Berlin. 1910 promovierte er in Leipzig. 1911 bestand er die zweite juristische Staatsprüfung. Vor dem Krieg arbeitete er zunächst als Hilfsarbeiter am Preußischen Verwaltungsgericht, ab März 1914 trat er in die Verwaltung der direkten preußischen Steuern ein. Grabower wurde sofort nach Kriegsausbruch zum Militär eingezogen. Während des gesamten Ersten Weltkrieges war er zunächst als Leutnant, dann als Hauptmann Ordonnanzoffizier beim Stab der 6. Reserve-Division. Dort führte er das Kriegstagebuch. Als Verbindungsoffizier zwischen den Divisionen war er auch für die Übermittlung der Einsatzbefehle des Generalstabs an die Front zuständig. Ein durchaus gefährlicher Posten, bei dem er unter anderem für seinen Einsatz an der Westfront bei den Kämpfen um Antwerpen, an der Yser und vor Verdun von seinen Vorgesetzten wegen seiner Zuverlässigkeit und seinem Mut mit dem Eisernen Kreuz II. und I. Klasse ausgezeichnet wurde. Im Sommer 1919 wurde er Regierungsrat, 1922 Ministerialrat im Reichsfinanzministerium. Bis 1926 leitete er das Referat für Umsatzsteuer, danach das Referat für Buch- und Betriebsprüfung. Er verfasste mehrere wissenschaftliche Bücher über das Steuerrecht und die Geschichte des Steuerwesens und lehrte an der Handelshochschule und der Verwaltungsakademie. 1920 heiratete er eine Enkelin des berühmten Arztes an der Berliner Charité Rudolf Virchow. Die Ehe mit seiner nichtjüdischen Frau wurde jedoch bereits 1924 wieder geschieden. Grabower genoss schon in den 1920er und 30er Jahren den Ruf eines herausragenden Steuerrechtlers. Er gilt noch heute als „Vater der Umsatzsteuer“ und „Architekt der modernen Betriebsprüfung“.

Rolf Grabower als Offizier im Ersten Weltkrieg, Foto 1917

Mit dem Gesetz zur Wiederherstellung des Berufsbeamtentums vom 7. April 1933 verdrängten die Nationalsozialisten bereits kurz nach der Machtübernahme jüdische Beamte aus dem Staatsdienst. Obwohl Rolf Grabower evangelisch getauft war, war seine „jüdische Abstammung“ öffentlich bekannt. Die Nationalsozialisten hatten bereits seit Jahren „jüdische“ Politiker und Prominente gebrandmarkt. Grabower war als einer der exponierten jüdischen Beamten in leitender Position für die Nationalsozialisten ein besonderes Ärgernis. Als Frontkämpfer des Ersten Weltkrieges fiel er allerdings unter die Ausnahmeregelung des Gesetzes und konnte so – auch durch die schützende Hand des Reichsfinanzministers Lutz Graf Schwerin von Krosigk, der Rolf Grabower aufgrund seiner fachlichen Qualifikationen schätzte – zunächst noch im Amt bleiben. 1934 war der Druck jedoch so groß, dass Krosigk Grabower, entgegen dessen Wunsch, als Reichsrichter an den Reichsfinanzhof nach München versetzte. Formal handelte es sich dabei um eine Beförderung. De facto wurde Grabower aus dem Zentrum der Macht in eine Behörde von niederer Bedeutung abgeschoben. Nach der Verabschiedung der Nürnberger Gesetze wurde er Ende 1935 im Alter von 52 Jahren pensioniert. In den folgenden Jahren verwendete der Privatmann Grabower viel Zeit auf kulturelle Dinge. Solange es Juden noch möglich war, besuchte er zahlreiche Ausstellungen, hörte sich Vorträge an oder ging ins Theater und in die Oper. Vor allem zog er sich aber auf seine wissenschaftlichen Recherchen zurück und arbeitete an einem Buch über Steuern im alten Rom. Er nutzte dazu vor allem die umfangreiche Sammlung in der Bayerischen Staatsbibliothek. Nach der „Reichskristallnacht" im November 1938 wurde Juden der Zutritt zum Lesesaal verwehrt. Grabower aktivierte sein Netzwerk und erreichte, dass ihm auch weiterhin der Zutritt gewährt wurde. Anfang 1941 musste er seine Studien aufgeben, als er im Zuge der Verschärfung des Zwangsarbeitseinsatzes der deutschen Juden mit 57 Jahren als einer der ersten jüdischen Zwangsarbeiter beim Bau des Barackenlagers in Milbertshofen eingesetzt wurde.

Rolf Grabower war ein vollkommen assimilierter deutscher Jude, ohne Bezug zur jüdischen Religion, geschweige denn zur Jüdischen Gemeinde. Durch seine Stellung in einflussreichen gesellschaftlichen Kreisen, seine Zugehörigkeit zur Studentenverbindung Corps Masovia und seine ehemalige leitende Position im Reichsfinanzministerium hatte er ausgezeichnete Beziehungen zu konservativen Kreisen, denen hochrangige Persönlichkeiten der NSDAP angehörten. Sie sollten ihm später das Leben retten. Unter ihnen war beispielsweise der preußische Finanzminister Johannes Popitz, der nach dem gescheiterten Attentat auf Adolf Hitler vom 20. Juli 1944 als einer der Mitverschwörer hingerichtet wurde.[114] Auch wenn sich viele einstige Freunde und Kollegen nach 1933 von ihm abgewendet hatten, funktionierte sein Netzwerk selbst Anfang der 1940er Jahre noch gut. Am 3. April 1941 begann für Grabower die Zwangsarbeit in Milbertshofen.[115] Zu diesem Zeitpunkt wohnte er bei Margarete Boethke, die er auf ihren Wunsch hin „Tantchen" nannte. Sie war die Schwester von Wilhelm Boethke, Richter am Reichsfinanzhof, den Grabower bis 1935 geleitet hatte, und eine gute Freundin von Grabowers verstorbener Mutter. Boethke hatte 1932 zusammen mit seinem Kollegen Hans Arlt das 1932 erschienene Handbuch des Steuerrechts herausgegeben. Hans Arlt war ein Nachbar von Max Sesselmann. Sesselmann war ein Nationalsozialist der ersten Stunde. Er hatte bereits seit 1919 der antisemitischen Thulegesellschaft angehört, der Keimzelle der NSDAP. Als Hitler am 9. November 1923 mit Gewalt erstmalig versuchte, die Macht zu übernehmen, und in München im Rahmen einer Großdemonstration zentrale Regierungsbehörden besetzen ließ, wurde Sesselmann während dieses sogenannten „Hitler-Ludendorff-Putsches" angeschossen und schwer verletzt. Sesselmann kannte Grabower nicht persönlich, dennoch erreichte Arlt, dass er sich für ihn einzusetzen begann. Sesselmann ließ sich Grabowers Personalakte aus dem Reichsfinanzministerium kommen und sprach dann persönlich beim Adjutanten des Reichsstatthalters in Bayern vor. Die Reichsstatthalter hatten die Aufgabe, die

Durchsetzung der Interessen der Reichsregierung in den einzelnen Ländern zu überwachen. Tatsächlich war ihr Einfluss jedoch gering. In Bayern hatte dieses Amt der ehemalige Berufssoldat Franz Ritter von Epp inne. Kurze Zeit später sprach Sesselmann auch in der Adjutantur von Ludwig Siebert, dem bayerischen Ministerpräsidenten vor. Bei diesen beiden Ämtern versuchte Sesselmann vor allem die rassische Besserstellung von Grabower zu erreichen. Im November 1940 hatte Grabower einen entsprechenden Antrag an den Führer und Reichskanzler Adolf Hitler gestellt. Darin schrieb er: „Durch die Nürnberger Gesetze hörte ich als Dreivierteljude auf, Deutscher zu sein. Ich habe mich stets als Deutscher, als Deutscher Beamter und Offizier gefühlt. Daher belastet mich das Bewusstsein, nicht mehr Deutscher zu sein, zu jeder Stunde. Ich bitte gütigst zu prüfen, ob ich in Anbetracht meiner Vergangenheit als Beamter, meiner Kriegsdienstzeit und meiner Persönlichkeit einem Mischling gleichgestellt werden kann." Der Antrag wurde von zahlreichen ehemaligen Kollegen und Vorgesetzten aus dem Reichsfinanzministerium und dem Militär unterstützt. Grabower und seine Mitstreiter glaubten noch an das preußische Ideal des tüchtigen Staatsbürgers. Sie konnten nicht begreifen, dass der „Staatsbürger" im Nationalsozialismus durch den „Volksgenossen" ersetzt worden war ,und dieser de-

Rolf Grabower an seinem Schreibtisch im Reichsfinanzministerium, Foto um 1925

finierte sich zuerst über die Zugehörigkeit zur „germanischen Rasse" und nicht über den Dienst am Vaterland. Die neue Gesetzeslage war eindeutig. Im August 1941, als Grabower bereits in Lohhof war, wurde sein Gesuch abgelehnt.[116]

Sesselmann hatte sich jedoch nicht nur bei Regierungsstellen für Grabower eingesetzt. Er intervenierte auch direkt bei der Arisierungsstelle dafür, dass Grabower eine leichtere Arbeit zugewiesen wurde. Er erreichte, dass dieser von den schweren Erdarbeiten in Milbertshofen freigestellt wurde und die Leitung des neuen Arbeitskommandos bei der Flachsröste Lohhof zugewiesen bekam. Dabei war sicherlich auch von Vorteil, dass Grabower in seiner Zeit in Milbertshofen ein gutes Verhältnis zu Franz Mugler von der Arisierungsstelle entwickelt hatte. Mugler hatte die Aufsicht über die Münchner Lager inne und seinen Anweisungen musste Grabower fortan unmittelbar Folge leisten.[117]

Im November 1941 sollte Grabower erstmalig deportiert werden. Wie er selbst nach dem Krieg aussagte, auf direkten Befehl von Hans Wegner, dem Leiter der Arisierungsstelle. Neben Max Sesselmann setzte sich vor allem Franz Willuhn, ein Freund von Grabower aus dessen gemeinsamer studentischer Verbindung, für ihn ein. Willuhn war seit 1933 Ministerialrat in der Reichskanzlei. Er erreichte, dass sich der Chef der Reichskanzlei Hans Lammers erfolgreich persönlich bei Hitler für die Rückstellung Grabowers einsetzte. Im April 1942 sollte Grabower erneut deportiert werden. Schenkt man den Aussagen von Willuhn Glauben, weigerte sich Hitler diesmal, die Rückstellung zu befürworten. Erst eine Intervention bei Heinrich Himmler, der als Reichsführer SS Leiter des für die Deportationen zuständigen Reichssicherheitshauptamtes in Berlin war, verhinderte den Abtransport. Sein Anruf erreichte scheinbar in letzter Minute die Gestapoleitstelle in München, denn Rolf Grabower wurde nach eigener Aussage aus dem bereitstehenden Zug geholt. Im Sommer 1942 blieben schließlich alle Interventionen erfolglos. Am 18. Juni wurde er nach Theresienstadt deportiert. Die ersten Monate arbeitete Grabower dort unter schwerem körperlichen Einsatz als Maurer. Warum er im Gegensatz zu vielen anderen Gefangenen diese Strapazen überlebte, erklärte der preußische Beamte später damit, dass er sich bereits Jahre zuvor planmäßig „auf Hunger trainiert hatte". „Ich hatte mich in Erkenntnis des Kommenden (...) von 229 auf 129 Pfund heruntergehungert."[118] Schon bald stieg er in der Lagerhierarchie auf und übernahm als Disziplinar- und Arbeitsrichter erneut eine wichtige Stellung in der jüdischen Verwaltung. Zuletzt leitete er in Theresienstadt den männlichen Arbeitseinsatz. Als einer der sogenannten prominenten Häftlinge war Grabower vor den Selektionen sicher, die viele andere Häftlinge nach Auschwitz und in weitere Vernichtungslager brachten. Am 9. Mai 1945 erlebte er schließlich die Befreiung durch die Rote Armee. Erst Wochen später glückte die Rückkehr nach München.

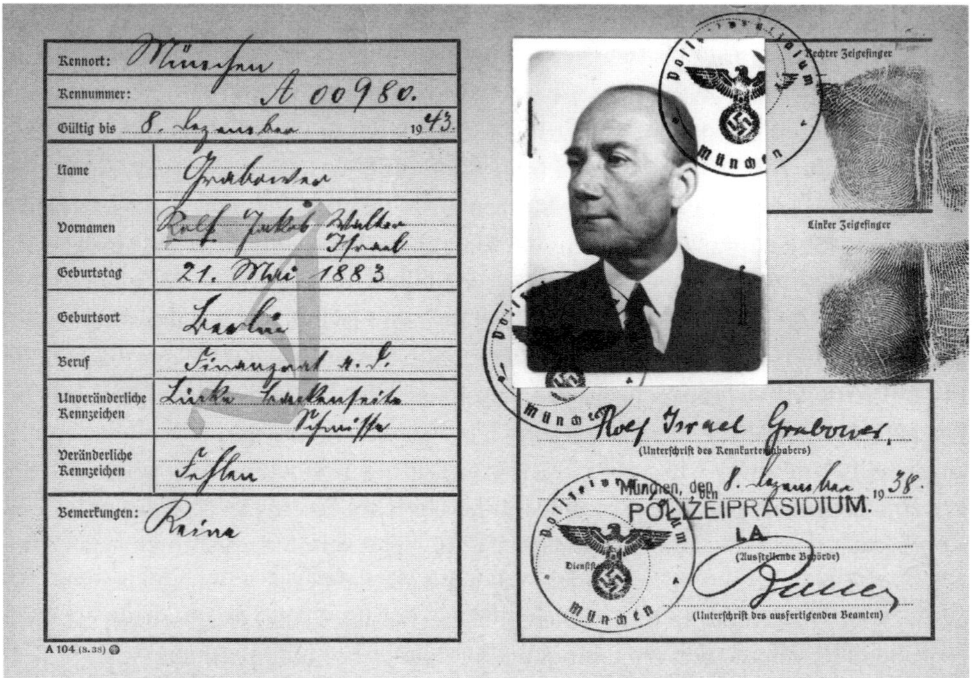

Die Kennkarte von Rolf Grabower, ausgestellt 1938. Damit die Träger bei einer Kontrolle leicht als Juden identifiziert werden konnten, ist sie mit einem großen „J" versehen. Aus demselben Grund musste auch der zwangsweise zu führende Zunahme „Israel" eingetragen werden.

Rolf Grabower hat wiederholt von hochrangigen NS-Funktionären Hilfe erfahren, ohne die er die NS-Zeit nicht überlebt hätte. Dabei kam die Hilfe wie im Fall von Max Sesselmann teilweise von Personen, die zumindest lange voll und ganz hinter den antisemitischen Zielen der NSDAP standen. Dass er seinen Unterstützern nach dem Krieg befürwortende Bescheinigungen, sogenannte „Persilscheine" ausstellte oder für sie in Entnazifizierungsprozessen aussagte, ist verständlich. Es bleibt jedoch ein schaler Beigeschmack, wenn man betrachtet, für wen Grabower sich nach dem Krieg verwendete. Unter ihnen waren immerhin der Chef von Hitlers Reichskanzlei Hans Lammers, der für den Vermögensentzug der Juden verantwortliche Reichsfinanzminister Lutz Graf Schwerin von Krosigk, der Generaldirektor der Bayerischen Staatsbibliothek und Reichstagsabgeordnete von 1933 bis 1945 mit der NSDAP Mitgliedsnummer 4 (!) Rudolf Buttmann [119] und der unter den Münchner Juden gefürchtete SA-Obersturmführer Franz Mugler von der Arisierungsstelle. Grabower waren die Tätigkeiten dieser Personen während der NS-Zeit und im Fall von Mugler auch die zahlreichen Berichte über schwere Misshandlungen bekannt. Er selbst war sich bewusst, dass seine „Persilscheine" in den Verfahren einen hohen Stellenwert hatten, denn seine Zeugnisse hatten nicht nur deshalb Gewicht, da er selbst Opfer des NS-Regimes und jüdischer Überlebender der Konzentrationslager war. Vielmehr hatte seine Position als Oberfinanzpräsident und somit seine Funktion als einer der hohen Amtsträger Nachkriegsdeutschlands auf viele Verfahren entscheidenden Einfluss. Wie groß dieser Einfluss sein konnte, wird aus einem Schreiben der amerikanischen Verwaltung des Internierungslagers Moosburg deutlich. Darin wurde empfohlen, Franz Mugler aus der Haft zu entlassen, denn „er hat ausgezeichnete Zeugnisse von Juden, die hochrangige Stellen in bayerischen Ministerien besetzen".[120] Einen ähnlich positiven Einfluss auf die eingeleiteten Voruntersuchungen zum Einsatz jüdischer Zwangsarbeiterinnen und Zwangsarbeiter bei der Flachsröste Lohhof hatte sicherlich auch die Bescheinigung, die Grabower dem Direktor der Flachsröste Kurt Vahlensieck ausstellte. Die Voruntersuchungen wurden jedenfalls eingestellt. Grabower wusste genau, wie er seine Schreiben zu formulieren hatte, um eine möglichst positive Wirkung auf die Gerichte zu erzielen. So gab er im Fall Krosigk zu, „dass es sich hier nur um Bestätigung von Schutzmaßnahmen gegen eine einzelne Person, gegen mich handelt. Ich hatte aber außer den dienstlichen keinerlei Beziehung zu ihm und in den dienstlichen standen noch zwei Vorgesetzte (…) zwischen uns. Ich möchte daher annehmen, dass es sich hier nicht um eine Freundlichkeit gegen einen Einzelnen, sondern um den Ausfluss menschlicher Gesinnung handelt."[121] Doch traf genau dieser Aspekt, den Grabower stets besonders hervorhob, in den meisten Fällen nicht zu. Seine Helfer hegten für die breite Masse der verfolgten Juden keinerlei Sympathien. Ihr skrupelloses Handeln in ihren Ämtern hatte im Gegenteil fatale Folgen für die Verfolgten. Die Hilfe für Grabower war vielmehr eine Hilfe für einen Verfolgten, der vor dem Krieg, wie sie selbst, Teil einer konservativen, deutschnationalen Elite gewesen war. Für sie war der Dreivierteljude Grabower „arischer" als mancher „Arier", eine Ausnahme unter den Juden. In diesem Fall und bestenfalls noch in ähnlich gelagerten Fällen waren sie bereit, die volle Härte der Rassengesetze durch die persönliche Intervention zu mildern.

Grabower hatte seine Ideale trotz der bitteren Erfahrungen während der erlittenen Verfolgung beibehalten. Selbst im Konzentrationslager hatte er Deutschland und die Deutschen nie gehasst. „Ich schämte mich nur in diesen ganzen Jahren, ich möchte sagen fast jeden Tag von neuem für Deutschland."[122] In seinen biografischen Reflexionen, die nie veröffentlicht wurden, erklärt er: „Einer der Gründe aus denen ich seinerzeit nicht freiwillig ins Ausland ging, war der mich Schimpfereien auf Deutschland zu entziehen." Auch wenn zu diesem Zeitpunkt die Vernichtungspolitik noch nicht abzusehen war, so war Grabower – dem spätestens nach dem Tod seiner Mutter im Jahr 1938 für eine Emigration nichts mehr im Wege stand – sein Patriotismus wichtiger, als vor Ausgrenzung, Verfolgung und Erniedrigung zu fliehen. In einem anderen Absatz wird er noch deutlicher: „Wir Älteren liebten dieses Deutschland, in dem wir aufgewachsen waren und wir liebten es auch, als wir in Theresienstadt waren. Das Wort eines jüdischen Freikorpskämpfers in Milbertshofen, der zum Abtransport bestimmt war, liegt mir heute noch im Ohr: ‚Wenn es nochmal nötig wäre, würden wir es wieder tun' (...), wobei es ihm im Augenblick nicht zum Bewusstsein kam, dass man uns gar nicht haben wollte."[123] Wie der jüdische Mann aus dem Lager in Milbertshofen jederzeit wieder sein Vaterland auf der Seite seiner späteren Mörder gegen die „kommunistische Gefahr" der Räterevolution in den Jahren 1918/19 „verteidigt" hätte, so war auch Grabower bereit, einen gemeinsamen Wertehorizont über das Trauma der Verfolgung zu stellen. In diesem Zusammenhang verwundert es kaum, dass die Jüdische Gemeinde den Leiter ihres „Arbeitslagers" in Lohhof 1941 ermahnt hatte, er dürfe gegenüber der Arisierungsstelle und der Firmenleitung seine „Deutschnationale Gesinnung" nicht so offen zeigen.[124]

Grabower beteiligte sich nach 1945 aktiv am Wiederaufbau Deutschlands. Sein Selbstverständnis als Beamter ließ ihn dabei zumindest teilweise die Augen davor verschließen, welche erhebliche Mitschuld seine Kollegen in den verschiedenen Ministerien während der NS-Zeit auf sich geladen hatten. Wie für viele andere Deutsche auch, lag für den „unpolitischen" Staatsdiener Grabower die Ursache für die Katastrophe in erster Linie bei der Politik und damit bei Hitler und der NSDAP, die, so seine Überzeugung, den Staatsapparat instrumentalisiert und für ihre Ziele missbraucht hätten. Individuelle Verantwortung oder gar strukturelle Komponenten, die den Nationalsozialismus und die Durchsetzung seiner rassistischen Vernichtungspolitik begünstigt hatten, blendete er weitgehend aus. Seine eigene Behörde führte er nach dem Krieg jedoch anders. „Antisemitismus sei", so betonte er Anfang der 1950er Jahre gegenüber seinen Mitarbeiterinnen und Mitarbeitern in der Oberfinanzdirektion, „Privatangelegenheit", sobald ein Beamter sich jedoch „in dienstlicher Eigenschaft als Antisemit zu erkennen gibt, setzen meine Bedenken ein".[125] Grabower war zwar bereit, sich zugunsten des Wiederaufbaues mit ehemaligen Tätern zu versöhnen, er hatte jedoch aus der NS-Zeit gelernt, wie wirkungsmächtig der Antisemitismus sein konnte, wenn er als staatliche Handlungsmaxime umgesetzt wurde. Nur in einem Fall ist bekannt, dass Grabower sich weigerte, einen „Persilschein" auszustellen. Als ihn die Schwester des ehemaligen Leiters der Arisierungsstelle um eine Erklärung bat, dass Wegner „nichts unternommen habe, was den rein gesetzlichen Maßnahmen widersprochen hätte", notierte er sich nach dem Gespräch seine Antwort: Ich sagte ihr, „Haß und Rache lägen mir vollkommen fern, aber im vorliegenden Fall könnte ich zu meinem Bedauern nicht helfen."[126]

Die Tagesberichte, die Rolf Grabower in Lohhof verfasst hat, sind eine sehr spezielle Quelle, die mit viel Feingefühl gelesen werden muss. Immer wieder kommt man bei der Lektüre an Stellen, an denen man sich ertappt, dass man ungläubig den Kopf schüttelt. Ohne einen Einblick in Grabowers Biografie wird man sein Verhalten als Lagerleiter entweder nicht verstehen können oder falsch einordnen. Grabower fühlte sich nicht als Jude. Er hatte im Gegenteil sogar viele antijüdische Stereotype aus dem Kaiserreich und der Weimarer Zeit verinnerlicht. Natürlich sind seine entsprechenden Äußerungen in den Tagesberichten und anderen während der NS-Zeit entstandenen Aufzeichnungen dafür keine eindeutigen Belege, könnte er diese doch beispielsweise als eine Art Absicherung eingebaut haben, für den Fall, dass seine Aufzeichnungen beschlagnahmt worden wären. Antijüdische Aussagen finden sich jedoch auch in seinen Nachkriegsunterlagen. Sie bestätigen den Eindruck, dass Grabower sich weniger durch Solidarität mit den verfolgten Juden leiten ließ, sondern eher von der Identifikation mit seinen eigenen Werten. Grabower hatte das Credo des preußischen Beamten verinnerlicht. Gehorsam und Pflichterfüllung waren für ihn unabdingbare Grundvoraussetzungen jeglicher Gesellschaft, die er, selbst als seine Ideale durch die Diktatur bereits ungültig gemacht worden waren, nicht ablegen konnte. Auf diese Weise führte er auch das Zwangsarbeitskommando in Lohhof. In regelmäßigen Abständen gab er zum Beispiel mehrseitige Sammelverfügungen hinaus, in denen er an die Moral und das Pflichtgefühl der jüdischen Zwangsarbeiterinnen und Zwangsarbeiter appellierte. Morgens und auch während der Mittagszeit las er ihnen Sprüche und Lebensweisheiten vor allem von Goethe, aber auch von Konfuzius und anderen vor.

Grabower beschreibt in den Tagesberichten wiederholt und ganz offenherzig, dass er der Arisierungsstelle selbst von kleinen Vergehen seiner Schutzbefohlenen berichtete. An einer Stelle notierte er dazu: „Ich melde, wenn ich melde, richtig".[127] Ihm war bewusst, dass diese Denunziationen, wie wir es heute vielleicht nennen würden, für die einzelnen Frauen zum Teil schwere Konsequenzen haben konnten. Grabower war im Gegensatz zu anderen „Denunzianten" oder „Kollaborateuren" weder ein Sadist, noch hatte er eine finanzielle Motivation. Auch wurde er, nach allem was wir wissen, nicht – wie etwa die „jüdischen Greifer", die in Berlin untergetauchte Juden an die Gestapo verrieten – durch Drohungen gegen Familienangehörige unter Druck gesetzt, auch wenn die Drohungen gegen seine eigene Person sehr wirksam gewesen sein dürften. Er handelte weitgehend aus der Überzeugung heraus, dass die Lagergemeinschaft nur durch die Fügsamkeit und den Fleiß aller geschützt werden könne. Wer dieses Verhalten durchbrach, gefährdete die Gemeinschaft und musste als Abschreckung für die anderen, aber auch zum Schutze vor sich selbst bestraft werden. Ein Verhalten übrigens, das sich auch bei vielen anderen jüdischen Zwangsinstitutionen, wie etwa den sogenannten Judenräten oder den Ältestenräten in den osteuropäischen Gettos, beobachten lässt und das von den nationalsozialistischen Verfolgungsbehörden geschürt und zu ihrem Vorteil ausgenutzt wurde.[128] Dennoch war Grabower kein „Schinder". Er hatte einen ausgeprägten Gerechtigkeitssinn und versuchte seinen „Mädchen", wie er sie nannte, ernsthaft zu helfen. In den Tagesberichten wird jedoch auch eine immer stärker werdende Überforderung Grabowers durch die sich zunehmend verschlechternden Bedingungen des Zwangsarbeitseinsatzes in Lohhof deutlich. Angesichts der einsetzenden Deportationen und der zunehmenden Schwierigkeiten in der Lagerführung wird auch eine gewisse Resignation spürbar. Auch mit den ihm fremden Bedürfnissen junger Frauen konnte Grabower schlecht umgehen und so finden sich in den Tagesberichten immer wieder abfällige Äußerungen über die „Prinzessinen" oder über einzelne „faule" und „unzuverlässige" Personen. Was uns angesichts der Bedingungen, unter denen diese Frauen lebten, und ihrer späteren Ermordung in den Vernichtungslagern als herabwürdigend und unangebracht erscheint, muss jedoch im Kontext der Ereignisse verstanden werden. Grabower wurde von der Arisierungsstelle und von der Firmenleitung massiv unter Druck gesetzt, die völlig unrealistischen Produktionsziele zu erreichen. Gleichzeitig versuchte er, die Zwangsarbeiterinnen vor der Willkür und den Übergriffen der Firmenleitung und der Arisierungsstelle zu schützen, ohne dabei selbst zur Zielscheibe zu werden. Der Grat zwischen Verantwortung und Verstrickung ist sehr schmal und man sollte vorsichtig mit moralischen Urteilen sein, denn, so mahnt der österreichische Historiker und Schriftsteller Doron Rabinovici, „Kritik an der gescheiterten Überlebensstrategie der Juden und Jüdinnen erfolgt aus geschichtlich abgesicherter Position".[129] Es bleibt aber festzustellen, dass Grabowers gesellschaftliche Vorprägung ihn nur bedingt dazu befähigte, sich deutlicher auf die Seite seiner Schutzbefohlenen zu stellen. Es ist offensichtlich, dass die Behörden sich vornehmlich solche Persönlichkeiten für diese Art von Posten aussuchten. Ein weiteres Beispiel hierfür ist der letzte Vertrauensmann der Jüdischen Gemeinde in München, Theodor Koronczyk.[130] Da ihn die Arisierungsstelle als erheblich leichter zu steuern einschätzte, wurde er Mitte 1942 als Nachfolger des unbequemen Julius Hechinger eingesetzt, der daraufhin kurzerhand deportiert wurde. Ein Los, das letztendlich auch Rolf Grabower ereilte, als er Ende März 1942 als Leiter des „Jüdischen Arbeitskommandos Lohhof" abgesetzt und durch Alfred Weil ersetzt wurde, der bis dato in Lohhof als Kapo verantwortlich für die Aufsicht über einen Teil der jüdischen Zwangsarbeiterinnen gewesen war.

Oberfinanzpräsident Rolf Grabower, ca. 1949

Nach dem Krieg wurde Grabower als Beamter rehabilitiert. Im Oktober 1945 wurde er als Oberfinanzpräsident in Nürnberg eingesetzt und leitete damit die Behörde, die einst mit der per Gesetz legitimierten Entziehung des Vermögens der Juden und damit auch mit der Entziehung seines eigenen Vermögens beauftragt gewesen war. Nach seiner Deportation waren die in seiner Wohnung befindlichen Gegenstände zwangsversteigert worden. Grabower hatte bereits kurz nach seiner Rückkehr aus dem Konzentrationslager versucht, beim Oberfinanzpräsidium und schließlich auch bei den Käufern den Verbleib der Gegenstände in Erfahrung zu bringen. „Der Schreibtisch hat für mich einen besonderen Affektionswert, weil ihn schon mein Vater gebraucht hatte und weil ich an ihm alle meine großen wissenschaftlichen Arbeiten gemacht habe. Ich würde ihn gerne wieder erwerben." Wie auch für andere enteignete Juden war für Grabower neben dem finanziellen Verlust vor allem der Verlust von Erinnerungsstücken schmerzlich, die für die eigene Identität wichtig waren. Er schloss seinen Brief mit den eindringlichen Worten: „Ich bin bereit, jeden irgendwie vertretbaren Preis dafür zu zahlen, wenn ich nur wieder in seinen Besitz komme."[131] Grabower saß nun auf der anderen Seite des Schreibtisches, auf der die Anträge ehemaliger Verfolgter nicht gestellt wurden, sondern beantwortet werden mussten. Neben seiner Tätigkeit als Oberfinanzpräsident nahm er auch seine Lehrtätigkeit wieder auf und wurde ab 1948 Honorarprofessor an der Universität Erlangen. Am 1. April 1952 wurde er in den Ruhestand versetzt, kurz zuvor erhielt er das große Verdienstkreuz des Verdienstordens der Bundesrepublik Deutschland. 1959 erhielt er den Bayerischen Verdienstorden. 1955 heiratete er Christine Kloss, die Tochter des Präsidenten des Reichsfinanzhofs Richard Kloss, unter dem Grabower 1934 als Reichsrichter gearbeitet hatte. Mit ihr lebte er bis zu seinem Tod am 7. März 1963 in München.

Deportation

Die Vertreibungspolitik hatte sich im Laufe des Jahres 1941 zunehmend verschärft. Im Spätsommer verstärkten sich die Befürchtungen der deutschen Juden, dass die Deportationen unmittelbar bevorstünden. Hitler hatte keinen Zweifel daran gelassen, dass er die Juden vollständig aus Deutschland vertreiben wollte. Schon seit 1938 hatte es immer wieder Versuche gegeben, mit der systematischen Deportation zu beginnen. Ende Oktober 1938 wurden 17.000 Juden polnischer Staatsbürgerschaft abgeschoben. Der Versuch scheiterte jedoch am Widerstand der polnischen Regierung, die Transporte ins Land zu lassen. Nach der Eroberung Polens war es schließlich 1939 zu ersten Deportationen von Juden aus Wien und anderen Regionen in das „Generalgouvernement" gekommen. Im Februar 1940 wurde die jüdische Bevölkerung Pommerns in Gettos im Kreis Lublin abgeschoben. Die Jüdischen Gemeinden und viele ihrer Mitglieder wussten über diese Vorgänge Bescheid.[132] Die Münchner Jüdin Else Behrend-Rosenfeld notierte dazu in ihrem Tagebuch: „Am Montag erhielten wir die erschütternde Mitteilung von der Reichsvereinigung in Berlin, dass am 22. Februar kurzerhand ohne jede Vorbereitung innerhalb weniger Stunden alle Juden Stettins und des größten Teiles Pommerns, im ganzen etwa tausend Menschen – Frauen, Männer, Kinder, Greise – abtransportiert worden sind. Ziel: unbekannt, wahrscheinlich nach Polen, dem sogenannten Generalgouvernement." Wie viele andere deutsche Juden fragte auch sie sich: „Ist das der Anfang einer allmählich das ganze Reich umfassenden Deportation, oder handelt es sich um eine Einzelaktion eines besonders tüchtigen nationalsozialistischen Gauleiters?"[133] Die Münchner Juden nahmen regen Anteil am Schicksal der Deportierten. Zahlreiche Briefe der Stettiner Juden gelangten aus den Gettos nach München und zeichneten ein eindeutiges Bild der trostlosen Lage, in der sie sich befanden. Die Jüdische Gemeinde versuchte die Not zu lindern und sendete Hilfspakete.

Ein halbes Jahr später bestätigte sich der Verdacht, dass es sich nicht um die „Einzelaktion eines besonders tüchtigen Gauleiters" gehandelt hatte. Im Oktober 1940 wurden die Juden aus Baden, der Pfalz und dem Saarland in verschiedene Lager nach Frankreich deportiert. Erneut bringt ein Blick in das Tagebuch von Else Behrend-Rosenfeld die tiefe Erschütterung der Deutschen Juden zum Ausdruck. „Nun ist das eingetreten, was wir immer gefürchtet hatten und was uns doch so unfassbar und entsetzlich erschien: Wieder hat eine Deportation stattgefunden! Und diesmal eine viel größere und umfassendere als die erste. Alle Juden aus Baden und der Pfalz, anscheinend auch aus einem kleinen Teil Würtembergs, sind am 22. Oktober deportiert worden, zusammen eine Zahl von fünftausend Menschen!"[134] Spätestens von da an lebten auch die Münchner Juden in der Sorge vor der Zustellung ihrer Gestellungsbefehle. Noch jedoch wurde in Berlin um den richtigen Zeitpunkt gestritten. Insbesondere die Gauleiter drängten darauf, zügig mit der Abschiebung zu beginnen, um ihre Gebiete „judenrein" zu machen. Die Reichsregierung zögerte jedoch wegen des eben begonnenen Krieges und hatte bislang lediglich der Deportation der Juden in den grenznahen Gebieten zugestimmt. Erst im Herbst 1941, nachdem der Krieg gegen die Sowjetunion massive Gebietszuwächse mit sich brachte, beschloss Hitler, mit der flächendeckenden Deportation der deutschen Juden zu beginnen. Von nun an war den Juden die Emigration verboten. Die sogenannte „Endlösung der Judenfrage" hatte begonnen. Die systematische Ermordung der innerhalb des deutschen Herrschaftsgebietes lebenden Juden, die Begriffe wie „Endlösung" oder „Sonderbehandlung" verschleiern sollten, war bereits beschlossen. Am 20. Januar 1942 trafen sich auf Einladung des Chefs des Reichssicherheitshauptamtes Reinhard Heydrich die führenden Vertreter der Reichsregierung und SS-Behörden in einer Villa am Wannsee. Auf dieser als Wannseekonferenz bekannt gewordenen Sitzung beschlossen sie die Details der Vernichtung.

Die Münchner Arisierungsstelle war natürlich bestens über die Entwicklung in den anderen Gauen unterrichtet. Auch seitens der Münchner Gauleitung gab es massive Bestrebungen, die Juden schnellstmöglich abzuschieben. Bereits seit dem Frühjahr 1940 hatte zu diesem Zweck die Suche nach geeigneten Sammelunterkünften begonnen, in denen die jüdische Bevölkerung gettoisiert werden sollte. Die Lager in Milbertshofen und Berg am Laim, die ein Jahr später errichtet wurden, waren schon bei ihrer Planung als mögliche Durchgangsstationen auf dem Weg in die osteuropäischen Gettos, Konzentrations- und Vernichtungslager angelegt worden. Als am 15. Oktober 1941 reichsweit die Deportationen der deutschen Juden begannen, dauerte es nur wenige Tage, bis sich zunächst entsprechende Gerüchte, dann bestätigte Meldungen auch in München ausbreiteten. Unter den Zwangsarbeiterinnen in Lohhof war die drohende Abschiebung schon seit dem Sommer 1941 immer wieder ein Gesprächsthema gewesen. Am 18. Oktober, also nur drei Tage nachdem die ersten Transporte aus dem Reich abgegangen waren, fragte der Lagerleiter Rolf Grabower besorgt bei der Arisierungsstelle nach, „ob die Gefahr bestände, dass wir nach Polen abtransportiert werden". Die Arisierungsstelle verneinte und fügte wider besseres Wissen beschwichtigend hinzu, „dass das auch nie in Erwägung gezogen worden sei." [135] In den kommenden Wochen verstärkten sich die Gerüchte und Ende des Monats schien die Frage weniger zu sein, ob eine Deportation auch aus München erfolgen, sondern vielmehr wann sie erfolgen und wer von ihr verschont bleiben werde. Da die Flachsröste als wehrwirtschaftlich entscheidender Betrieb galt, war die Betriebsleitung zuversichtlich, dass ihre jüdischen Zwangsarbeiterinnen nicht deportiert werden würden. Direktor Vahlensieck teilte Grabower mit, dass ihm das von den zuständigen Stellen auch versichert worden sei. Die anderen Münchner Firmen, die noch jüdische Zwangsarbeitskräfte beschäftigten, teilten diesen Optimismus. Auch aus Wien erreichte eine Nachricht die Jüdische Gemeinde, die diese Auffassung zu bestätigen schien. Dort waren die Juden, die in einem wichtigen Rüstungsbetrieb angestellt waren, auf Antrag der Firma zurückgestellt worden. Die Firmenleitung wie die Vorarbeiter der Flachsröste versäumten aber nicht, mehrfach darauf hinzuweisen, dass nur Fleiß und gute Produktionsergebnisse auch weiterhin die Freistellung der jüdischen Zwangsarbeiterinnen garantieren könnten. Diese unverhohlene Drohung zeigte unmittelbar Wirkung, denn Grabower ermahnte fortan bei jeder Gelegenheit, „dass wir [nun] doppelt die Pflicht haben, unsere Schuldigkeit zu tun“ und „wenn zu viele fehlen, kommen wir sofort nach Polen, jeder Einzelne ist verantwortlich.[136] Zeitgleich jedoch begann sich auch die Lagerleitung auf den Ernstfall vorzubereiten. Es wurden finanzielle Rücklagen mobilisiert, um jeder Zwangsarbeiterin im Falle der Deportation zumindest 10,– Reichsmark mitgeben zu können. Angesichts der bevorstehenden kalten Jahreszeit wurde, aufgrund der abschreckenden Erfahrungen der ein Jahr zuvor nach Piaski deportierten Stettiner Juden, zudem versucht, wärmende Wollsachen bereitzustellen.

Nur kurze Zeit später zeigte sich die Notwendigkeit dieser vorsorglichen Maßnahmen. Ende Oktober 1941 war der Münchner Bürgermeister Karl Fiehler von der bevorstehenden Deportation unterrichtet worden. Etwa zeitgleich hatte die Gestapo eine Besprechung abgehalten, an der alle mit der Verfolgung der Juden befassten Stellen beteiligt waren. Auch der Syndikus der Jüdischen Gemeinde, Julius Hechinger, musste teilnehmen, denn die Gemeinde erhielt perfider Weise den Befehl, einen erheblichen Teil der logistischen Arbeiten zu übernehmen. So musste sie beispielsweise dafür sorgen, dass die Gestellungsbefehle erstellt wurden, mit denen die Betroffenen über ihre Deportation unterrichtet wurden. Gestapo und Arisierungsstelle benannten einen Teil der zu Deportierenden namentlich, den Rest musste die Jüdische Gemeinde nach strengen Vorgaben des Reichssicherheitshauptamtes vorschlagen. Nach offizieller Lesart sollten die Juden zum „Arbeitseinsatz in den Osten“ abgeschoben werden. Es wurden also überwiegend junge Menschen und nach Möglichkeit ganze Familien eingeteilt. Diese Kriterien hatten aber auch noch einen anderen Hintergrund. Die Behörden wollten zuerst die Juden loswerden, von denen möglicherweise Widerstand zu erwarten war. Wenn die jungen und kräftigen erst einmal fortgeschafft worden waren, bestand keinerlei Sorge mehr, auch die restlichen Juden deportieren zu können. Beide Vorgaben trafen insbesondere auf die Zwangsarbeiterinnen aus Lohhof zu. Ab dem 7. November erhielten die zur Deportation Vorgesehenen die Gestellungsbefehle ausgehändigt. In Berg am Laim wurden die Briefe von der Lagerleitung verteilt. In Lohhof dürfte es ähnlich gewesen sein, genaues ist jedoch nicht bekannt, da am 7. November 1941 die Aufzeichnungen von Rolf Grabower plötzlich abbrechen. Auch der Lagerleiter hatte seinen Gestellungsbefehl erhalten. In den folgenden Tagen versuchte er, wie viele andere Betroffene, eine Freistellung zu erreichen. Diese Versuche waren nur sehr selten erfolgreich, denn die Gestapo lehnte nahezu alle Anträge ab. Grabower erreichte aufgrund privater Kontakte jedoch das fast Unmögliche. Auch die Flachsröste Lohhof hatte sich für den Verbleib des zuverlässigen Lagerleiters eingesetzt, wie Grabower selbst am 18. November im ersten Eintrag seiner wiederaufgenommenen Aufzeichnungen dankbar vermerkte. Zu diesem Zeitpunkt hatten die 64 zur Deportation bestimmten jüdischen Zwangsarbeiterinnen aus Lohhof das Lager bereits verlassen. Die 63 Frauen und ein Mann wurden zwischen dem 11. und dem 14. November nach Milbertshofen verlegt. Dort mussten sie zusammen mit den anderen zur Deportation Vorgesehenen mehrere Tage in dem völlig überfüllten Barackenlager verbringen. Am frühen Morgen des 20. November wurden sie am Güterbahnhof Milbertshofen in einen Zug gesteckt, der sie nach Kaunas in Litauen brachte. Die Fahrt in dem mit 1.000 Personen eng belegten Zug dauerte drei Tage. Das Getto in Kaunas war zu dieser Zeit mit Juden aus diversen deutschen Städten völlig überbelegt. Die SS löste dieses „Problem“ kurzerhand. Am 25. November 1941, also nur zwei Tage nach ihrer Ankunft, wurden sämtliche aus München Deportierte zusammen mit anderen Juden aus Berlin und Frankfurt am Main erschossen: Männer, Frauen und Kinder. Ihre Leichen wurden in Massengräbern verscharrt.

Nach der Deportation des Großteils der Zwangsarbeiterinnen Mitte November 1941 war in Lohhof zunächst kaum an die Aufnahme eines geregelten Alltags zu denken. Allein aus der Lagerbaracke waren nicht weniger als 37 Frauen deportiert worden, nur 17 Plätze waren noch belegt. Der Schock der Zurückgebliebenen war groß. Die Deportationen hatten unwiderruflich begonnen. Die in Lohhof zurückgebliebenen Zwangsarbeiterinnen ahnten nicht, welch grausames Schicksal ihren Kolleginnen und in Kürze auch ihnen selbst bevorstand, als Rolf Grabower versuchte, am 20. November, an dem Tag also, an dem der Transport München verlassen hatte, der stark dezimierten Gruppe jüdischer Frauen Mut zu machen: „Am Abend beim Essen sprach ich einige Worte zur Erinnerung an die auf der Reise befindlichen Arbeitskameradinnen“. Tröstend fügte er hinzu, dass man bestimmt von ihnen hören würde, „jetzt oder nach Jahren irgendwo“.[137]

Von den Deportierten kamen jedoch keine Nachrichten. Dafür erschienen am 16. Dezember Beamte der Zollfahndungsstelle und des Finanzamtes in Lohhof, um die zurückgelassenen Sachen der Deportierten zu beschlagnahmen. Die Finanzbehörden waren für den Vermögensentzug der deportierten Juden zustän-

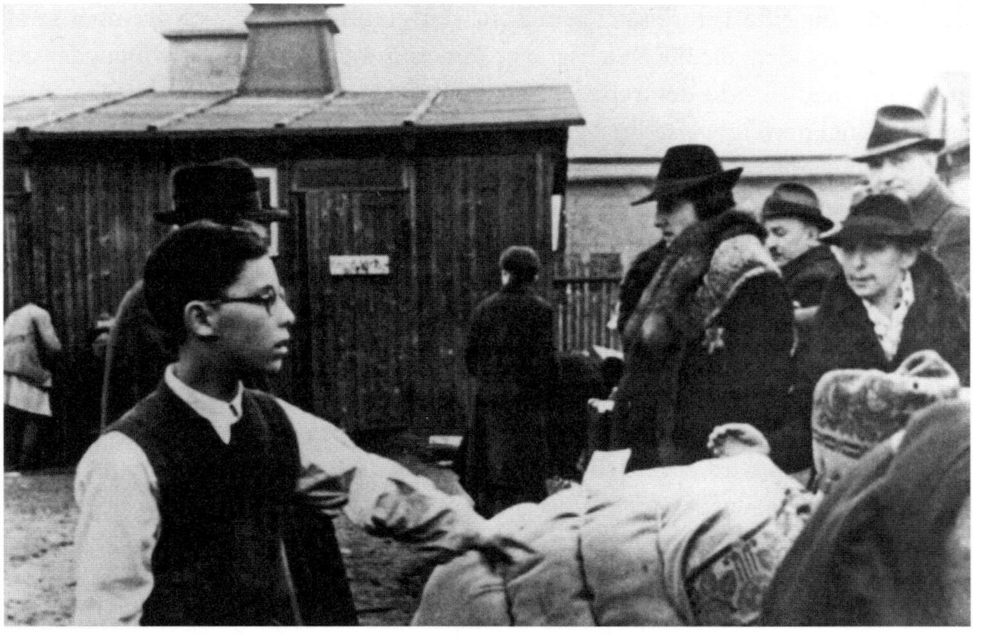

Wenige Tage vor Abgang des Transportes wurden die zur Deportation bestimmten Juden im Barackenlager Milbertshofen versammelt. Ein Ordner mit Armbinde weist die Neuankömmlinge ein, November 1941.

In den frühen Morgenstunden des 20. November 1941 wurde der Transport am Güterbahnhof Milbertshofen abgefertigt. Im Vordergrund Gestapo- und Polizeibeamte, rechts helfen jüdische Ordner beim Besteigen des Zuges.

dig. Durch die elfte Verordnung zum Reichsbürgergesetz vom 25. November 1941 verloren alle Juden, die die Reichsgrenze überschritten – egal ob freiwillig oder gezwungenermaßen – die deutsche Staatsbürgerschaft. Mit dem Verlust der Staatsbürgerschaft fiel perfiderweise ihr Vermögen automatisch an das Deutsche Reich. So wurde auch der letzte Rest jüdischen Eigentums „arisiert". Um den jüdischen Besitz möglichst umfangreich erfassen zu können, mussten die Betroffenen schon vor der Deportation ihren sämtlichen Besitz haarklein auf einem Formblatt angeben. Die zurückgelassene Wohnungseinrichtung und sämtliche Wertgegenstände wurden auf öffentlichen Auktionen versteigert, Wertpapiere und Versicherungen wurden liquidiert. Die feinsäuberlich geführten Vermögensentzugsakten sind bis heute erhalten. Es ist schier unerträglich, in welcher Weise die Behörden über das Eigentum der deportierten und häufig bereits ermordeten Menschen verfügten. Bei der Lektüre dieser Akten wird augenscheinlich, dass viele Deutsche wesentlich mehr über die Deportation gewusst hatten, als sie nach dem Krieg zuzugeben bereit waren. Mit dem Entzug der Vermögen waren eine große Anzahl Beamter, vor allem aber auch einfache Angestellte in Banken, Versicherungen, Auktionshäusern, Transportfirmen und vielen weiteren Einrichtungen beschäftigt. Das Oberfinanzpräsidium München verschickte sogar komplette Deportationslisten an einzelne Banken mit der Bitte zu prüfen, welche Personen bei ihnen Konten, Wertpapierdepots oder Schließfächer hatten, und die Vermögenswerte umgehend an das Deutsche Reich abzuführen.[138] Die Standardformulierung auf diesen Schreiben lautete: „nach dem Osten abgeschoben/evakuiert". Auch wenn Ende 1941/Anfang 1942 der Massenmord an den Juden in Auschwitz und an anderen Orten für die deutsche Bevölkerung keinesfalls absehbar war, bedurfte es schon einer vorsätzlichen Ignoranz, zumindest aber einer erschreckenden Gleichgültigkeit, sich nicht mindestens zu fragen, welches Leben die völlig mittellosen, massenweise abgeschobenen Menschen an ihren Bestimmungsorten in den Kriegsgebieten erwarten würde. Spätestens ab Ende 1942 kursierten auch in der deutschen Bevölkerung zahlreiche Gerüchte über die Ermordung der Juden. Sie wurden nicht zuletzt von Soldaten verbreitet, die Angehörigen und Freunden ihre Erlebnisse in Briefen oder während ihrer Heimaturlaube berichteten. Die meisten Deutschen interessierten sich jedoch schlichtweg nicht für das Schicksal der Juden. Sie waren bereit, wegzusehen oder beteiligten sich sogar an der Vertreibung ihrer früheren Nachbarn und an der Verwertung ihres Eigentums. Die jungen Zwangsarbeiterinnen in Lohhof hatten meist nur wenig eigenes Vermögen. Die Beamten der Finanzbehörden verzichteten daher bei ihrer Durchsuchung im Dezember 1941 darauf, die zurückgelassenen Kleidungsstücke zu „arisieren". Sie wurden dem lagereigenen Fundus überlassen.

68 Jüdische Zwangsarbeiterinnen aus dem Getto Litzmannstadt

Die Deportation eines Großteils der in Lohhof beschäftigten jüdischen Frauen im November 1941 hatte im Arbeitsablauf zu massiven Problemen geführt. Grabower musste die verbliebenen Zwangsarbeiterinnen neu einteilen. Immer wieder half er selbst an den unterschiedlichen Maschinen aus, dennoch brach die Produktion massiv ein. Die Arisierungsstelle teilte mit, dass nur bedingt mit einer Zuweisung neuer Arbeitskräfte zu rechnen sei, denn „alles Gute sei weg oder im Arbeitseinsatz".[139] Auf der Suche nach weiteren Arbeitskräften für den Einsatz in Lohhof griff die Arisierungsstelle zunächst auf die einzige noch verfügbare Personengruppe zurück und wandte dabei eine Methode an, die sie bereits beim Bau des Barackenlagers in Milbertshofen eingesetzt hatte. Sie verpflichtete ältere Menschen, die meist zu keiner harten körperlichen Arbeit mehr in der Lage waren. Unter ihnen waren auch etwa 30 in Lohhof eingesetzte Männer im Alter von etwa 70 Jahren. Sie lebten im Lager Berg am Laim. Etliche waren in Mischehe verheiratet. Der Betrieb hatte ihrem Einsatz lediglich aus der Sorge zugestimmt, bei einer Ablehnung von weiteren Zuweisungen jüngerer Kräfte ausgeschlossen zu werden, war jedoch nicht bereit ihnen den vollen Lohn zu bezahlen. Die Flachsröste wies den Männern überwiegend leichte Tätigkeiten zu und verzichtete häufig ganz auf ihre Arbeitskraft, indem sie unbezahlten Urlaub anordnete. Viele der Männer wurden bereits bald wieder aus dem Dienst entlassen, während etwa ein gutes Dutzend länger im Betrieb beschäftigt blieb.

Aufgrund der geschilderten Situation hatte die Betriebsleitung selbst nach anderen Möglichkeiten gesucht, ihren Arbeitskräftemangel zu decken. Die Bemühungen waren unverhofft schnell erfolgreich. Der Direktor Kurt Vahlensieck hatte erfahren, dass in Unterdießen in einer Außenstelle der in Bichl ansässigen Flachsverarbeitung Falak seit Längerem polnische Jüdinnen eingesetzt worden waren. Dort wurde im Gegensatz zu Lohhof ausschließlich mit dem Tauröstverfahren auf Weideflächen gearbeitet, sodass die Produktion im Winter eingestellt werden musste. Auch war die Baracke, in der die polnischen Frauen untergebracht waren, nicht isoliert und nicht beheizbar. Der Betrieb war folglich bereit, seine jüdischen Zwangsarbeitskräfte über die Wintermonate abzugeben. Vahlensieck erreichte Anfang Dezember die Zusage für die Überstellung der 68 polnischen Jüdinnen. Am 14. Dezember 1941 kam der Leiter der Arisierungsstelle Hans Wegner zur Inspektion nach Lohhof. Er ordnete an, dass die polnischen zusammen mit den jüdischen Frauen aus München in der Baracke untergebracht werden müssten. Die Baracke sei problemlos mit 120 Frauen zu belegen. Wie Grabower die Verdichtung der Belegung von bislang 60 auf nunmehr 120 Personen erreiche, sei seine Sache. Auch der Direktor der Flachsröste wollte sich „um gar nichts kümmern" und möglichst wenig mit den Problemen zu tun haben, die mit dem Transfer der polnischen Frauen auf den Betrieb zukamen. „Es habe zu geschehen",[140] notierte Grabower in seinen täglichen Aufzeichnungen und fügte hinzu, dass die Arisierungsstelle und der Betrieb ihn persönlich dafür haftbar machten, dass alles reibungslos funktioniere. Grabower beschloss, die drei Zwölfbettzimmer der Baracke mit je zusätzlichen vier Betten auszurüsten und das bisherige Einzelzimmer der Leiterin mit insgesamt acht Betten zu belegen. Dabei kam ihm zugute, dass die Baracke nach der Deportation noch nicht wieder voll belegt worden war. Zusammen mit seiner Stellvertreterin Irmgard Spiegelberg fuhr er am 16. Dezember nach Unterdießen, um den Transfer der Frauen und den Transport von Einrichtungsgegenständen und den Habseligkeiten der Zwangsarbeiterinnen vorzubereiten. Grabower und Spiegelberg benötigten für die Reise eine polizeiliche Genehmigung, denn Juden durften zu diesem Zeitpunkt ihre Heimatgemeinde nur noch mit Erlaubnis der Behörden verlassen. Auch die Benutzung öffentlicher Verkehrsmittel wie der Eisenbahn musste genehmigt werden. Am 19. Dezember gegen Abend trafen die polnischen Frauen ein. Französische Kriegsgefangene halfen beim Abladen der Einrichtungsgegenstände. Grabower hatte in den Tagen zuvor einen neuen Schichtplan entworfen. Die Frauen in der Baracke wurden nun nach diesem Plan auf die einzelnen Zimmer verteilt. „Im Zimmer neben dem Büro die Fabrikbesatzung für die Morgenschicht, im Zimmer 1 die für die Nachmittagsschicht, Zimmer 2 und 3 Feld, Zimmer 4 und 5 die alten Barackenmädchen. (...) Das frühere Krankenzimmer für die gehobenen Personen aus Polen."[141] Damit waren vor allem die Leiterin der polnischen Gruppe, Anna Pietokowska, und ihre Stellvertreterin, Frieda Kaplan, gemeint. Zur Leiterin der gesamten Barackenbelegschaft wurde die Münchnerin Edith Schwalb und für jedes Zimmer eine Stubenälteste bestimmt. Zwei polnische Frauen waren zunächst noch krankheitsbedingt in der Israelitischen Privatklinik in München untergebracht. In der Baracke waren nun fürs Erste 89 Personen einquartiert: neben den 66 polnischen, 22 Münchner Frauen und die Barackenleiterin. Mit der Arbeit wurde gleich am nächsten Morgen begonnen.

Die 68 polnischen Frauen im Alter zwischen 19 und 35 Jahren waren ein Glücksgriff für die Flachsröste. Der größte Teil von ihnen war in Łódź oder in anderen polnischen Städten geboren. Alle Frauen verstanden die deutsche Sprache, die meisten konnten sie auch sprechen. Außerdem waren die Frauen bereits mit der Flachsverarbeitung vertraut, etwa die Hälfte hatte sogar schon im Hauptwerk der Falak in Bichl Erfahrung an den auch in Lohhof eingesetzten Maschinen sammeln

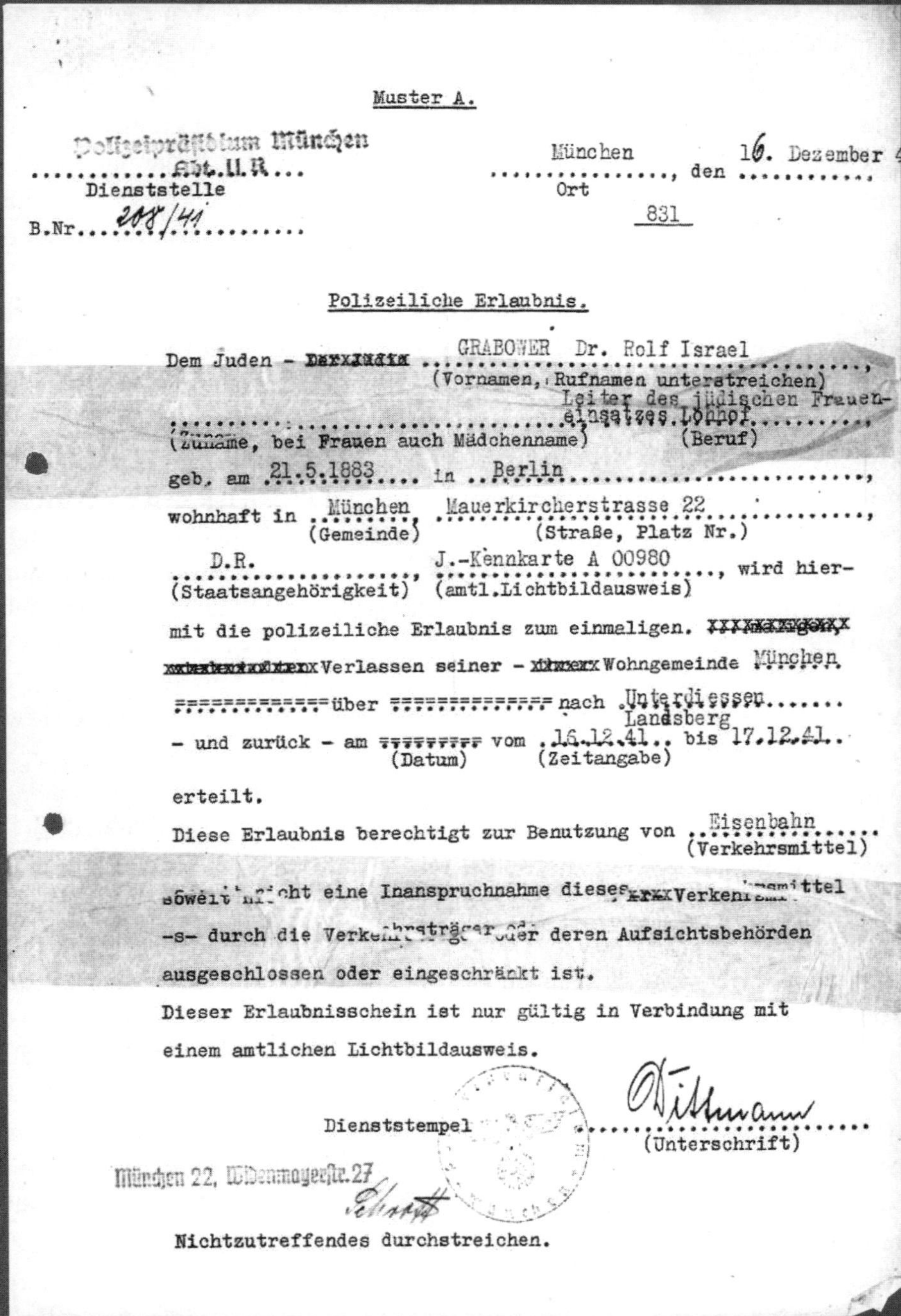

Muster A.

Polizeipräsidium München
Abt. II R ... München, den 16. Dezember 4
Dienststelle Ort
B.Nr. 208/41 831

Polizeiliche Erlaubnis.

Dem Juden – ~~Der Jüdin~~ GRABOWER Dr. Rolf Israel
(Vornamen, Rufnamen unterstreichen)
Leiter des jüdischen Fraueneinsatzes Lohhof
(Zuname, bei Frauen auch Mädchenname) (Beruf)
geb. am 21.5.1883 in Berlin,
wohnhaft in München, Mauerkircherstrasse 22,
(Gemeinde) (Straße, Platz Nr.)
D.R., J.-Kennkarte A 00980, wird hier-
(Staatsangehörigkeit) (amtl. Lichtbildausweis)
mit die polizeiliche Erlaubnis zum einmaligen. ~~XXXXXXXXXXXX~~
~~XXXXXXXXXXXXX~~ Verlassen seiner – ~~ihrer~~ Wohngemeinde München
~~=============~~ über ~~==============~~ nach Unterdiessen Landsberg
– und zurück – am ~~========~~ vom 16.12.41. bis 17.12.41.
(Datum) (Zeitangabe)
erteilt.
Diese Erlaubnis berechtigt zur Benutzung von Eisenbahn
(Verkehrsmittel)
soweit nicht eine Inanspruchnahme dieses ~~XXXX~~ Verkehrsmittel
-s- durch die Verkehrsträger oder deren Aufsichtsbehörden
ausgeschlossen oder eingeschränkt ist.
Dieser Erlaubnisschein ist nur gültig in Verbindung mit
einem amtlichen Lichtbildausweis.

Dienststempel ... Wittmann
(Unterschrift)

München 22, Widenmayerstr. 27

Nichtzutreffendes durchstreichen.

Als Jude benötigte Rolf Grabower eine persönliche Erlaubnis seine Wohngemeinde für die Fahrt nach Unterdießen zu verlassen, um die Überstellung der polnischen Jüdinnen nach Lohhof vorzubereiten.

können.[142] Die Frauen wurden von zwei jüdischen Ärzten aus München untersucht. Ihr allgemeiner Gesundheitszustand war gut. Die meisten hatten allerdings Probleme mit den Zähnen. In den folgenden Monaten wurden deshalb nahezu alle polnischen Frauen zum Teil mehrfach in München behandelt. Nur aus diesem Grund ist ein Großteil der Namen der Zwangsarbeiterinnen aus Polen heute überhaupt bekannt, denn der jüdische Zahnarzt Willy Blumenreich hatte auf Anfrage des Internationalen Suchdienstes des Roten Kreuzes nach dem Krieg aus seinen Akten eine Liste mit 52 Namen zusammenstellen können.[143]

Die polnischen Frauen waren aus dem Getto Litzmannstadt zur Zwangsarbeit in das Deutsche Reich abgestellt worden. Bereits Ende 1940 waren für die Bauarbeiten an den Reichsautobahnen dringend Arbeitskräfte benötigt worden. Einige von ihnen kamen aus dem Getto Litzmannstadt und wurden zum Bau des Streckenabschnittes Frankfurt/Oder – Posen eingesetzt. Der Einsatz polnischer Juden im Kerngebiet des Deutschen Reiches war umstritten. Ein Teil der deutschen Arbeitsverwaltung strebte an, die in den Gettos inhaftierten Juden in der deutschen Landwirtschaft und auf Großbaustellen einzusetzen. Adolf Hitler lehnte dieses Ansinnen jedoch ab und verbot grundsätzlich den Einsatz polnischer Juden auf dem Gebiet des Altreiches, also auf dem Gebiet des Deutschen Reiches in seinen Grenzen von 1937, vor der Annexion des Sudetenlandes und vor dem „Anschluss" Österreichs. Die beim Autobahnbau eingesetzten Juden sollten eine Ausnahme bleiben. Sie wurden in Lagern der Reichsautobahn untergebracht und an beteiligte Baufirmen ausgeliehen. Die Gettoverwaltung in Litzmannstadt hatte sich durch den Großeinsatz jüdischer Zwangsarbeiterinnen und Zwangsarbeiter aus dem Getto zusätzliche Einnahmen erhofft. Die Firmen aber zahlten nicht oder nur zögernd. Zudem behielt die Reichsautobahn einen Teil des Lohnes für Unterbringung und Verpflegung, einen anderen Teil kassierte der Staat über Sozial- und Versicherungsbeiträge, die freilich nur leere Versprechung blieben, sowie eine Sonderabgabe von 15 Prozent auf das Einkommen. Angefordert wurden die jüdischen Arbeitskräfte durch die örtlichen Arbeitsämter. Am 9. April 1941 erklärte das Arbeitsamt Litzmannstadt, es habe auf Anordnung des Reichstatthalters, Jüdinnen zum Arbeitseinsatz nach dem Altreich zu vermitteln. Der Gettoverwaltung fehlte es wegen der schlechten Ernährungslage und den katastrophalen Lebensbedingungen im Getto für solche Einsätze nicht an Freiwilligen. Das Arbeitsamt wies explizit darauf hin: „Bei der Auswahl ist darauf zu achten, dass nur voll einsatzfähige Jüdinnen genommen werden. Auf die gewissenhafte ärztliche Untersuchung und Entlausung bitte ich ganz besonders zu achten, damit keine mit ansteckenden Krankheiten behaftete Jüdinnen in das Altreich verschickt werden."[144] Am 17. April verließ ein Transport mit 68 Frauen das Getto, nachdem sie durch die „Desinfektionsanstalt" geführt und von einer medizinischen Kommission aus Mitgliedern des Gesundheitsamtes begutachtet worden waren. Dieser Transport war für die Flachsaufbereitung Falak in Bichl/Oberbayern bestimmt. Es ist bislang der einzig nachweisbare Fall dass Juden aus Polen entgegen der ausdrücklichen Anordnung von Hitler jenseits des Autobahnbaus im Altreich zur Zwangsarbeit eingesetzt wurden, dazu noch so weit vom Getto entfernt. Warum es zu dieser Ausnahme kam, ist nicht bekannt. Vom Einsatzort der Zwangsarbeiterinnen erfuhr die Gettoverwaltung bereits am 13. Mai 1941, jedoch nicht, bei welchem Betrieb die Frauen eingesetzt wurden. Die Gettoverwaltung war insgesamt nur schlecht über die Einsatzorte informiert. Erst im Februar 1942 erlangte sie Kenntnis davon, „dass bei der Firma Flachsröste G.m.b.H., Lohhof/Obb., Juden aus dem Getto Litzmannstadt eingesetzt sind", und stellte fest, dass diese Firma bislang noch gar keinen Lohn an die Gettoverwaltung in Litzmannstadt bezahlt habe.[145]

Die Lebensbedingungen der 68 Frauen waren in Unterdießen, in Bichl und später auch in Lohhof spürbar besser als in Litzmannstadt oder in den Reichsautobahnlagern. Die Lebensmittelversorgung und die Unterbringung waren dort schlechter, die Arbeitsbedingungen härter, die Behandlung durch Wachpersonal und Vorarbeiter in aller Regel schärfer. Eine ärztliche Behandlung gab es dort meist überhaupt nicht, kranke und entkräftete Personen wurden einfach zurückgeschickt, später unmittelbar deportiert. Die 68 in Bayern eingesetzten Frauen aus dem Getto Litzmannstadt waren im Deutschen Reich jedoch erheblich schlechter gestellt als der Großteil der anderen Zwangsarbeiterinnen und Zwangsarbeiter. Das lag daran, dass sie als osteuropäische Jüdinnen ganz am Ende der rassistischen NS-Hierarchisierung standen.

Zunächst hatten sie in Lohhof allerdings einen ähnlichen Status erhalten wie die Gruppe der deutschen Jüdinnen. Die polnischen Frauen waren in derselben Baracke untergebracht und derselben Lagerleitung unterstellt. Sie erhielten das gleiche Essen und unterlagen zumindest anfangs den gleichen Arbeitsbedingungen. Das bedeutete, dass sie sich während ihrer Freizeit auch außerhalb des Fabrikgeländes bewegen durften und an ihrem freien Tag nach München fahren konnten. Das war unüblich und basierte auf vorübergehenden Abstimmungsschwierigkeiten der Verfolgungsbehörden, die scheinbar durch die außergewöhnlichen Umstände ausgelöst worden waren, unter denen die Frauen Lohhof erreicht hatten. Die Behandlung änderte sich jedoch schon bald. Die Frauen aus dem Getto Litzmannstadt mussten nicht nur, wie die anderen jüdischen Zwangsarbeiterinnen aus Lohhof auch, den gelben „Judenstern" sichtbar an ihrer Kleidung befestigt tragen, sondern zudem noch ein Viereck mit einem P auf gelbem Grund. Diese Kennzeichnung war im Zuge des sogenannten „Polenerlasses" im März 1940 eingeführt worden. Ähnlich wie der Davidstern diente die Kennzeichnung der „Zivilarbeiterinnen", „Zivilarbeiter" und

Kriegsgefangenen als öffentlich sichtbare Brandmarkung. Sie war für die Betreffenden eine Demütigung, da damit die durch die nationalsozialistische Gesetzgebung festgeschriebene „rassische Minderwertigkeit" verdeutlicht werden sollte.

Es gab strenge Vorschriften für den Umgang zwischen der deutschen Bevölkerung und den ausländischen Zwangsarbeiterinnen und Zwangsarbeitern. Wenn sie übertreten wurden, drohten beiden Seiten schwerwiegende Strafen, nur konnten sie für die Zwangsarbeiterinnen und Zwangsarbeiter tödliche Ausmaße haben, wie das Beispiel des polnischen Zwangsarbeiters Jan Owczarek zeigt. Owczarek war im November 1939 zum „Arbeitseinsatz" nach Unterschleißheim gekommen. Er arbeitete fast drei Jahre bei dem Bauern und Wagnermeister Kaspar Strixner als Pferdeknecht. Das Verhältnis zwischen dem Bauern und seinem polnischen Zwangsarbeiter war von Anfang an schlecht. Strixner bezeichnete ihn als „bockig und widerspenstig", Owczarek hingegen führte die Spannungen auf einen anderen Grund zurück. Er gab zu Protokoll: „Strixner hat sehr viel Arbeit verlangt, aber das Essen war reichlich wenig, sodass ich nicht in der Lage war, die verlangte Arbeitsleistung auszuführen." Im Juni 1942 kam es zu einer handgreiflichen Auseinandersetzung. Der Grund dafür war wieder einmal die schlechte Versorgung mit Nahrungsmitteln. Dabei wurde Owzcarek von seinem Dienstherren mit der Heugabel verletzt. Der Bauer gab an, er sei von dem polnischen Zwangsarbeiter geschlagen und gewürgt worden. Seit 1933 waren im Deutschen Reich zahlreiche Sondergerichte eingerichtet und mit besonderen Befugnissen ausgestattet worden. Ihnen unterlag auch die Aburteilung von Zwangsarbeiterinnen und Zwangsarbeitern.[146] Owczarek hatte sich wohlwissend, dass seine Lage ernst war, sofort nach der Auseinandersetzung auf den Weg zur Polizeistation gemacht. Obwohl dort durch eine Heugabel verursachte Stichwunden in der linken Augengegend, am rechten Unterarm und in der rechten Hüftgegend festgestellt wurden, während der Bauer nur geringe Verletzungen nachweisen konnte, hatte der 29-jährige Owczarek keine Chance. Das Gericht folgte den „glaubhaft beeidigten Zeugenaussagen der Eheleute Strixner" und verhängte die „im Interesse der Abschreckung gerechtfertigte Todesstrafe". Jan Owczarek wurde am 15. September 1942 im Strafgefängnis München Stadelheim durch das Fallbeil hingerichtet. In Unterschleißheim und Umgebung wurden daraufhin über 400 Plakate angeschlagen, die über die Hinrichtung des Verurteilten informierten.[147]

Kurz nach der Ankunft der polnischen Frauen in Lohhof erschienen zwei Polizisten im Lager. Sie verlasen den erwähnten Erlass, der den Frauen ausdrücklich den Umgang mit Deutschen untersagte. Dabei wiesen die zwei Polizisten besonders darauf hin, dass jegliche Form geschlechtlichen Verkehrs mit einem Deutschen mit dem Tode bestraft werden würde. Im März 1942 verbot schließlich die Arisierungsstelle den jüdischen Zwangsarbeiterinnen aus dem Getto Litzmannstadt, das

Fabrikgelände zu verlassen. Scheinbar hatte es sowohl vonseiten der Lohhofer Bevölkerung als auch von den zwischenzeitlich in Lohhof internierten volksdeutschen ukrainischen Zwangsarbeiterinnen Beschwerden gegeben, da diese im Gegensatz zu den polnischen Frauen das Lager nicht verlassen durften.

Rolf Grabower wusste um die Probleme, die mit der Integration einer so großen Gruppe in das bestehende jüdische „Arbeitskommando" verbunden waren. Die polnischen Frauen stellten nach der Massendeportation vom November 1941 sogar die Mehrheit der jüdischen Zwangsarbeiterinnen in Lohhof, insbesondere unter den Barackeninsassinnen. Am 22. Dezember, also nur drei Tage nach ihrer Ankunft, gab Grabower ein Rundschreiben mit dem Titel „An die Arbeitskameradinnen aus Polen" heraus. Darin forderte er, dass sie sich im Sinne der Gemeinschaft einzugliedern hätten: „Ihr habt Eure ganzen Kräfte und Euer Bestes zu geben, wo ihr zu arbeiten habt: In der Fabrik oder auf dem Felde, bei der Bündel- oder bei der Riffelmaschine, beim Entwirren der Bänder. Damit ist es aber keineswegs genug. Vielmehr müsst ihr auch außerhalb dieser Tätigkeit in der Baracke nach Anordnung von Fräulein Spiegelberg Eure Pflicht erfüllen. Dort arbeitet ihr für den Betrieb, hier für die Kameradschaft." Er forderte: „haltet größte Ruhe in den Baracken, schont den Schlaf Eurer Arbeitskameradinnen. Redet nicht durcheinander. (...) Auf dem Fabrikgelände lauft nicht wie ein Herde durcheinander, sondern geht hübsch geordnet in Dreierreihen. (...) Ihr dürft Euch nicht mit den Gefangenen unterhalten." Für Grabower war Ordnung die Voraussetzung für Disziplin. „Haltet peinlichst Ordnung in Euren Stuben. Jede Stube muss ihren Stolz darein setzen, die ordentlichste zu sein, jede von Euch muss danach trachten, die ordentlichste und sauberste zu sein, dann werdet ihr Euch bald recht wohl fühlen."[148]

Die Maßnahmen zur reibungslosen Eingliederung der Frauen aus Unterdießen hatten jedoch nur geringen Erfolg. Die Münchner Barackeninsassinnen beachteten die Polinnen kaum, benachteiligten sie beim Essen und verweigerten gemeinschaftliche Aktivitäten, so zogen sie sich beispielsweise zum Hören von Musik mit dem lagereigenen Grammophon in ihre Zimmer zurück, anstatt den Gemeinschaftsraum der Baracke zu verwenden. Die Demütigung verletzte die polnischen Frauen doppelt, denn ein Grammophon war für sie unerreichbarer Luxus. Die offensichtlichen Unterschiede in der Ausstattung brachten naturgemäß Neid und Missgunst mit sich. Die bereits in Lohhof arbeitenden jüdischen Frauen aus München waren erheblich besser ausgestattet. Am deutlichsten zeigte sich das an der Bekleidung. Während die Münchnerinnen verhältnismäßig gut gekleidet und die meisten durch ihre Familien mit den wichtigsten Dingen ausgestattet waren, fehlte den Polinnen selbst das Nötigste. Ihre Kleider waren stark abgenutzt, Schuhe waren kaum vorhanden, die meisten liefen auch Mitte Dezember noch barfuß. Diese Ungleichheit führte zwangsläufig zu Konflikten. Schon bald kam es auch zu ersten handgreiflichen Auseinandersetzungen. Am 5. Januar stritten sich in der Fabrik die polnischen und die Münchner Frauen der Tagschicht derart heftig, dass die Produktion für längere Zeit zum Erliegen kam. Grabower hielt den Frauen daraufhin einen längeren Vortrag über Kameradschaft, stellte aber resigniert fest: „Viel Erfolg hatte ich nicht."[149] Auch wenn die Konflikte mit der Zeit abnahmen, verhinderten mehrere Aspekte eine stärkere Solidarisierung zwischen den beiden Gruppen. In der zweiten Hälfte des 19. Jahrhunderts waren zunehmend Juden aus Galizien und Polen in das Deutsche Reich gezogen. Schon vor der NS-Zeit hatte es in der deutschen Gesellschaft starke Ressentiments gegenüber den sogenannten „Ostjuden" gegeben. Auch viele der deutschen Juden hatten sich von den osteuropäischen Einwanderern abgegrenzt, nicht zuletzt aus Furcht vor einem Anwachsen eines ausländerfeindlich geprägten Antisemitismus. „Ostjuden" galten vielen Deutschen gemeinhin als weniger kultiviert. Diese Ressentiments wirkten nach. Das alleine erklärt aber nicht die schwer zu überbrückende Kluft zwischen den polnischen Jüdinnen und den jüdischen Zwangsarbeiterinnen aus München. Es erklärt jedoch warum die deutsche Belegschaft sich gegenüber den jüdischen Frauen aus Polen deutlich schlechter verhielt als gegenüber den Münchnerinnen. Letztere hatten gerade erst die Erfahrung gemacht, wie schnell ihre deportierten Kolleginnen durch die polnischen Frauen ersetzt worden waren. Eine neue Deportation stand jederzeit an. Zudem litten sie selbst an akutem Mangel, auch wenn ihre Versorgungslage erheblich besser war als die der polnischen Frauen. Für die deutschen Juden gab es inzwischen kaum mehr Bezugsscheine, weder für Kleidung, noch für Schuhe, noch für höherwertige Lebensmittel. Es war vor allem diese durch die nationalsozialistische Verfolgungslogik ausgelöste Konkurrenz zwischen den Gruppen, die eine Solidarisierung nachhaltig verhinderte. Sie bestimmte selbst den Alltag zwischen den einzelnen Münchner Frauen. Ab Februar 1942 wirkte sich diese Konkurrenz in noch viel größerem Maße auf das Verhältnis zwischen den jüdischen und den neu zugewiesenen ukrainischen Zwangsarbeiterinnen aus. Letztere waren eingesetzt worden, um die deutschen Frauen mittelfristig zu ersetzen und ihnen damit den vermeintlichen Schutz vor der Deportation zu nehmen.

Schon wenige Tage nach Ankunft der Gruppe jüdischen Zwangsarbeiterinnen aus Łódź schien sich diese Sorge der Münchner Frauen zu bewahrheiten. Die polnischen Frauen waren im Durchschnitt erheblich jünger und strapazierfähiger als die Münchnerinnen. Der Vorarbeiter Anton Schollweck bestand darauf, die beiden Gruppen nur getrennt einzusetzen, damit die Münchnerinnen die guten Arbeitsleistungen der Polinnen nicht schmälerten. Doch die schlechte Behandlung durch den Betrieb, die örtliche Bevölkerung und die Arisierungsstelle führte schon nach kurzer

Zeit dazu, dass die Arbeitsleistung der polnischen Frauen stark nachließ. Gleich zu Beginn hatte die Flachsröste ihre Löhne drastisch gekürzt. Wie die anderen Lagerinsassinnen erhielten sie nur noch ein Taschengeld von 20 Pfennig am Tag. Damit konnten sie jedoch ihre im Getto lebenden Familien nicht mehr unterstützen. In Unterdießen hatten sie zuvor noch Gehalt bezogen. Die deutschen Vorarbeiter waren sehr unfreundlich und die Frauen litten aufgrund ihrer schlechten Ausrüstung unter der Kälte. Am 30. Dezember 1941 verweigerte knapp die Hälfte von ihnen die Arbeit. Die Leitung der Flachsröste, aber auch Rolf Grabower setzten die Frauen jedoch unter Druck. Sie drohten ihnen damit, sie zurück ins Getto zu schicken, insbesondere als ersichtlich wurde, dass die Frauen eigentlich bereits unmittelbar nach ihrem Einsatz bei der Falak zurückgebracht hätten werden sollen. Die Arisierungsstelle hatte die Frauen nach Ende ihres Einsatzes in Bichl eigentlich zurückschicken wollen und nur aufgrund des akuten Arbeitskräftemangels bei der Flachsröste davon abgesehen.[150] Grabower fasste nüchtern zusammen „1. Draußen arbeiten, auch bei Kälte. 2. Froh sein, dass man es warm und sauber hier hat, dass man gut behandelt wird und dass man gut zu essen hat. Also wesentlich besser als im Getto Litzmannstadt."[151] Gleichzeitig erhöhte die Firmenleitung unerbittlich den Arbeitsdruck. Von Montag bis Samstag waren nun Nachtschichten zu absolvieren und die Vorarbeiter beschwerten sich regelmäßig über die angeblich zu schwachen Leistungen der Frauen aus Litzmannstadt. Auch den Münchner Kolleginnen fiel nun auf, dass diese sich „nicht wohlfühlen" und ihnen „alles gleichgültig" sei.[152] Die Arisierungsstelle hatte für die Probleme der polnischen Frauen keinerlei Verständnis. Franz Mugler wies die Lagerleitung an, sie solle „die Polinnen behandeln wie Vieh, sie seien es nicht besser wert".[153]

Grabower setzte diesen Befehl nicht um, in der Regel behandelte er die polnischen Frauen nicht anders als die jüdischen Zwangsarbeiterinnen aus München. Dennoch wusste er genau, wie er Druck auf sie ausüben konnte, um seine Anordnungen durchzusetzen. Insbesondere drohte Grabower den Frauen damit, ihnen ihre Post vorzuenthalten. Er war bereits durch die deutschen Vorarbeiter aus Unterdießen darüber informiert worden, dass das ein wirksames Mittel war, denn die polnischen Frauen standen in intensivem Briefwechsel mit ihren Angehörigen im Getto Litzmannstadt. Grabower setzte dieses Druckmittel auch tatsächlich mehrmals gegen die Frauen ein. So zum Beispiel um die Polinnen zu zwingen, eine ihrer Kolleginnen zu verraten, die des Diebstahls beschuldigt worden war.

Ab Januar 1942 kamen immer mehr Briefe aus dem Getto als unzustellbar zurück. Darüber waren die polnischen Frauen sehr beunruhigt, zumal ihnen der Postbote gesagt hatte, dass über Litzmannstadt eine Postsperre verhängt worden sei. Einige Frauen schrieben daraufhin an den Judenrat des Gettos, um mehr über die

Lage ihrer Verwandten zu erfahren. Was sie nicht wussten, war, dass zur selben Zeit die Deportationen aus dem Getto Litzmannstadt bereits begonnen hatten. In den ersten fünf Monaten der Säuberungen wurden mehr als 50.000 Gettobewohner in das Vernichtungslager Chelmno verschleppt und dort in Gaskammern ermordet. Weitere Transporte folgten. Unter ihnen war auch die Tante, nach deren Verbleib sich die in Lohhof zur Zwangsarbeit eingesetzte Manie Fajntuch im April 1942 auf der hier abgedruckten Postkarte beim Judenrat des Gettos erkundigt hatte.[154]

Grabowers Solidarität endete dort, wo seine eigenen Interessen verletzt wurden. Er hatte die Sorge, dass die polnischen Frauen zu offenherzig über Details des Zwangsarbeitseinsatzes in Lohhof schreiben oder sich in ihren Briefen und Postkarten negativ über die Firma äußern könnten. Er wusste, dass die Post durch Zensoren gelesen wurde, und fürchtete, dass die Gestapo daraus für ihn und die Zwangsarbeiterinnen negative Folgen ableiten könnte. Daher mussten sämtliche Briefe zunächst der jüdischen Lagerleitung vorgelegt werden. Erst nach dieser Vorzensur wurden die Briefe durch den Stempel der Lagerleitung freigegeben und dann gesammelt zum Postamt gebracht. Aus Angst, die Frauen könnten versuchen, heimlich Briefe aus dem Lager zu schmuggeln, überprüfte die Lagerleitung ihre Taschen, bevor sie das Lager verlassen durften. Für die Frauen bedeutete das einen massiven Eingriff in ihre Privatsphäre. Bei einer dieser Kontrollen wurden mehrere Karten von einer der polnischen Frauen an Angehörige in Łódź gefunden, in denen sie sich sehr negativ über die Arbeit in der Flachsröste äußerte. Grabower zeigte den Fall bei der Betriebsleitung an, die sehr empfindlich auf den Vorfall reagierte. Sie drohte damit, die betreffende Frau mit der nächsten angesetzten Deportation abschieben zu lassen.

Auch innerhalb der Münchner Jüdischen Gemeinde kam es wegen der Zuständigkeit für die jüdischen Frauen aus dem Getto Litzmannstadt zu Problemen. 1939 war auf eine Initiative des Reichssicherheitshauptamtes in Berlin die Reichsvereinigung der Juden in Deutschland gegründet worden, der sämtliche Jüdische Gemeinden zwangsweise beitreten mussten. Jeder deutsche Jude – also alle Personen, die nach den Nürnberger Gesetzen als Juden galten – wurde Zwangsmitglied. Ziel dieser Maßnahme war es, eine effektive Kontrolle über die deutschen Juden zu errichten, denn die Reichsvereinigung war unmittelbar dem Reichssicherheitshauptamt unterstellt. Die Jüdischen Gemeinden wurden in immer größerem Maße gezwungen, die finanzielle Last der Verfolgung selbst zu tragen. Insbesondere lokale Verfolgungsinstitutionen, wie die Arisierungsstelle in München, versuchten ihre Ausgaben auf die Jüdischen Gemeinden abzuwälzen oder sich an ihnen zu bereichern. Das Reichssicherheitshauptamt hatte hingegen wenig Interesse an diesen Ausgaben, denn es setzte die Mittel für eigene Verfolgungszwecke ein. Diese Konkurrenz unter den verschiedenen Behörden versuchten die Gemeinden auszunutzen, um biswei-

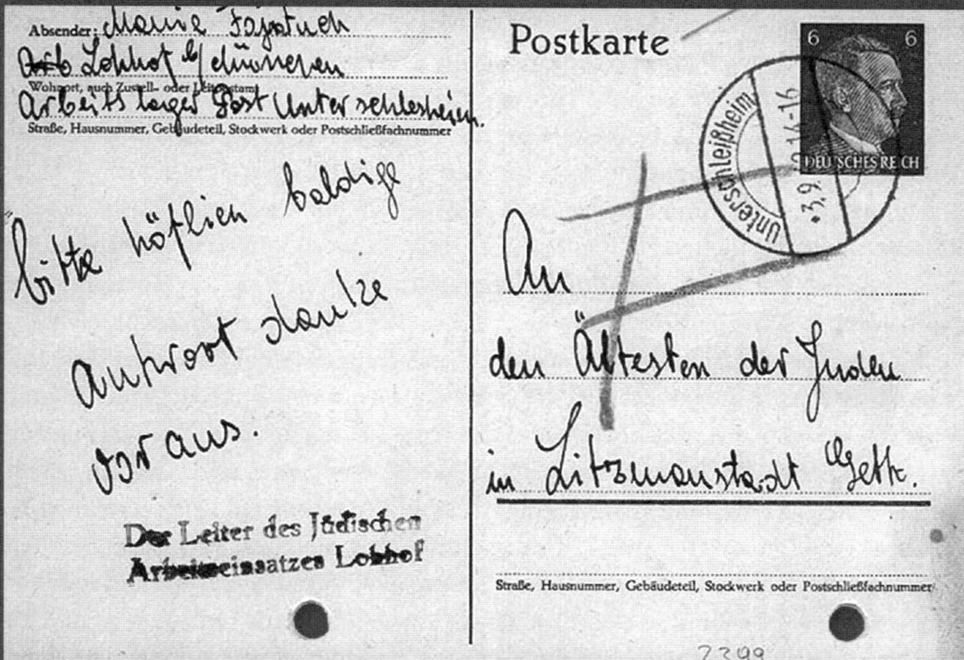

Absender: Manie Fajntuch
~~Arb~~ Lohhof Schünneren
Wohnort, auch Zustell- oder Leitpostamt
Arbeits Lager Post Unterschleissheim.
Straße, Hausnummer, Gebäudeteil, Stockwerk oder Postschließfachnummer

bitte höflich baldige Antwort danke voraus.

Der Leiter des Jüdischen Arbeitseinsatzes Lohhof

Postkarte

6 6 DEUTSCHES REICH

Unterschleißheim 3.9. 16-16

An den Ältesten der Juden in Litzmanstadt Gett.

Straße, Hausnummer, Gebäudeteil, Stockwerk oder Postschließfachnummer

2399

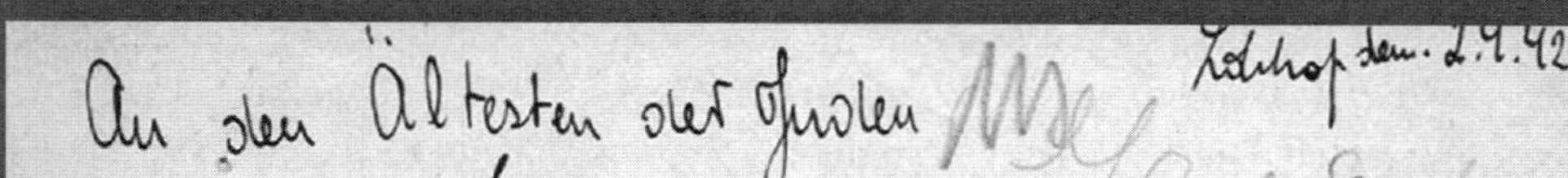

Lohhof den. 2.4.42

An den Ältesten der Juden in Litzmanstadt Getto

Da ich von meine liebe Tante Fajge Kitaj Holzstrasse 37/5 noch keine Nachricht habe möchte ich Sie höflich bitten mir mit zu teilen ob die selbe noch in Litzmanstadt befindet.

In dem ich Ihnen danke

Zeichne Hochachtungsvoll

Manie Fajntuch

Diese Postkarte schrieb die polnisch-jüdische Zwangsarbeiterin Manie Fajntuch im April 1942 an die jüdische Gettoleitung in Litzmannstadt, um sich nach dem Verbleib ihrer Tante zu erkundigen.

len den Verfolgungsdruck etwas zu verringern. Als beispielsweise die Arisierungsstelle für die Finanzierung des Barackenlagers in Milbertshofen von der Jüdischen Gemeinde eine tägliche Gebühr von einer Reichsmark je Lagerinsasse verlangte, wandte sich die Jüdische Gemeinde an die Reichsvereinigung, die beim Reichssicherheitshauptamt eine Reduktion des Betrages auf 50 Pfennige erreichte.[155] Zu einer ähnlichen Situation kam es in der Frage, wer für die Ausstattung der polnisch-jüdischen Zwangsarbeiterinnen in Lohhof zuständig war. Die Arisierungsstelle und die Flachsröste stellten sich auf den Standpunkt, dass die Jüdische Gemeinde die Beschaffung des Schuhwerks, der Bekleidung und der Decken zu übernehmen habe. Auch Grabower vertrat diesen Standpunkt. Der Vorsitzende der Jüdischen Gemeinde Karl Stahl stellte aber klar, dass die polnischen Frauen nicht zur Reichsvereinigung der Juden in Deutschland gehörten, und damit die Kosten für deren Versorgung von der Flachsröste zu übernehmen seien, nicht von der Gemeinde, und schaltete erneut mit der Reichsvereinigung seine übergeordnete Dienststelle ein. Ausgetragen wurde dieser Konflikt auf dem Rücken der polnischen Frauen, die dringend eine den Witterungsverhältnissen angepasste Ausrüstung benötigten. Schuhwerk musste sofort beschafft werden und so war die Lagerleitung genötigt, die Holzschuhe aus den eigenen knappen Mitteln zu bezahlten. Für die Ausstattung mit Kleidungsstücken wurde unter den Lagerinsassen zu einer Sammlung aufgerufen. Über die Lieferung der restlichen Ausrüstung, vor allem der Decken, wurde erst Wochen später eine Einigung erzielt. Die Frage der Unterstützung für die polnischen Jüdinnen durch die Jüdische Gemeinde blieb aber weiterhin ein ständiger Konfliktpunkt.

Misshandlung und „Straftransport“

Als die Leistung der polnischen Jüdinnen schlechter wurde, sprachen sich sowohl die Vorarbeiter als auch der Direktor wiederholt dafür aus, zumindest die ihrer Meinung nach besonders „faulen“ und „aufsässigen“ von ihnen loszuwerden. Rolf Grabower notierte nach einem Gespräch mit Kurt Vahlensieck: „wenn die Polinnen Sabotage treiben, so würde er Ukrainer kommen lassen.“ Diese „seien zwar teurer, leisten aber mehr. Er könne dies alles nur vom betrieblichen Standpunkt der Leistungen ansehen.“[156] Es handelte sich dabei nicht um eine leere Drohung, denn bereits Anfang Januar 1942 hatte Vahlensieck beim Arbeitsamt angefragt, ob es möglich sei: „die untüchtigen Polinnen herauszusuchen und abzuschieben“, jedoch eine Absage erteilt bekommen.[157] Am Vormittag des 16. Februar 1942 fand auf Einladung der Arisierungsstelle eine gemeinsame Sitzung mit der Leitung der Flachsröste statt, auf der es um die Zukunft des jüdischen Zwangsarbeitseinsatzes in der Münchner Wirtschaft ging. Dort wurde die Flachsröste über eine bevorstehenden Deportation informiert. Zwar wurde der Transport verschoben. Die Gefahr blieb jedoch aktuell. Schon Anfang April wurde schließlich die nächste Deportation durchgeführt. Es ist nicht mehr festzustellen, ob auf dieser Sitzung die Arisierungsstelle die Flachsröste anwies, eine Aufstellung jener jüdischen Zwangsarbeiterinnen und Zwangsarbeiter zu erstellen, auf die der Betrieb im Falle einer Deportation verzichten konnte, oder ob die Flachsröste von sich aus eine entsprechende Liste erstellte, um zu verhindern, dass nicht wie schon im November 1941 die Leistungsfähigen, sondern die in den Augen der Firma Unproduktiven deportiert werden würden. In jedem Fall zwang die Firmenleitung den jüdischen Lagerleiter, die Selektion im Sinne des Betriebes vorzunehmen. Auf der Liste befanden sich auch sieben der jüdischen Frauen aus Polen. Eine davon war die 23-jährige Syma Bainberg. Auf sie hatte es der Betrieb besonders abgesehen. Die Vorarbeiter, aber auch ihre jüdischen Kolleginnen aus München beschwerten sich wiederholt darüber, dass Bainberg faul sei und die Arbeitsleistung ihrer gesamten Schicht darunter leiden würde. Auch Grabower regte sich über ihre Leistung auf: „Es wäre wirklich gut, wenn man die Bainberg loswerden könnte“,[158] notierte er in seinen Aufzeichnungen. Die Beschwerden der Kolleginnen und der Lagerleitung sind jedoch nicht als Denunziation zu begreifen. Der Druck auf die Zwangsarbeiterinnen und auf die Leitung war extrem hoch. Wenn das Tagessoll nicht erreicht wurde, musste nicht selten die gesamte Gruppe stundenlang nacharbeiten. Auf der anderen Seite war Rolf Grabower sich bewusst, was es für die junge Frau bedeuten würde, wenn ihre schlechten Leistungen dem Betrieb allzu sehr auffielen. Immer wieder versuchte er sie dort einzusetzen, wo sie von

Alexander Lenze,
ca. 1938

ihren Kolleginnen kontrolliert werden konnte. Wenn er selbst mithalf, setzte er Bainberg, die er wegen „Drückebergerei" hart anfasste, bei sich in der Gruppe ein, „in der Hoffnung sie vor Litzmannstadt und weiteren Folgen zu bewahren."[159] Mitte Januar wurde Bainberg von einigen nichtjüdischen Frauen aus der Belegschaft beschuldigt, dass sie Brot gestohlen habe. Für ausländische Zwangsarbeiterinnen und Zwangsarbeiter war das ein schwerer Vorwurf, der mit der Einweisung in ein Arbeitserziehungslager, mit der Abschiebung oder im Extremfall auch mit dem Tod bestraft werden konnte. Auch wenn der Vorfall scheinbar nicht gemeldet wurde, so ist es doch bezeichnend, dass Syma Bainberg als eine der polnischen Frauen auf der besagten Liste der zur Selektion Vorgesehenen stand.

Insgesamt waren 30 Namen auf dieser Todesliste der Flachsröste. 26 davon wurden in den kommenden Monaten deportiert. Nur bei zwei von ihnen ist gesichert, dass sie überlebten. Eine weitere Frau, Erna Lehmann, beging nur wenige Tage vor ihrer Deportation Suizid. Alexander Lenze, einer der wenigen in Lohhof eingesetzten Männer, lebte in Mischehe und war so vor der Selektion geschützt. Die Münchner Firmen hatten nur einen begrenzten Einfluss auf die Auswahl der Deportierten, da das Reichssicherheitshauptamt vorgab, welche Personengruppen für den jeweiligen Transport vorgesehen waren. So wurden nur wenige der von der Flachsröste für die Deportation angegebenen Personen bereits mit dem nächsten Transport am 4. April 1942 verschickt. Auch dieser Transport in das polnische Piaski war als sogenannter Arbeitstransport deklariert und erneut wurden nicht die aus Sicht der Firma unproduktiven, älteren Zwangsarbeiterinnen und Zwangsarbeiter deportiert, die der Betrieb vorrangig auf seine Liste gesetzt hatte. Die polnischen Frauen waren hingegen als Gruppe ausgespart worden, um nicht zu viele junge Arbeitskräfte auf einmal aus der Produktion der Flachsröste zu entfernen.

Im Fall der polnischen Frauen, unter denen sich auch Syma Bainberg befand, ist es jedoch offensichtlich, dass ihre Deportation unmittelbar durch die von der Flachsröste getroffene Auswahl mitverursacht wurde. Dem Direktor Vahlensieck war jedenfalls genauestens bewusst, was es für die Juden bedeutete, auf dieser Liste zu stehen. Als Grabower sie ihm aushändigte, bemerkte er zynisch, dass der Lagerleiter die ausgewählten Personen „nun auf dem Gewissen hätte." Er, so Vahlensieck weiter, „wolle mit der ganzen Sache nichts zu tun haben".[160] Was das Arbeitsamt zum Jahresanfang noch abgelehnt hatte, geschah nun auf Intervention der Firmenleitung.

Ein Teil der jüdischen Polinnen wurde abgeschoben. Fünf der sieben Frauen aus dem Getto Litzmannstadt, deren Namen auf der Liste standen, wurden am 13. Juli 1942 nach Auschwitz deportiert. Unter den insgesamt 50 Deportierten befanden sich noch drei weitere polnische Frauen aus Lohhof und es wird sich gleich zeigen, dass auch diese Frauen als Strafmaßnahme deportiert wurden. Die restlichen 60 jüdischen Frauen aus Polen wurden jedoch als Gruppe nicht auseinandergerissen. Die Deportation als Strafmaßnahme, beispielsweise wegen zu geringem Eifer, Diebstahl oder „Sabotage" war also keineswegs nur eine leere Drohung der Firmenleitung geblieben.

Der Syndikus der Jüdischen Gemeinde Julius Hechinger, ca. 1938

Der Transport am 13. Juli 1942 nach Auschwitz wurde von der Gestapo treffend als „Straftransport" bezeichnet, wie sich nach dem Krieg mehrere Überlebende übereinstimmend erinnerten. Neben den acht Jüdinnen aus Polen wurden zwei weitere Personen aus Lohhof mit diesem Transport deportiert. Einige der 50 Personen wurden aus den Münchner Strafanstalten in Ketten gefesselt an den Bahnhof gebracht. Für jeden Transport wurde ein jüdischer Transportleiter bestimmt, der während der Fahrt für Ruhe und Ordnung zu sorgen hatte und den die Gestapo für alle Vorkommnisse verantwortlich machen konnte. Den „Straftransport" leitete der ehemalige Syndikus der Jüdischen Gemeinde und Verbindungsmann zur Gestapo, Julius Hechinger.[161] Diese Funktion hatte Hechinger ein zweifelhaftes Image unter den Münchner Juden verschafft. Er war auch mit den Angelegenheiten in Lohhof befasst. Immer wieder war es zwischen ihm und Rolf Grabower zu massiven Differenzen gekommen. Das Schicksal von Julius Hechinger ist an dieser Stelle jedoch aus einem anderen Grund interessant, denn es kreuzte sich mit dem der jüdischen Frauen aus Polen.

Hechinger war im Winter 1941/42 bei der Arisierungsstelle in Ungnade gefallen, weil er – wie er selbst vermutete – zu viele Details über deren Verbrechen und die persönlichen Bereicherungen der dort tätigen Personen wusste. Hechinger war bereits für den Transport nach Piaski drei Monate zuvor eingeteilt worden. Im Gegensatz zu den meisten anderen Juden hatte er eine ziemlich genaue Vorstellung, was ihn am Zielort des Transportes erwarten würde. Deshalb floh er. Als er kurze Zeit später gefasst wurde, lieferte ihn der Leiter der Arisierungsstelle, Hans Wegner, persönlich zusammen mit seinen zwei Angestellten Ludwig Schrott und Franz Mugler im Barackenlager Milbertshofen ein. Dort wurde Hechinger schwer misshandelt. Er wurde zum Dauerlauf um den Lagerplatz gezwungen. Dabei musste er zur Erheiterung von Wegner und seinen Kollegen verschiedene Hindernisse überwinden. So sollte er unter ihrem Dienstwagen hindurchkriechen, was wegen der niedrigen Höhe des Wagens unmöglich war. Zwischendurch mussten einige der im Lager untergebrachten Jugendlichen ihn mit dem Feuerwehrschlauch eiskalt abspritzen. Die übrigen Lagerbewohner wurden genötigt, die Tortur mitanzusehen, die über eine längere Zeit Abend für Abend fortgesetzt wurde. Nach der Auffassung von Augenzeugen war die Folter derart brutal, dass sie nur ein Ziel gehabt haben konnte: „Diese fortlaufenden Radikalkuren vom Schwitzen zur Kaltwasserbehandlung sollten den Tod Hechingers herbeiführen".[162]

Die sadistische Behandlung nahm jedoch ein noch größeres Ausmaß an, wie der ehemalige Hausmeister des Lagers im Prozess gegen Wegner und dessen Kollegen aussagte. „Am nächsten Tag erschienen dann Mugler und Wegner und beorderten Hechinger in eine leerstehende Baracke. Dort überreichten sie ihm eine Pistole und erteilten ihm den Befehl, sich zu erschießen. Als Hechinger dies nicht ausführte, wurde er von beiden dermaßen sadistisch mit Fäusten und Füßen verprügelt, dass er nur so durch die Luft flog. (...) Nach dieser Prozedur war Hechinger so entstellt, dass er nicht mehr zu erkennen war. Sein Gesicht schillerte in allen Farben und seine Augen waren vor lauter Geschwulst kaum noch sichtbar. Das Blut strömte ihm aus Nase und Mund und seine Kleider waren völlig zerfetzt."[163] Neben dieser Folter wurde Hechinger auch gezwungen, die Latrinen des Lagers zu leeren. Fast nackt musste er in die Latrinengrube steigen und mit bloßen Händen die Exkremente hinausschaufeln. Franz Mugler, der die Beteiligung an der Misshandlung Hechingers leugnete und deren Ausmaß herunterzuspielen versuchte, sagte im Prozess gegen sich und die anderen Peiniger der Arisierungsstelle aus: „Ich war seinerzeit zugegen, als Hechinger die Latrine mit der Hand reinigen musste. Ich fand diese Tätigkeit nicht so schlimm!"[164] Angesichts des Leides, das er und seine Kollegen Julius Hechinger zugefügt hatten, wirken diese Worte wie blanker Hohn. Nicht einmal in der Nacht ließ man Hechinger ausruhen. Da immer wieder Lagerinsassen Suizid begingen, hatte Milbertshofen eine eigene Totenkammer. Hechinger musste dort die Nacht verbringen. Um die Demütigung zu vervollständigen, wurde er zusammen mit einer weiteren, zur Strafe in Milbertshofen eingewiesenen Lagerinsassin eingesperrt. Dietrich Liesbergers Aussage zeigt, welche perfiden Hintergedanken Wegner und Konsorten dabei hatten: „Hechinger wurde in die Totenkammer eingewiesen und bekam nach einiger Zeit ein polnisches Mädchen (...) hineingelegt. Die Herren sagten, sie wollten sehen, was daraus entstehe."[165]

Bei dem „polnischen Mädchen" handelte es sich um Sabine Prajs. Sie war eine der in Lohhof beschäftigten jüdischen Frauen aus dem Getto Litzmannstadt. Auch ihr Leidensweg war gezeichnet von Übergriffen durch die Arisierungsstelle. Sie war schon längere Zeit in Behandlung bei Magdalena Schwarz, die als eine der letzten verbliebenen jüdischen Ärztinnen für die Jüdische Gemeinde in Milbertshofen und Lohhof einen Teil der ärztlichen Versorgung übernommen hatte. Sabine Prajs litt an manischer Depression. Zum Krankheitsbild gehörten abwechselnde Phasen der Apathie sowie der scheinbar völligen Gelöstheit und Überschwänglichkeit. In depressiven Phasen aß sie nichts. Solange sie in Lohhof war, wurde sie von ihren Kameradinnen gepflegt und versorgt. Warum sie im Juni 1941 nach Milbertshofen verlegt wurde, ist nicht bekannt.[166] Da sowohl die Flachsröste als auch die Arisierungsstelle erheblichen Druck auf kranke und vermeintlich arbeitsunwillige Frauen ausübten, ist es wahrscheinlich, dass sie ihren „wertvollen“ Platz in der Baracke für „leistungsfähigere“ Arbeiterinnen frei machen musste oder dass die Versetzung eine Strafe für ihre krankheitsbedingt schlechte Arbeitsleistung war. Wegner und Mugler beschuldigten Magdalena Schwarz wie auch die anderen jüdischen Ärzte, zu viele und absichtlich falsche Atteste auszustellen, damit sich die Juden vor der Arbeit drücken konnten. Ihrer Meinung nach war Sabine Prajs lediglich „hysterisch“. Um den „Beweis“ dafür zu leisten, stellten sie die 21 Jahre alte Frau völlig nackt für eine Stunde unter eine eiskalte Dusche und amüsierten sich darüber, dass Sabine Prajs immer wieder ohnmächtig zusammenbrach. Die Ärztin konnte Prajs in einem unbeobachteten Moment eine Morphiumspritze geben und erwärmte sie nach der Abfahrt ihrer Peiniger mit einem warmen Bad. So überlebte sie die Tortur. Doch die Angestellten der Arisierungsstelle ließen es nicht dabei bewenden. Auf Anordnung Wegners wurden ihr die Haare geschoren. Mit Ölfarbe wurde ihr ein „Judenstern“ auf den kahlrasierten Kopf gemalt. Ein anderer Augenzeuge erinnerte sich, dass Sabine Prajs von den Schergen der Arisierungsstelle auch mit einem Gummiknüppel geschlagen wurde. Mehrfach musste sie anschließend zur Arisierungsstelle gebracht werden: „Ihr Zustand wurde nach jeder Vernehmung schlimmer, sie bekam Wein- und Schreikrämpfe, blieb auf der Straße stehen und bekam Anfälle.“[167] Wie Julius Hechinger wurde auch sie mit dem „Straftransport“ vom 13. Juli 1942 nach Auschwitz deportiert. Die örtlichen Gestapoleitstellen versahen bei ähnlichen Transporten die mitgeschickten Unterlagen der Deportierten häufig mit den Vermerken „zur Sonderbehandlung“ oder „Rückkehr unerwünscht“. Ob auch in diesem Fall diese Praxis angewendet wurde ist unbekannt. Nach heutiger Kenntnis überlebte jedenfalls niemand diesen „Straftransport“.

Das Ende

„Mit Wirkung vom 23. Oktober 1942 wurden die noch im Lager Lohhof befindlichen 60 polnischen Jüdinnen der Firma Christian Dierig AG in Augsburg überstellt, nachdem schon vorher laufend Arbeitskräfte abgezogen worden waren. Auch das Lager Lohhof hatte damit seinen Zweck erfüllt." [168] So schilderte die Arisierungsstelle das Ende des Zwangsarbeitseinsatzes der jüdischen Frauen in Lohhof. Vorangegangen war, vermutlich im August 1942, eine Anweisung der Arisierungsstelle an die Firmenleitung der Flachsröste, sämtliche jüdische Arbeitskräfte durch ausländische Zwangsarbeiterinnen und Zwangsarbeiter zu ersetzen.[169] Das lange Ende begann jedoch schon im April 1942. Am 4. April, dem Ostersamstag, wurde mit dem zweiten Transport aus München erneut ein Großteil der jüdischen Zwangsarbeitskräfte aus Lohhof deportiert. Schon seit der ersten Deportation Ende November 1941 schwebte die Angst vor einem neuen Transport wie ein Damoklesschwert über den Köpfen der in Lohhof beschäftigten Frauen. Am 15. März 1942 notierte Grabower: „Es gehen wieder sehr starke Evakuierungsgerüchte um." Rosa Kupfer, die zu dieser Zeit in Lohhof Zwangsarbeit leisten musste, fuhr in der Nacht vom 17. auf den 18. März ohne entsprechende Erlaubnis nach München. Da sie nicht rechtzeitig zum Beginn ihrer Morgenschicht in Lohhof zurück war, wurde ihr Fehlen bemerkt. Nach dem Grund für ihre unerlaubte Heimreise befragt, erklärte sie, sie habe gehört, dass in etwa acht bis zehn Tagen ein Transport abgehen würde, und sich unbedingt vorher mit ihrer Mutter besprechen wollen. Ihre Vorahnung hatte sie nicht getäuscht, denn Rosa Kupfer wurde in den wenige Tage später abgehenden Transport nach Piaski eingeteilt. Keiner der mit diesem Transport Verschickten kam zurück. Die Eltern von Rosa Kupfer wurden nur Wochen später im Juni nach Theresienstadt deportiert. Auch sie überlebten nicht.

Vermutlich am 21. März 1942 erhielten die Lagerinsassinnen ihre Gestellungsbefehle. Drei Tage später wurden die ersten Frauen von Lohhof in das Sammellager nach Milbertshofen verlegt. Unter ihnen war nicht nur die stellvertretende Lagerleiterin Irmgard Spiegelberg. Auch Rolf Grabower hatte wieder einen Gestellungsbefehl erhalten. Erneut gelang es ihm, durch seine guten Kontakte eine Rückstellung zu erreichen. Nach Lohhof wurde Grabower jedoch nicht mehr zurückgeschickt. Bis zu seiner Deportation im Juni 1942 nach

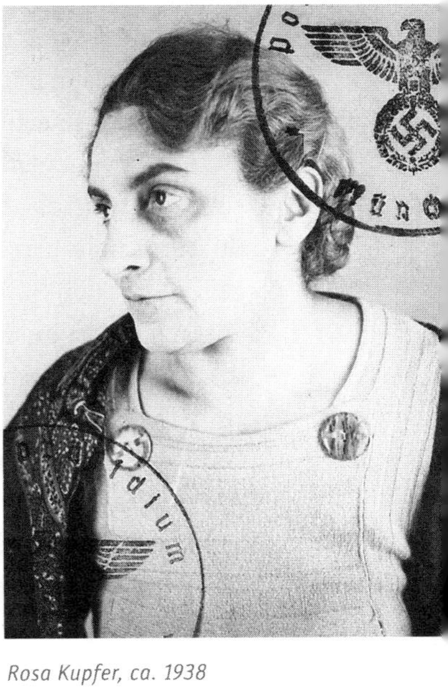

Rosa Kupfer, ca. 1938

Alfred Weil, ca. 1938

Theresienstadt musste er im Barackenlager Milbertshofen Zwangsarbeit leisten. Der letzte Eintrag in seinen Aufzeichnungen vom 27. März ist noch in der Gewissheit geschrieben, in wenigen Tagen deportiert zu werden. „Lange Unterhaltung mit V[ahlensieck] über Evakuierung, von der er jetzt auch weiß. Glaubt, dass sie mich für größere Aufgaben in Polen brauchen. Ich erkläre, dass ich darauf verzichten könnte."[170] Nachfolger von Rolf Grabower wurde der 44-jährige Alfred Weil. Wie Grabower selbst war er schon seit dem Sommer 1941 in Lohhof und bestens mit den Eigenheiten des Betriebs vertraut. Als Kapo war Weil bislang für eine der jüdischen Arbeitsgruppen zuständig gewesen, hatte aber Grabower schon mehrfach gegenüber der Firmenleitung vertreten. Wie der Großteil der nach der zweiten Deportation noch in Lohhof verbliebenen jüdischen Zwangsarbeitskräfte aus München lebte er in Mischehe. Alfred Weil wurde 1943 wegen einer regimekritischen Äußerung denunziert und zu 18 Monaten Haft verurteilt. Am 26. Juni 1943 beging er im Gefängnis Neudeck Suizid.

Die Leitung der Flachsröste hatte mehrfach bei der Arisierungsstelle, bei der Industrie- und Handelskammer und bei anderen Behörden interveniert, um die Deportation ihrer Arbeitskräfte zu verhindern oder um zumindest nur den in ihren Augen unproduktiven Teil zu verlieren. Nachdem der Firmenleitung Mitte Februar von der Arisierungsstelle angekündigt worden war, dass mit weiteren Transporten zu rechnen sei, hatte sie die bereits erwähnte Liste mit Personen vorgelegt, „die bei der Auskämmung abgezogen bzw. evakuiert werden können."[171] Dabei handelte es sich vorwiegend um ältere und wenig belastbare Personen über 65 Jahre. Der Rest sollte nach dem Wunsch der Betriebsleitung erhalten bleiben, um die Produktionsziele erreichen zu können. Direktor Kurt Vahlensieck vertrat Grabower gegenüber den Standpunkt, „die Juden werden hier nicht wegkommen. Es ist volkswirtschaftlich unsinnig, sie in Polen Straßen bauen zu lassen, wo sie hier eingelernt sind." Als trotzdem der Großteil der jungen, für den Betrieb wichtigen Arbeitskräfte zum Transport eingeteilt wurde, intervenierte die Firmenleitung am 2. April bei der Gauleitung, um deren Deportation zu verhindern. Der volkswirtschaftliche Nutzen stand jedoch nicht an übergeordneter Stelle. Die endgültige Vertreibung der Juden aus Deutschland, die wenig später in der systematischen Vernichtung des europäischen Judentums münden sollte, hatte für die NS-Führung oberste Priorität und so antwortete Hans Wegner von der Arisierungsstelle lapidar: „Aus rein technischen Gründen ist es nicht mehr möglich gewesen, die der Flachsröste Lohhof entzogenen jüdischen Arbeitskräfte wieder freizumachen, da es nicht nur um diese ging, sondern darüber hinaus sämtliche dazugehörigen Familienmitglieder vom Transport hätten freigestellt werden müssen. Dadurch wäre in der Abwanderungsziffer eine Lücke von über 100 Personen entstanden, wofür infolge der Kürze der Zeit Ersatzleute nicht mehr hätten beigebracht werden können." [172]

Die Flachsröste reagierte verärgert. Am 9. April beschwerte sie sich bei verschiedenen Behörden, dass „ungeachtet der betrieblich zu erwartenden unausbleiblichen Folgerungen am Montag, den 30. März 1942 43 in den Arbeitsprozess manuell eingearbeitete gesunde, jüdische Arbeitskräfte dem Betrieb mit kriegsentscheidender Fertigung entzogen" worden waren, was, so weiter, „zur Folge hatte, dass der zweischichtig geführte Flachsfasererzeugungsbetrieb auf eine Schicht umgestellt werden musste. Desgleichen wurde der Außenbetrieb, der seit Mitte März mit dem Beginn der natürlichen Röstwitterung auf Touren arbeitete, mit einem Schlag mitten im Arbeitsprozess abgerissen und so gut wie lahm gelegt." Die Flachsröste schätzte, dass so kaum 30 Prozent des von der zuständigen Kontrollstelle auferlegten Solls erreicht werden könne. „In einer Flachsaufbereitungsanlage mit kriegsentscheidender Fertigung, die bis zu 1000 Waggon Flachsstroh im Jahr verarbeiten soll, wird mit solch unvorbereiteten, zusammenhanglosen Eingriffen der ganze Fertigungsprozess über den Haufen geworfen." [173] Inhalt der Beschwerde war ausschließlich das wirtschaftliche Interesse der Firma, ein Interesse am Schicksal der Deportierten zeigte der Betrieb nicht. Zwar versprach nur diese Form der Fürsprache, wenn überhaupt, Erfolg. Weder in den Aufzeichnungen von Rolf Grabower, noch in anderen überlieferten Quellen finden sich jedoch Hinweise auf andere Motive oder gar auf mitmenschliche Gefühlsregungen seitens der Betriebsleitung oder ihrer Angestellten.

Zum Ausgleich für die deportierten jüdischen Zwangsarbeiterinnen bot das Landesarbeitsamt eine umgehende Zuweisung von russischen „Zivilarbeiterinnen" an und auch Hans Wegner mobilisierte die letzten Reserven und sicherte zu, dass er „von den noch in München ansässigen Jüdinnen, die in privilegierter Mischehe leben, sofort Kräfte für Lohhof freimachen werde, sodass durch die Zuweisung dieser und die weitere Zuteilung von russischen Zivilarbeiterinnen die durch den Abtransport entstehende Lücke nicht nur ausgefüllt würde, sondern Lohhof zahlenmäßig weit mehr Arbeitskräfte erhält." [174] Im selben Schreiben stellte Wegner klar, dass der Austausch der jüdischen gegen andere Zwangsarbeiterinnen und Zwangsarbeiter lange geplant gewesen und durchaus in Absprache mit der Betriebsleitung erfolgt war. „In einer im Monat März d[es]. J[ahre]s stattgefundenen Aussprache über die Durchführung der von Berlin angeordneten Abwanderung [...] wurde im Hinblick auf die von der Flachsröste Lohhof zu bewältigenden Aufträge mit dem Vertreter des Landesarbeitsamtes München festgelegt, dass die 68 polnischen Jüdinnen von der

Abwanderung freigestellt werden sollen, also der Flachsröste Lohhof verbleiben, da sie in Anbetracht ihres Alters – 20 bis 25 Jahre – viel mehr zu leisten im Stande sind, als die von München aus eingesetzten Jüdinnen, die immerhin ein Alter bis zu 60 Jahren und darüber hinaus erreicht hätten. Es wurde bei dieser Gelegenheit ausdrücklich festgelegt, dass anstelle der polnischen Jüdinnen die Münchner jüdischen Arbeitskräfte mit ihrem gesamten Familienanhang zum Abtransport eingeteilt werden. Von dieser Feststellung wurde seinerzeit Direktor Vahlensieck sofort verständigt, und diese Vereinbarung war auch der Anlass dazu, dass ihm vom Landesarbeitsamt München russische Zivilarbeiterinnen zugesagt worden sind."

Tatsächlich hatte die Flachsröste bereits im Februar gut 30 Zwangsarbeiterinnen aus der Ukraine zugewiesen und Mitte März weitere 30 in Aussicht gestellt bekommen. Diese hier ausführlich dargestellte Kontroverse zwischen Betrieb und Arisierungsstelle zeigt, wie hart der Verteilungskampf um die knappen Ressourcen inzwischen geworden war. Die meisten Firmen waren nicht bereit, die bei ihnen eingesetzten und angelernten Arbeitskräfte wieder abzugeben, in der Sorge, keinen entsprechenden Ersatz zu bekommen. Letztendlich war die Deportation der Juden im Frühjahr 1942 jedoch bereits beschlossene Sache. Am 4. April wurden 336 Münchner Juden und 438 Juden aus Augsburg und anderen Gemeinden im bayerischen Teil Schwabens – insgesamt also 774 Personen – nach Piaski deportiert. Von dort aus wurden sie auf verschiedene Gettos der Region verteilt und kurze Zeit später – soweit sie nicht bereits an Unterversorgung, Kälte und Krankheit gestorben waren – in den Vernichtungslagern Bełżec, Sobibór und Treblinka der Aktion Reinhardt ermordet.

Im Anschluss an diesen Transport blieben in München neben den von Hans Wegner erwähnten in Mischehe lebenden Juden vorwiegend alte Menschen zurück. Auch in anderen Betrieben war der Großteil der jüdischen Zwangsarbeiterinnen und Zwangsarbeiter deportiert worden. Mitte April 1942 lebten nur noch 1.800 Juden in München (im November 1941 vor dem Einsetzen der Deportationen waren es noch 3.240, 1933 über 10.000 gewesen). 700 von ihnen waren noch als Zwangsarbeitskräfte eingesetzt. Zu der von Wegner großspurig angekündigten Ersatzzuweisung von jüdischen Zwangsarbeiterinnen kam es nicht mehr. Von Juni bis August 1942 wurden die älteren Juden wöchentlich in zwei bis drei Transporten à 50 Personen nach Theresienstadt deportiert. In München lebten nur noch etwa 650 Juden. Auch während dieser Deportationswelle wurden erneut viele der noch in Lohhof verbliebenen Arbeitskräfte abgeschoben. Eine weitere größere Gruppe folgte wie bereits erwähnt Mitte Juli im Rahmen des sogenannten „Straftransportes". Die Arisierungsstelle versuchte zunehmend, die restlichen Münchner Juden auf einige wenige Firmen zu verteilen, bevor mit der Überstellung der polnischen Jüdinnen nach Augsburg Ende Oktober 1942 das Zwangsarbeitslager für jüdische Frauen in Loh-

Bei Kriegsende 1945 war die Flachsröste weitgehend zerstört.

hof endgültig geschlossen wurde. Judith Hirsch wurde beispielsweise fortan in der Telefonfabrik Kammerer eingesetzt. Kammerer blieb bis Kriegsende der Betrieb, in dem die meisten der in München verbliebenen Juden Zwangsarbeit leisten mussten.

Über den weiteren Weg der polnisch-jüdischen Frauen ist nur wenig bekannt. Das Arbeitsamt München überwies sie nach Augsburg. Ob sie dort für die Christian Dierig A.G. oder auch für die MAN Zwangsarbeit leisten mussten, die ihre kriegswichtige Produktion in die teilweise stillgelegten Anlagen von Dierig verlagert hatte, ist unbekannt. Die 60 Frauen wurden vermutlich am 18. Mai 1943 nach Auschwitz deportiert. Der Transport lief über München, wie sämtliche Deportationen von Juden aus Augsburg.[175] Hier verliert sich ihre Spur.

Zur weiteren Geschichte der Flachsröste Lohhof gibt es nur wenige Informationen. Von den zunehmenden Luftangriffen der Alliierten auf die Schwerindustrie im Münchner Norden blieb die Flachsröste verschont. Kurz vor Kriegsende wurde sie jedoch zerstört. Am 28. April 1945 rückten Teile der 7. US-Armee von Norden kommend nach Lohhof vor. In der Nacht beschoss die US-Artillerie Unterschleißheim. Am folgenden Mittag marschierte ein US-Kampfverband in Lohhof ein. In der vorangegangenen Nacht hatten sich Einheiten des 13. SS-Armeekorps, das bereits seit Wochen vor der US-Armee zurückwich, in der Flachsröste und den gegenüberliegenden Häusern verschanzt. Nach einem heftigen Feuergefecht, bei dem die meisten SS-Angehörigen, aber auch sieben US-Soldaten getötet wurden, war der Widerstand gebrochen. Die Flachsröste wurde durch Panzerbeschuss stark beschädigt und brannte vollständig aus.[176] Während die meisten erhalten gebliebenen Röstbetriebe, wie die Tauröste in Bichl oder die Hanfröste Schrobenhausen, noch bis in die 1950er Jahre hinein ihre Produktion aufrechterhielten, wurde ein Wiederaufbau der zerstörten Flachsröste Lohhof nicht in Erwägung gezogen. Die Geschäftsleitung beschloss, „die Gesellschaft zu liquidieren, da die Kriegsschäden durch Zerstörung der Gebäude das Doppelte des Gesellschaftskapitals betragen und ein Wiederaufbau angesichts des zu erwartenden starken Rückganges des Flachsanbaues die Flachsröste in Zukunft unrentabel machen". Die Wiederherstellungskosten wurden auf rund 1.1 Millionen Reichsmark geschätzt.[177] Die Abwicklung der Gesellschaft zog sich jedoch in die Länge. Als einzig nennenswertes Kapital war nach der Zerstörung der Gebäude und Maschinen der Grund übrig geblieben. An einen Verkauf war in der unmittelbaren Nachkriegszeit jedoch wegen der niedrigen Grundstückspreise nicht zu denken. Das Gelände wurde 1946 an die Großzimmerei Julius Berger auf fünf Jahre vermietet. Ende 1951 kaufte die Spinnerei Friedrich Kanzler KG das Areal und baute das Fabrikgebäude wieder auf. Die Gesellschaft Flachsröste Lohhof m.b.H. wurde schließlich im Mai 1954 aufgelöst, nachdem den beteiligten Firmen anteilig ihr eingelegtes Stammkapital zurückgezahlt worden war.

Anstelle eines Resümees

Bei der letzten freien Reichstagswahl kurz nach der Machtübernahme am 5. März 1933 hatte die NSDAP in Unterschleißheim 55,1 Prozent der Stimmen und damit ihr zweitbestes Ergebnis im Münchner Umland erzielt. Die Stimmen waren zu einem guten Teil aus der Siedlung Lohhof gekommen, in der in etwa zeitgleich eine Ortsgruppe der NSDAP gegründet worden war. Viele der dort lebenden Industriearbeitskräfte und Tagelöhner erhofften sich von Hitler eine Verbesserung ihrer Lebensbedingungen.[178]

Nach Kriegsende wurde in Lohhof, wie überall in Deutschland, weitgehend über die „dunklen Jahre" geschwiegen. Man hatte eigene Sorgen. Es war ungewiss, wie es unter der Besatzung weitergehen würde. Nahrungsmittel waren knapp, die Industrie weitgehend zerstört, es herrschte Mangel an Arbeitsplätzen. Viele empfanden sich ausschließlich als Opfer des Krieges, blendeten die eigene Verantwortung für das Geschehene aus und erklärten immer wieder, natürlich auch aus Angst vor Strafverfolgung, dass man nur auf Weisung gehandelt hatte.[179] Das kollektive Bedürfnis, die Vergangenheit ruhen zu lassen, wurde durch einzelne Überlebende und ehemalige Verfolgte gestört, die nicht bereit waren, das ihnen zugefügte Leid einfach zu vergessen. Sie standen dem ungehinderten Wiederaufbau im Wege und nicht selten bekamen sie das auch deutlich zu spüren. So wurde der Mantel des Vergessens über diesen Teil der Ortsgeschichte ausgebreitet. Die meisten überlebenden Juden waren emigriert. Sie wollten nicht im Land der Täter bleiben. Die ausländischen Zwangsarbeiterinnen und Zwangsarbeiter wurden in ihre Heimatländer zurückgebracht, „repatriiert" wie es hieß.

Über die NS-Zeit im Allgemeinen und über die Flachsröste Lohhof im Speziellen wurde lange Zeit „am Ort kaum oder am liebsten gar nicht geredet".[180] Erst die von dem Heimatpfleger Wolfgang Christoph entworfene Ausstellung „Das Dritte Reich in Unterschleißheim" brachte 2003 das Thema wieder in das kommunale Gedächtnis zurück. Die damalige Archivarin der Stadt Unterschleißheim Eva Lörinci hatte sich intensiv mit der Geschichte der Flachsröste befasst und zahlreiche Details recherchiert, die nun in der Ausstellung in einer eigenen Sektion zur Zwangsarbeit gezeigt wurden. Begleitet wurde die Ausstellung von zahlreichen Veranstaltungen. Auch Schülerinnen und Schüler der örtlichen Therese-Giehse-Realschule beteiligten sich mit einem Theaterstück. „In der Kleinbahn" hatte die Denunziationen während der NS-Zeit zum Thema. Seitdem ist die Geschichte der Flachsröste fester Bestandteil der örtlichen Kultur- und Erinnerungsarbeit. Jahre später befasste sich 2012 eine weitere Ausstellung in Unterschleißheim mit dem Nationalsozialismus und der Verfolgung der Juden. Die Dokumentation wurde von

Luftbild aus dem Jahr 1952, in der Bildmitte das wieder aufgebaute, ehemalige Fabrikgebäude der Flachsröste

Schülerinnen und Schülern der Mittelschule Unterschleißheim in Zusammenarbeit mit dem Heimatmuseum entwickelt und befasste sich erneut auch mit der Zwangsarbeit in der Flachsröste Lohhof.[181]

Nachdem mit den Tagesberichten des einstigen Leiters des jüdischen Arbeitskommandos bislang unbekanntes Quellenmaterial entdeckt worden war, hatte der Stadtrat 2010 beschlossen, eine wissenschaftliche Untersuchung in Auftrag zu geben. Ein wichtiges Ziel dieses Projektes war es, Grundlagen für den Geschichtsunterricht zu sammeln. In einer Pressemitteilung betonte der Stadtrat diesen Aspekt, denn die Stadträte befürchteten, „dass sich ein eher kleiner Interessentenkreis von den Ergebnissen der Forschungsarbeit angesprochen fühlen wird".[182] Inzwischen sind die Forschungen abgeschlossen. Für den Geschichtsunterricht der ortsansässigen Schulen wurden Materialsammlungen zur Zwangsarbeit in der Flachsröste Lohhof und zur Verfolgung der Juden zusammengestellt, um die Schülerinnen und Schüler für die Geschichte ihrer Stadt und für die Geschichte des Nationalsozialismus zu interessieren. Mit der Entscheidung, die Publikation der Forschungsergebnisse zu unterstützen, hat die Stadt Unterschleißheim einen wichtigen Schritt unternommen, einem erheblich breiteren Publikum als ursprünglich gedacht den Zugang zur eigenen Geschichte zu ermöglichen.

Trotzdem bleiben nach wie vor viele Fragen zur Geschichte des Nationalsozialismus in Unterschleißheim offen. Die Spurensuche ist noch lange nicht abgeschlos-

Das Fabrikgebäude der Flachsröste als Sitz der Firma Kanzler in den 1950er Jahren

sen. Das gilt auch für den Einsatz von Zwangsarbeiterinnen vor Ort, die – was kaum bekannt ist – in Unterschleißheim nicht nur bei der Flachsröste, sondern auch in zahlreichen anderen Betrieben eingesetzt waren. Auch die Geschichte des Zwangsarbeitseinsatzes in der Flachsröste Lohhof ist an vielen Stellen noch unvollständig. So klaffen insbesondere zur Topografie des Zwangsarbeitslagers nach wie vor Lücken. Aufgrund fehlender Bauunterlagen, der wenigen erhaltenen und zumeist wenig aussagekräftigen Fotografien, konnte beispielsweise die Lage der Zwangsarbeiterinnenbaracken bislang noch nicht abschließend bestimmt werden.

Weite Teile des ehemaligen Fabrikareals der Flachsröste sind inzwischen überbaut. Doch das Hauptgebäude der ehemaligen Flachsröste steht noch. Um das einst freistehende Gelände herum ist ein Industriegebiet gewachsen. Heute sind in der ehemaligen Fabrik verschiedenen Unternehmen eingemietet. Trotzdem ist die Geschichte des Zwangsarbeitseinsatzes in der Flachsröste Lohhof inzwischen völlig aus dem Stadtbild und damit aus dem öffentlichen Bewusstsein verschwunden. An vielen anderen Stellen in Deutschland erinnern Gedenktafeln und Kunstwerke an die Geschichte dieser Orte während der NS-Zeit. Straßen und Plätze wurden nach den Verfolgten benannt. Es werden immer mehr, man denke nur an die Stolpersteine oder in München etwa an die Gedenktafel für das ehemalige jüdische Krankenhaus in der Hermann-Schmidt-Straße sowie an den nach dem letzten Lagerleiter von Milbertshofen benannten Curt-Mezger-Platz. Viele dieser Projekte sind erst durch das Engagement bürgerlicher Initiativen, Nachbarn und ehemaliger Betroffener entstanden. Sie sind ein wichtiges Zeichen dafür, dass die deutsche Gesellschaft inzwischen – wenn auch verspätet – begonnen hat, sich ihrer historischen Verantwortung zu stellen. Viele Verfolgte wurden nach dem Krieg zum zweiten Mal Opfer. Wenn sie überlebt hatten, sahen sie sich einer rigiden und entwürdigenden Entschädigungspolitik ausgesetzt. Die Ermordeten hingegen gerieten in Vergessenheit. Neben Gedenkbüchern ist die Schaffung von Gedenkorten ein Mittel, an ihr Schicksal zu erinnern und sie so vor dem Vergessen zu bewahren. In Lohhof erinnert hingegen nichts an die Vergangenheit des Zwangsarbeitslagers in der Flachsröste. Zu Unrecht, wenn man sich die Bedeutung des Lagers sowohl für die Judenverfolgung in München als auch für die NS-Kriegswirtschaft veranschaulicht.

Das „Jüdische Arbeitskommando Lohhof" hatte eine zentrale Funktion bei der Gettoisierung und der Ausbeutung der jüdischen Bürger Münchens. Mit einer Gesamtzahl von etwa 300 jüdischen Zwangsarbeiterinnen und Zwangsarbeitern war die Flachsröste Lohhof G.m.b.H. der größte Arbeitgeber, bei dem Münchner Juden eingesetzt worden waren. Das Wohn- und Arbeitslager in der fabrikeigenen Baracke war zudem das einzige Lager für jüdische Frauen in ganz München. Dort waren zeitgleich bis zu 90 Frauen untergebracht. Als eines von insgesamt drei solcher Wohn- und Arbeitslager war es Teil eines von der Arisierungsstelle ab dem Frühjahr 1941 errichteten Lagersystems. Die Arisierungsstelle, die seit Kriegsbeginn entscheidenden Einfluss auf die Verfolgung der Münchner Juden nahm, setzte die Lager als multifunktionale Terrorinstrumente gegen die jüdische Bevölkerung ein. Sie dienten zur Entmietung und Gettoisierung sowie zur besseren Überwachung, hatten eine zentrale Funktion beim Zwangsarbeitseinsatz und fungierten als Sammellager für die Deportationen. Für viele Münchner Juden waren sie ein Inbegriff für die Verfolgung und häufig ihre letzte Station auf dem Weg in die osteuropäischen Gettos, Konzentrationslager und Vernichtungsstätten.

Auch für den Einsatz ausländischer Zwangsarbeiterinnen und Zwangsarbeiter in der Gemeinde Unterschleißheim hatte die Flachsröste eine zentrale Bedeutung. Dort wurden wahrscheinlich deutlich mehr als 100 Frauen und Männer aus Belgien, den Niederlanden, Frankreich, der Sowjetunion und Polen zur Arbeit gezwungen. Zwangsarbeit war ein integraler Bestandteil der NS-Politik, deren rassistische Auswüchse Millionen Männern, Frauen und Kindern das Leben kostete.

Angesichts dieser Erkenntnisse bleibt zu hoffen, dass auch im Unterschleißheimer Stadtteil Lohhof in naher Zukunft eine entsprechende Installation zum Andenken an die dort ausgebeuteten Menschen angebracht wird, damit diese wichtigen Aspekte deutscher Geschichte für die Öffentlichkeit wieder sichtbar werden.

Anmerkungen

1 Vor einigen Jahren erst erkannte die Finanzgeschichtliche Sammlung der Bundesfinanzakademie in Bonn den Wert des bei ihr liegenden Nachlasses von Rolf Grabower, würdigte diesen mit der Veröffentlichung einer Materialsammlung und entdeckte ihn damit für die Forschung wieder; vgl. Bundesfinanzakademie: Amte.

2 Mit diesen Berichten hatte sich bereits der Pionier der Theresienstadt-Forschung Hans Günther Adler, selbst Überlebender dieses Lagers, befasst; vgl. Schreiben von H.G. Adler an die FZH vom 2.7.1956, in: FZH: 376-21 Forschungsstelle für die Geschichte Hamburgs 1933 – 1945, Schriftwechsel A-G.

3 Schreiben Rolf Grabower an Philipp Auerbach vom 4.11.1946, abgedruckt in: Bundesfinanzakademie: Amte, S. 179 – 181.

4 Schriftwechsel zwischen der Forschungsstelle für die Geschichte Hamburgs von 1933 – 1945 und Rolf Grabower vom 11.1.,12.1. und 5.4.1954, abgedruckt in: Bundesfinanzakademie: Amte, S. 185f. Die Kopien aus dem Nachlass liegen noch heute im Archiv der Forschungsstelle, FZH: 6262 Judenverfolgung 1933 – 1945, Berichte, Grabower.

5 Vgl. Meyer: Gratwanderung; Meyer: Handlungsspielräume; Rabinovici: Instanzen.

6 Zur Geschichte des Alltags im Holocaust vgl. Löw/Bergen/Hájková (Hrsg.): Alltag; Heim/Meyer/Nicosia (Hrsg.): Jahre.

7 Hollmann: Textilstoffe, S. 12 – 13; zur Kriegswirtschaft in der NS-Zeit vgl. grundlegend Volkmann: Ökonomie; Tooze: Ökonomie.

8 Gutachten über Maßnahmen um Flachs, Wolle und Baumwolle durch in Deutschland erzeugten Flachs, neuartige Kunstseide-Stapelfaser zu verdrängen von Prof. Dr. L. Ubbelohde (Chemie Hochschule B-Charlottenburg) von 1934, in: BArch: R 43II 372.

9 Die Flachs-Renaissance, in: Frankfurter Zeitung vom 22.1.1937, in: BArch: R 13XII 237; 175 Flachsaufbereitungsbetriebe im Reich, in: Zeitungsdienst des Reichsnährstandes Nr. 69 vom 24.31942; Flachs bleibt aktuell, in: Das Reich Nr. 22 vom 31.5.1942, beide in: BArch: NS5VI-9246; vgl. Oesterhelt: Geschichte S. 14 – 27.

10 „Aufzeichnung ohne Unterschrift" (August 1936), in: Akten zur Deutschen Auswärtigen Politik 1918 – 1945, Göttingen 1977, Serie C: 1933 – 1937. Das Dritte Reich: Die Ersten Jahre (Band V, 2, 26. Mai bis 31. Oktober 1936), Dokumentnummer 490, S. 793 – 801.

11 BWA: K1/XXI 16, 52. Akt; Bericht der Deutschen Revisions- und Treuhand-Aktiengesellschaft Berlin über die bei der Falak Flachsaufbereitung F.P. Lampl K.-G., München vorgenommene Sonderprüfung o. D. (1939), in: BArch: R 8135 3142; Zur Falak vgl. auch Gemeinde Bichl: Chronik, S. 39 – 43.

12 Baupläne in: StAM: BPL München C 157-160, 162.

13 Unterschleißheim (Hrsg.): 1200 Jahre, S. 37 – 39.

14 Vgl. BArch: R 154 11280; StAM: Wasserwirtschaftsämter 1526.

15 Vgl. die dreiteilige Serie zur Hanfröste Schrobenhausen von Bernhard Rödig in der Schrobenhausener Zeitung vom 18., 19., 20.9.1996; Der Reichs- und Preußische Minister für Ernährung und Landwirtschaft an den Reichsminister für Finanzen vom 25.9.1937, in: BArch: R 2 15265, 15257; Bericht der Deutschen Revisions- und Treuhand-Aktiengesellschaft Berlin über die Hanfröste Schrobenhausen (1938), in: BArch: R 8135-5365.

16 Brief der IHK für Ostfriesland und Papenburg an die Arbeitsgemeinschaft der IHK in der Reichswirtschaftskammer vom 29.12.1936, in: BArch: R 11 994.

17 Bericht der Deutschen Revisions- und Treuhand-Aktiengesellschaft Berlin über die bei der Falak Flachsaufbereitung F.P. Lampl K.-G., München vorgenommene Sonderprüfung o. D. (1939), in: BArch: R 8135 3142.

18 Zur Zwangsarbeit in München und dem Münchner Umland vgl. grundlegend Heusler: Ausländereinsatz; Böse/Kramer/Linsinger: Gesichter, hier S. 27.

19 Spoerer: Zwangsarbeit, S. 219 – 229; grundlegend auch Herbert: Fremdarbeiter.

20 Zur Quellenlage für München und Umland vgl. Strnad: Zwischenstation, S. 10 – 20.

21 Laut der Aussage von Margot Hoermann, die im Arbeitsamt für den „Ausländereinsatz" verantwortlich war, befand sich in ihren Arbeitsbüchern bei der Ankunft bereits der Eintrag „Flachsröste Lohhof"; Investigation Report of the ITS vom 14.12.1949, in: USHMM: ITS 1.1.0.7 Item 87767455 – 87767458.

22 StAM: LRA 176875.

23 USHMM: ITS 1.1.0.7 Item 87767455 – 87767458.

24 Für Lohhof sind dort nur 30 Personen vermerkt: Fernschreiben IdO-München Nr. 118 an die Regierungspräsidenten in München und Augsburg vom 21.2.1942, in: StAM: LRA 134451; vgl. Aufstellung ausländischer Zwangsarbeiterinnen in Unterschleißheim Nationalität „Russen" o. D., in: STAM: LRA 178124. Rolf Grabower notiert in den Tagesberichten am 21.3. die Ankunft von 32 Ukrainerinnen.

25 Schreiben der Gendarmerie Bad Tölz an den Landrat vom 5.3.1942, in: StAM: LRA 134451.

26 Tagesberichte II, S. 75.

27 Niederschrift vom 29.6.1945, in: Privatnachlass Vahlensieck.

28 Aufstellung ausländischer Zwangsarbeiterinnen in Unterschleißheim Nationalität „Russen" o. D., in: StAM: LRA 178124.
29 Einen aktuellen Überblick über das System der Zwangsarbeit im Nationalsozialismus gibt die neue Dauerausstellung der Stiftung Topografie des Terrors in Berlin Schöneweide, www.topographie.de/dz-ns-zwangsarbeit. Vgl. auch die Ausstellung Zwangsarbeit, http://www.ausstellung-zwangsarbeit.org (beide Stand 1.7.2013).
30 § 5 der 1. Verordnung zum Reichsbürgergesetz vom 14.9.1935, RGBl. I, S. 1333f.
31 Steinweis: Kristallnacht; zu München vgl. Heusler/Weger: Kristallnacht.
32 Eidesstattliche Erklärung Fritzi Blümelink vom 24.8.1947, in: StAM: SpKA 1222 Franz Mugler.
33 Liste der geschlossenen jüdischen Großhandelsfirmen o. D. (vermutlich Anfang 1941), in: BWA: K1/XXI 16a, 5. Akt; vgl. Strnad: Zwischenstation.
34 Strnad: Judenhaus; Kuller/Schreiber: Hildebrandhaus.
35 Verordnung über eine Sühneleistung der Juden deutscher Staatsangehörigkeit vom 12.9.1938, RGBl. I, S. 1579.
36 Modert: Motor.
37 Eidesstattliche Erklärung Dietrich Liesberger vom 26.7.1947, in: StAM: SpKA 1222 Franz Mugler.
38 Schreiben Beauftrager des Gauleiters für Arisierung an die Fachuntergruppe Bastfaseraufbereitung vom 4.4.1942, in: Privatnachlass Vahlensieck.
39 Eidesstattliche Erklärung Paul Eber vom 22.9.1947, in: StAM: SpKA 1222 Franz Mugler.
40 Für eine kollektivbiografische Skizze der Angehörigen der Münchner Arisierungsstelle und der Beamten des sogenannten Judenreferates der Gestapo München vgl. Kasberger: Karrierewege. Die Untersuchung stützt sich weitgehend auf die Entnazifizierungsakten. Marita Krauss und Erich Kasberger danke ich für die freundliche Überlassung des Passfotos von Franz Mugler.
41 Protokoll der Verhandlung gegen Mugler, Wegner, Schrott und Westermayr am 15.12.1948, S. 3, in: StAM: SpKA 1222 Franz Mugler.
42 Eidesstattliche Erklärung Herrn Meier vom 13.2.1947, in: StAM: SpKA 1222 Franz Mugler.
43 Eidesstattliche Erklärung Herrn Meier vom 13.2.1947, in: StAM: SpKA 1222 Franz Mugler.
44 Schreiben des öffentlichen Klägers der Hauptkammer Cham/Opf. vom 13.9.48, in: StAM: SpKA 1222 Franz Mugler.
45 Protokoll der Verhandlung gegen Mugler, Wegner, Schrott und Westermayr am 15.12.1948, S. 4, in: StAM: SpKA 1222 Franz Mugler.
46 Abschrift des Urteils gegen Franz Mugler wegen fortgesetzter Beihilfe zur Untreue vom 19.5.1942, S. 4, in: StAM: SpKA 1222 Franz Mugler.
47 Longerich: Politik, S. 168. Modert: Motor, S. 158. Zur Korruption im NS-Staat vgl. grundlegend Bajohr: Parvenüs.
48 Zeugenaussage Hans Weiß vom 13.2.1942, in: LA Berlin: A Re 358-02 Landgericht Berlin 1570.
49 Vernehmung von Franz Mugler am 10.10.1939, in: LA Berlin: A Re 358-02 Landgericht Berlin 1570; Ermittlungsbericht der Berufskammer für München o. D., Vernehmung August Ott, in: StAM: SpKA 1222 Franz Mugler. Bei der Vormieterin in der Widenmeyerstr. 14 handelte es sich um die später nach Kaunas deportierte Thekla Tauszky (15.4.1895).
50 Eidesstattliche Erklärung Alfred Hartmann vom 15.9.1947; Eidesstattliche Erklärung Berthold Lehmann vom 20.9.1947, beide in: SpKA 1222 Franz Mugler.
51 Vgl. zahlreiche Zeugenaussagen, in: StAM: SpKA 1222 Franz Mugler, StAnw 17856.
52 Schreiben des Rechtsanwaltes Heinz Klein an das Landgericht Berlin vom 18.5.1942, in: LA Berlin: A Re 358-02 Landgericht Berlin 1570.
53 Beide Zitate nach: Klageschrift des Generalklägers am Kassationshof vom 6.10.1948, S. 3, in: StAM: SpKA 1222 Franz Mugler.
54 Protokoll der Vorstandssitzung der Reichsvereinigung der Juden in Deutschland vom 10.2.1941, in: BArch: R 8150 2. Zur Zwangsarbeit der deutschen Juden vergleiche grundsätzlich Gruner: Arbeitseinsatz; Maier: Arbeitseinsatz.
55 Ansätze in Hanke: Geschichte; zu Milbertshofen Strnad: Judensiedlung, S. 77 – 104; zu Lohhof Strnad: Zwangsarbeitseinsatz.
56 Aussage Angeklagter im Protokoll der öffentlichen Sitzung des Spruchkammerverfahrens gegen Josef Paulus am 15.4.1947, in: StAM: SpKA 1298 Josef Paulus. Als einer der Wenigen wurde Paulus nach dem Krieg – auch wegen seiner frühen SS-Zugehörigkeit – als Hauptschuldiger verurteilt. Wie bei vielen anderen wurde seine Strafe aber schon bald (1947) verringert. 1953 wurden schließlich die vorangegangenen Urteile aufgehoben und Paulus wurde entlastet.
57 Schreiben Beauftragter des Gauleiters für Arisierung an die Fachuntergruppe Bastfaseraufbereitung vom 4.4.1942, in: Privatnachlass Vahlensieck.
58 Abschlussbericht der Arisierungsstelle vom 30.6.1943, zit. nach: StadtAM: unbekannt, S. 24.
59 Vgl. ITS: 2.1.1.1 Folder 1172 – 1182.
60 Abschlussbericht der Arisierungsstelle vom 30.6.1943, zit. nach: StadtAM: unbekannt, S. 24.
61 Aussage Therese Eder im Ermittlungsbericht der Berufungskammer München vom 29.7.1947, in: StAM: SpKA 1184 Elisabeth Moegen.
62 Beide Zitate aus Bericht des Betriebsrates des Arbeitsamtes München vom 13.6.1947, in: StAM: SpKA 1184 Elisabeth Moegen.

63 Ermittlungsbericht des Fahndungsdienstes beim Arbeitsamt München zu Sidonie Vogel vom 10.6.1947, in: StAM: SpKA 1184 Elisabeth Moegen.
64 Eidesstattliche Erklärung Maria Gönczi vom 13.6.1947, in: StAM: SpKA 1184 Elisabeth Moegen.
65 Eidesstattliche Erklärung Hermana Eckert vom 22.6.1947, in: StAM: SpKA 1184 Elisabeth Moegen.
66 Zeugenaussage Heinrich Ebert vom 14.4.1947, in: StAM: SpKA 1298 Josef Paulus. Auf die nationalsozialistische Zuverlässigkeit der in allen Ebenen der Arbeitsverwaltung angestellten Personen weist auch Wolf Gruner hin: Gruner: Arbeitseinsatz, S. 63.
67 Abschlussbericht der Arisierungsstelle vom 30.6.1943, zit. nach: StadtAM: unbekannt, S. 25.
68 Vgl. Gruner: Arbeitseinsatz, S. 176.
69 Eidesstattliche Erklärung Henriette Kuhn vom 24.9.1947; Aussage Ludwig Joelsen vom 15.12.1948, beide in: StAM: SpKA 1222 Franz Mugler.
70 Abschlussbericht der Arisierungsstelle vom 30.6.1943, zit. nach: StadtAM: unbekannt, S. 24.
71 Die Zwangsarbeiterinnen in Lohhof selbst gebrauchten diesen Ausdruck, in: Tagesberichte II, S. 38.
72 Abschlussbericht der Arisierungsstelle vom 30.6.1943, zit. nach StadtAM: unbekannt, S. 21.
73 Schreiben Beauftragter des Gauleiters für Arisierung an die Fachuntergruppe Bastfaseraufbereitung vom 4.4.1942, in: Privatnachlass Vahlensieck.
74 Schreiben Rolf Grabower an Franz Mugler vom 28.9.1941, abgedruckt in: Bundesfinanzakademie: Amte, S. 68.
75 beide Zitate: Behrend-Rosenfeld: Ich, S. 98f.
76 Zur Hilfe der Quäker in München vgl. Der Maxvorstädter – online: Stille Helfer: Die Quäker in der NS-Zeit, München 2009, www.muenchen.de/ba/03/ba_info/docs/StilleHelfer.pdf (aufgerufen 1.7.2013); Zahn: Hilfe; in beiden Publikationen finden sich auch biografische Angaben zu Elisabeth Heims, eine ausführliche Biografie findet sich in: Quäker (Hrsg.): Lebensbilder, S. 38f. Ein Eintrag zu Elisabeth Heims ist abgedruckt in: Kastner (Hrsg.): hier wohnte, S. 34 – 36.
77 Vgl. z. B. Klemperer: Tagebücher, insb. Eintragungen aus dem Frühjahr 1942.
78 Behrend-Rosenfeld: Ich, S. 105f.
79 Zweite Sammelverfügung vom 27.8.1941, in: FNGS: NL Grabower.
80 Behrend-Rosenfeld: Ich, S. 103. In den Tagesberichten notiert Grabower wiederholt, dass Nahrungsmittel bei einer Frau Schmidt bezogen werden können. Es wird jedoch nicht klar, ob es sich dabei um die Frau des Wärters handelt oder um die Köchin des Lagers. Die bei Frau Schmidt zu beziehende Suppe kostete 20 Pfennig und war damit für die Zwangsarbeiterinnen erschwinglich, unter denen das Angebot auf regen Zuspruch stieß; vgl. Tagesberichte I, S. 29.
81 Behrend-Rosenfeld: Ich, S. 103f.
82 Behrend-Rosenfeld: Ich, S. 157.
83 Tagesberichte I, S. 42.
84 Behrend-Rosenfeld: Ich, S. 102f. Sämtliche Zitate des vorangegangenen Absatzes in: Tagesberichte I, S. 11f.
85 Gutachten über die Flachsröste Lohhof G.m.b.H. vom 29.5.1946, in: Privatnachlass Vahlensieck.
86 Eidesstattliche Erklärung Hermana Eckert vom 22.6.1947, in: StAM: SpKA 1184 Elisabeth Moegen.
87 Schnellbrief Reichsministerium des Inneren an die Stapoleitstellen u.a. vom 15.9.1941, abgedruckt in: Die Verfolgung und Ermordung der europäischen Juden durch das nationalsozialistische Deutschland 1933 – 1945 (VEJ): Bd. 3. Deutsches Reich und Protektorat Böhmen und Mähren September 1939 – September 1941, S. 537 – 541.
88 Vgl. z. B. Brenner: Lied, S. 65; Rabinovici: Instanzen, S. 249f.
89 Schreiben Frau P. Riegler-Kraft an Dr. Buchner, Direktor der Handelskammer München, vom 24.10.1941, in: BWA: K1/XXI 16a, 5. Akt.
90 Ausschnitt eines undatierten Briefes von Judith Hirsch an Erwin Weil, in: StadtAM: Judaica Varia 70 (NL Weil).
91 E-Mails von Judy Rosenberg (alias Judith Hirsch) vom 15. u. 16.5.2013, Privatbesitz des Autors; Zur Biografie von Judith Hirsch vgl. Macek: Schwabing, S. 115 – 127. Vgl. Behrend-Rosenfeld: Ich, S. 161.
92 Behrend-Rosenfeld: Ich, S. 116.
93 Tagesberichte II, S. 50f.
94 Vgl. Lehnstaedt: Gröbenzeller.
95 Behrend-Rosenfeld: Ich; In Kürze erscheint ein Buch von Susanna Schrafstetter über die Flucht Münchner Juden.
96 Vgl. http://my.informedia.de/gedenkbuch.php?PID=12&name=2273&seite=4&suche=K (Stand 1.7.2013).
97 Behrend-Rosenfeld: Ich, S. 102f.
98 Abschlussbericht der Arisierungsstelle vom 30.6.1943, zit. nach: StadtAM: unbekannt, S. 24.
99 Schreiben Flachsröste Lohhof an IHK vom 12.1.1942, in: BWA: K1/XXI 16a, 5. Akt.
100 Tagesberichte I, S. 3, 5.
101 Rehabilitierungsgesuch Wilhelm Höber an den 5er Ausschuss bei dem Landrat Freising vom 23.3.1946, in: StAM: SpKA 3250 Wilhelm Höber.
102 Behrend-Rosenfeld: Ich, S. 161.
103 Tagesberichte II, S. 75.
104 Chronik der Ahnen von U. R., geborene Vahlensieck (Stand 2011), S. 147, in: Privatnachlass Vahlensieck.
105 Schreiben Chemische Werke München Otto Bärlocher G.m.b.H. an Kurt Otto Vahlensieck vom 24.10.1947, in: Privatnachlass Vahlensieck.
106 Entlassungsschein des Internierungslagers Dachau für Kurt Otto Vahlensieck vom 19.11.1946, in: Privatnachlass Vahlensieck.

107 Dieses Argument wird bis heute als Beleg dafür reproduziert, „dass die Schikanen in der ‚Flachsröste Lohhof' nicht über das hinaus gegangen waren, was alle aus rassistischen Gründen im so genannten Dritten Reich verfolgten Menschen erleiden mussten", vgl. Christoph: Unterschleißheim nach, S. 111.
108 Niederschrift vom 29.6.1946, in: Privatnachlass Vahlensieck.
109 Gutachten über die Flachsröste Lohhof G.m.b.H. vom 29.5.1946, in: Privatnachlass Vahlensieck.
110 Eidesstattliche Erklärung Rolf Grabower für Kurt Vahlensieck vom 6.6.1946, in: Privatnachlass Vahlensieck.
111 Niederschrift vom 29.6.1946, in: Privatnachlass Vahlensieck.
112 Zur verordneten Selbstverwaltung in den Münchner Lagern vgl. Strnad: Zwischenstation, S. 50 – 55.
113 Rabinovici: Instanzen, S. 13 – 36, hier S. 22.
114 Zur Biografie von Johannes Popitz vgl.: http://www.dhm.de/lemo/html/biografien/PopitzJohannes/index.html.
115 Eidesstattliche Erklärung Rolf Grabower vom 14.3.1948, abgedruckt in: Bundesfinanzakademie: Amte, S. 159.
116 Schreiben Oberst a.D. von Holleben an den Angestellten der Arisierungsstelle Richard Westermayr vom 19.10.1940; Eingabe Rolf Grabower an den Führer und Reichskanzler Hitler vom 12.11.1940; Schreiben des Chefs der Reichskanzlei Hans Heinrich Lammers an Rolf Grabower vom 7.8.1941, abgedruckt in: Bundesfinanzakademie: Amte, S. 51 – 57.
117 Eidesstattliche Erklärung Rolf Grabower für M. Sesselmann vom 14.3.1948, Schreiben von M.Sesselmann an Rolf Grabower vom 7.3.1948, abgedruckt in: Bundesfinanzakademie: Amte, S. 159f.
118 Biografische Reflexionen, abgedruckt in: Bundesfinanzakademie: Amte, S. 33.
119 Zur Rolle Buttmanns im Nationalsozialismus vgl. Wanninger: Buttmann.
120 Handschriftliche Notiz der Lagerverwaltung Moosburg vom 16.12.1947, in: StAM: SpKA 1222 Franz Mugler.
121 Eidesstattliche Erklärung Rolf Grabower für Graf Schwerin von Krosigk vom 5.2.1947, abgedruckt in: Bundesfinanzakademie: Amte, S. 170.
122 Biografische Reflexionen, abgedruckt in: Bundesfinanzakademie: Amte, S. 28.
123 Biografische Reflexionen, abgedruckt in: Bundesfinanzakademie: Amte, S. 26.
124 Tagesberichte I, S. 19.
125 Tagebucheintragung vom 19.1.1952, zitiert nach: Bundesfinanzakademie: Amte, S. 207.
126 Bundesfinanzakademie: Amte, S. 178.
127 Tagesberichte I, S. 9.
128 Zur Rolle der Judenräte in den Gettos vgl. ex. Michman: Judenräte; Anders et al. (Hrsg.): Judenrat; für Wien vgl. Rabinovici: Instanzen; zur Rolle der Reichsvereinigung der Juden in Deutschland vgl. Meyer: Gratwanderung.
129 Rabinovici: Instanzen, S. 32.
130 Kasberger: Wegner. Seine Einstufung Koronczyks als Täter ist umstritten, zur Rolle der Mitarbeiter der Reichsvereinigung insgesamt und Theodor Koronczyk im Besonderen vgl. Meyer: Gratwanderung, bes. S. 288 – 307, 387 – 390, 403 – 407.
131 Schreiben Rolf Grabower an August Beltzer vom 2.12.1946, in: StAM: OFD 8269.
132 Zur Vorbereitung und zum Ablauf der Deportationen vgl. Gottwaldt/Schulle: Judendeportationen; Gruner: Kollektivausweisung.
133 Behrend-Rosenfeld: Ich, S. 79.
134 Behrend-Rosenfeld: Ich, S. 91.
135 Tagesberichte I, S. 53.
136 Tagesberichte I, S. 56, 61.
137 Tagesberichte II, S. 2.
138 Begleitschreiben OFD an die Dresdner Bank, Filiale Augsburg vom 24.3.1943, in: HAC-500/3774-2000. Für den Hinweis danke ich Thomas Freier (www.statistik-des-holocaust.de). Zum Vermögensentzug vgl. grundlegend Kuller: Finanzverwaltung; Kuller: Bürokratie.
139 Tagesberichte II, S. 3.
140 beide Zitate Tagesberichte II, S. 10.
141 Tagesberichte II, S. 17.
142 Lohnsteuerkarte Bichl und Lohnsteuerkarte Unterdießen von Sabine Prajs, in: STAM: OFD 8578.
143 USHMM: ITS 1.1.0.7 Item 87767466.
144 Schreiben Arbeitsamt Litzmannstadt an die Gettoverwaltung vom 9.4.1941, in: APL: GV 30021 neu, Bl. 393.
145 Vgl. Klein: Ghettoverwaltung, S. 296 – 317, insb. S. 300; zum jüdischen Leben im Getto Litzmannstadt vgl. Löw: Juden. Zitat aus: Schreiben der Gettoverwaltung an das Arbeitsamt Litzmannstadt vom 27.2.1942, in: APL: GV 132, Bl. 285. Für die Informationen bezüglich Litzmannstadt und dem Einsatz bei der Reichsautobahn danke ich Peter Klein und Wolf Gruner.
146 Vgl. Heusler: Ausbeutung.
147 StAM: StanW 10898.
148 Merkblatt Rolf Grabower „An die Arbeitskameradinnen aus Polen" vom 22.12.1941, abgedruckt in: Bundesfinanzakademie: Amte, S. 79.
149 Tagesberichte II, S. 26.
150 Schreiben Beauftragter des Gauleiters für Arisierung an die Fachuntergruppe Bastfaseraufbereitung vom 4.4.1942, in: Privatnachlass Vahlensieck; Gruner: Juden, S. 793.
151 Tagesberichte II, S. 22.
152 Tagesberichte II, S. 42.
153 Tagesberichte II, S. 45.
154 Postkarte Manie Fajntuch an den Ältesten der Juden in Litzmannstadt Getto vom 2.4.1942, in: LAMO-

TH: Ed Victor Collection; vgl. www.edwardvictor.com/Holocaust/2006/Unterschleissheim.htm (aufgerufen 1.7.2013).
155 Strnad: Zwischenstation, S. 42 – 49. Generell zur Problematik vgl. Meyer: Gratwanderung, insb. S. 135 – 138.
156 Tagesberichte II, S. 26.
157 Tagesberichte II, S. 32.
158 Tagesberichte II, S. 33.
159 Tagesberichte II, S. 38.
160 Tagesberichte II, S. 57.
161 Zum Straftransport vgl. Strnad: Zwischenstation, S. 131 – 134.
162 Eidesstattliche Erklärung Dietrich Liesberger vom 26.7.1947, in: StAM: SpKA 1222 Franz Mugler.
163 Eidesstattliche Erklärung Kurt Kahn o. D., in: StAM: SpKA 1222 Franz Mugler.
164 Vernehmung Franz Mugler im Prozess gegen die Angestellten der Arisierungsstelle am 15.12.1948, in: StAM: SpKA 1222 Franz Mugler.
165 Zeugenaussage Dietrich Liesberger vom 15.12.1948, in: StAM: SpKA 1222 Franz Mugler; zum Fall Hechinger vgl. ausführlich Meyer: Gratwanderung, S. 300f.
166 Vermögenserklärung Sabine Prajs, in: StAM: OFD 8578.
167 Eidesstattliche Erklärung Magdalena Schwarz vom 24.10.1945 und Zeugenaussage vom 15.12.1948, Zeugenaussage Dietrich Liesberger vom 15.12.1948, sämtlich in: StAM: SpKA 1222 Franz Mugler; siehe auch Meyer: Gratwanderung, S. 302.
168 Abschlussbericht der Arisierungsstelle vom 30.6.1943, zit. nach: StadtAM: unbekannt, S. 21f.
169 Investigation Report of the ITS vom 14.12.1949, in: USHMM: ITS 1.1.0.7 Item 87767455 – 87767458.
170 Tagesberichte II, S. 81.
171 Schreiben der Flachsröste Lohhof an die IHK München, die Arisierungsstelle, das Landesarbeitsamt Bayern und das Arbeitsamt München vom 16.2.1942, in: BWA: K1/XXI 16a, 5. Akt.
172 Schreiben Beauftragter des Gauleiters für Arisierung an die Fachuntergruppe Bastfaseraufbereitung vom 4.4.1942, in: Privatnachlass Vahlensieck.
173 Schreiben der Flachsröste Lohhof an die IHK München, die Arisierungsstelle, das Landesarbeitsamt Bayern und das Arbeitsamt München vom 9.4.1942, in: BWA: K1/XXI 16a, 5. Akt.
174 Schreiben Beauftragter des Gauleiters für Arisierung an die Fachuntergruppe Bastfaseraufbereitung vom 4.4.1942, in: Privatnachlass Vahlensieck.
175 Laut einer Aufstellung aus dem Münchner Ernährungsamt wurden am 18.5.1943 68 Personen nach „Osten“ deportiert. Die Verpflegung wurde vom Ernährungsamt Augsburg gestellt; vgl. Manuskript Meister, in: StadtAM: NL Meister. Acht Personen kamen direkt aus der Haft, ihre Namen sind bekannt; vgl. StadtAM: OFD 8836-8843. Laut der Aussage von zwei überlebenden Münchner Juden, wurden die polnischen Frauen 1943 von Augsburg über München nach Piaski deportiert; Investigation Report of the ITS vom 14.12.1949, in: USHMM: ITS 1.1.0.7 Item 87767455-87767458. Von einer der polnischen Jüdinnen aus Lohhof (Edja Abe) ist bekannt, dass sie im Mai 1943 nach Auschwitz deportiert wurde; Vgl. www.statistik-des-holocaust.de (aufgerufen 1.7.2013). Eine Übersicht der jüdischen Bevölkerung Münchens und der von München erfolgten Deportationen bietet: Strnad: Zwischenstation, S. 178f., 182.
176 Pötsch: Kriegstage; Unterschleißheim: Kriegstage.
177 Bericht über die Gesellschafter Versammlung zur Liquidation der Flachsröste Lohhof G.m.b.H. vom 12.12.1945, in: StAM: AG München Registergericht 167. Vgl. Schreiben der Flachsröste Lohhof G.m.b.H. i. Liqu. an die Bahnmeisterei Schleißheim und die Bundesbahndirektion München vom 28.11.1952.
178 Zur Geschichte Unterschleißheims in der NS-Zeit grundlegend: Christoph: Unterschleißheim.
179 Christop: Unterschleißheim.
180 „Auf dem Weg in den Tod zur Arbeit zwangsverpflichtet“, in: Münchner Merkur vom 13.10.2003.
181 „Das Wissen um die Geschichte stärkt die Gegenwart“, in: Süddeutsche Zeitung vom 26./27.1.2013.
182 http://www.unterschleissheim.de/rathaus-online-buergerservice/presse/einzelansicht/article/betrieb-fuer-die-kriegswirtschaft.html (aufgerufen 1.7.2013).

ANHANG

Die jüdischen Zwangsarbeiter und Zwangsarbeiterinnen aus Lohhof

Mit der vorliegenden Aufstellung soll an die Mädchen, Frauen und Männer erinnert werden, die in Lohhof Zwangsarbeit leisten mussten. Der Lagerleiter Rolf Grabower sprach in unterschiedlichen Zusammenhängen von bis zu 300 in der Flachsröste beschäftigten jüdischen Zwangsarbeiterinnen und Zwangsarbeitern. Insgesamt konnten 272 Namen recherchiert werden.

Die nachfolgende Liste wurde aus unterschiedlichen Quellen zusammengestellt. Namen von in Lohhof eingesetzten Personen finden sich in den Tagesberichte von Rolf Grabower, Nachkriegsaufstellungen der Gemeinde Unterschleißheim, Deportationslisten, Fahndungsmeldungen des Internationalen Suchdienstes des Roten Kreuzes, Korrespondenzen der Firmenleitung, der NS-Opfer-Datenbank im Stadtarchiv München sowie in Zeugenaussagen aus verschiedenen Prozessakten, Tagebüchern und Memoiren.[1] Für einen erheblichen Teil der Namen existieren Nennungen in mehreren Quellen. In etlichen Fällen ist jedoch nur der Nachname in den Tagesberichten von Rolf Grabower erwähnt. Es wurde versucht diesen Namen Personen zuzuweisen. Dazu konnte Dank der Unterstützung des Stadtarchivs München eine dort seit Jahren gepflegte Datenbank herangezogen werden, die derzeit etwa 13.000 in München während der NS-Zeit lebende, als Juden verfolgte Personen umfasst. Konnte die Identität einer Person auf diese Art festgestellt werden, ist der Vorname *kursiv* gedruckt. An einigen Stellen ist die Rekonstruktion der Namen nicht eindeutig möglich gewesen, diese Fälle sind mit einer Anmerkung versehen worden. In 21 Fällen konnten keine Personen den genannten Nachnamen zugewiesen werden. Die jüdisch-polnischen Frauen aus dem Ghetto Łódź (Litzmannstadt), die im Dezember 1941 zur Flachsröste nach Lohhof kamen, sind mit einem (p) nach dem Namen versehen. Ihr Schicksal ist nicht bekannt, vermutlich wurden sie in Auschwitz ermordet. Bei drei Personen ist nicht gänzlich gesichert, dass es sich um Jüdinnen aus Łódź handelt, hier steht ein (p*) nach dem Namen.

Falls bekannt, wurden folgende Daten aufgenommen:

Nachname, Vorname
Geburtsdatum, Geburtsort
Funktion in Lohhof
Deportationsdatum und -ort (falls eine Deportation ab München stattfand)
ermordet/überlebt

[1] Die vollständige Liste mit den Quellennachweisen ist einzusehen in: StadtAM: Judaica Varia Arbeitsunterlagen Strnad.

Abe, Edja (p)

Abeles, Liselotte
7.2.1924, München
deportiert am 20.11.1942
nach Kaunas
ermordet

Adler, Rosa Lisa
3.11.1922, München
deportiert am 20.11.1942
nach Kaunas
ermordet

Amzel, Fajga (p)
7.11.1913, Konstantynow

Apolet, Estera (p)
16.10.1916

Bach, Mable (p)
20.1.1916

Bainberg, Syma (p)
11.1.1917, Pietrkow
deportiert am 13.7.1942
nach Osten (Straftransport)
ermordet

Bärlein, Elisabeth
26.3.1917
deportiert am 18.6.1942
nach Theresienstadt
ermordet

Baruch, Charlotte (p)
12.2.1913

Bauer, Julius Ludwig
23.2.1902, Pflaumloch
überlebt

Bauer, Lotte
12.3.1923, Erlangen
deportiert am 20.11.1942
nach Kaunas
ermordet

Baumblatt, Sabine
23.1.1926, Würzburg
ermordet

Bechhöfer, *Rosa*
7.7.1898, Bechhofen
deportiert am 13.3.1943
nach Auschwitz
ermordet

Beer, *Nelly*
12.12.1900, München
deportiert am 20.11.1942
nach Kaunas
ermordet

Behrend-Rosenfeld, Else
1.5.1891, Berlin
überlebt

Bem, Bella (p)

Bereck, Ruschka (p)

Besser, Fineta (p)
6.5.1917

Bessermann, Henda (p)
5.12.1918

Bick, *Henriette*
11.6.1923, München
überlebt

Bieringer, Irma
5.9.1922, Treuchtlingen
deportiert am 20.11.1942
nach Kaunas
ermordet

Binka, Fuiga (p)
16.10.1916

Blajer, Frau (p)

Blatt, Silvia (p)

Blumenfeld, Hanna
19.2.1924,
Bad Mergentheim
deportiert am 20.11.1942
nach Kaunas
ermordet

Blumenfeld, Chana (p)
17.4.1914, Łódź
deportiert am 13.7.1942
nach Osten (Straftransport)
ermordet

Bohrer, *Rosa*
21.9.1896, München
deportiert am 20.11.1942
nach Kaunas
ermordet

Bonkowska, Zelda (p)
3.1.1915, Łódź
deportiert am 13.7.1942
nach Osten (Straftransport)
ermordet

Borkowska, Kerma (p)
4.4.1916

Borzykowska, Mindla (p)
10.5.1920

Botie, Dora
11.7.1923, München
deportiert am 20.11.1942
nach Kaunas
ermordet

Branca von, Anne-Lise
2.11.1895, Hannover
überlebt

Brandl, *Frieda*
22.2.1897, Fürth
deportiert am 23.7.1942
nach Theresienstadt
überlebt

Brener, Cywia (p*)

Breyska, Faiga (p)

Bruckmüller, Ernestine
23.5.1895, Antwerpen
überlebt

Brückner, Ingeborg
2.10.1921, München
deportiert am 20.11.1942
nach Kaunas
ermordet

Buchhalter, Porja (p)
16.4.1911, Łódź
deportiert am 13.7.1942
nach Osten (Straftransport)
ermordet

Buxbaum, Johanna
30.4.1925, München
deportiert am 20.11.1942
nach Kaunas
ermordet

Cala, Ruschka (p)
17.1.1919

Choina, Fajgla (p)
1.4.1912, Pinczow
deportiert am 13.7.1942
nach Osten (Straftransport)
ermordet

Czekan, *Isabella*
9.5.1892, München
deportiert am 12.8.1942
nach Theresienstadt
überlebt

Danzig, *Gerda*
17.5.1903, Wittelshofen
deportiert am 4.4.1942
nach Piaski
ermordet

Davidowicz, Szyfre (p)
28.6.1917

Dawna, Rajala
5.5.1919

Dembach, Rifka (p)
16.1.1913

Derfler, Lina-Jenny (p)
24.5.1919

Diamand, Frida (p)
30.7.1918

Diamand, Rosa (p)
18.11.1913

Drexler, Amalie
6.6.1911, München
überlebt

Eberhardt, Rose
5.7.1902, Biel
deportiert am 20.11.1942
nach Kaunas
ermordet

Eckert, Hermana
26.6.1880, Wien
überlebt

Edelmuth, Ilse
18.1.1923, Mellrichstadt
überlebt

Ehrmann, *Herta*
24.7.1909, Staedel
Feldgruppenführerin
deportiert am 4.4.1942
nach Piaski
ermordet

Einhorn, Rosa Lane
13.12.1886, München
in München gestorben

Einstein, Margarete
17.1.1921, München
2. Köchin
deportiert am 20.11.1942
nach Kaunas
ermordet

Eisfeld, *Henny*
4.7.1903, Ansbach
deportiert am 4.4.1942
nach Piaski
ermordet

Ejenberg, L. (p*)

Ejenberg, Riwka (p)
10.10.1913

Elkan, Nelly Hedwig
20.8.1891, Wiesbaden
deportiert am 3.6.1942
nach Theresienstadt
überlebt

Elsner, Chana (p)
16.10.1915

Engelmann, *Hedwig*
22.2.1897, München
deportiert am 4.4.1942
nach Piaski
ermordet

Engiel, Riwka (p)

Engiel, Gitta (p)
30.7.1918

Eppstein, Siegfried
2.5.1895, Feuchtwangen
deportiert am 4.4.1942
nach Piaski
ermordet

Eppstein, Henriette
20.1.1902, München
deportiert am 4.4.1942
nach Piaski
ermordet

Epstein, Anita
5.1.1926, München
Köchin[2]
deportiert am 20.11.1942
nach Kaunas
ermordet

Epstein, Beate
24.6.1922, München
deportiert am 20.11.1942
nach Kaunas
ermordet

Ernst, Maria
29.3.1923, München
deportiert am 20.11.1942
nach Kaunas
ermordet

Eskeles, Lore
4.10.1925, Zweibrücken
deportiert am 20.11.1942
nach Kaunas
ermordet

Ezrylowiez, Estera (p)
13.6.1918, Łódź

Fajntuch, Rachela (p)

Falk, Alice
7.4.1926, Ichenhausen
deportiert am 20.11.1942
nach Kaunas
ermordet

Feuchtmayer, Frau
Kapo

Flam, Estera (p)

Fleischmann, Frau

Flonder, Binka (p)
18.3.1920

Frank, Maria
2.9.1897, München
deportiert am 4.4.1942
nach Piaski
ermordet

Frank, Irene
19.12.1919, Fürth
deportiert am 20.11.1942
nach Kaunas
ermordet

Frei, Hedwig
14.1.1892, München
Einkäuferin
deportiert am 4.4.1942
nach Piaski
ermordet

Freilich, Rosa (p)
14.1.1920

Frenkel, Bofia (p)
2.3.1921

Freudenthal, *Helene*
6.10.1890, Grodek
deportiert am 20.11.1942
nach Kaunas
ermordet

Freundlich, *Hilde*[3]
5.8.1889, Dettelbach
Feldgruppenführerin
deportiert am 20.11.1942
nach Kaunas
ermordet

Friediger, *Leonore*
24.1.1895, Innsbruck
deportiert am 20.11.1942
nach Kaunas
ermordet

Friedmann, Anny (p)
10.6.1917

Früh, Frau/Herr

Fuks, Jenta S. (p)
7.3.1917, Piotrkow
deportiert am 13.7.1942
nach Osten (Straftransport)
ermordet

Fürnrohr, *Margarete*
19.5.1886
überlebt

Gegel, Regina (p)

Gelbart, Ruchla-Laja (p)

Gerst, Senta
10.5.1923, Zeckendorf
deportiert am 4.4.1942
nach Piaski
ermordet

Gilde, Samuel Abraham
8.1.1874, Kaunas
deportiert am 16.7.1942
nach Theresienstadt
ermordet

Ginsberg, Szprynen (p)

Glücklich, Riwka (p)
28.4.1919

Goldberg, Faiga (p)

Goldenblatt, *David*
6.11.1895, Berlin
Kapo, Hilfsschlosser
deportiert am 20.11.1942
nach Kaunas
ermordet

Goldring, Bela (p)

Goldring, Rosa (p)

Golomb, *Esther Emma*
24.11.1903, Wilna
deportiert am 20.11.1942
nach Kaunas
ermordet

Gottlieb, Eater (p)
20.4.1914

Grabower, Rolf
21.5.1883, Berlin
Lagerleiter bis März 1942,
Kapo
deportiert am 16.6.1942
nach Theresienstadt
überlebt

[2] Es ist unklar ob Anita oder Beate Epstein in der Lagereigenen Küche arbeiten musste.

[3] oder Luisa, 29.6.1893, Nürnberg, deportiert am 20.11.1942 nach Kaunas, ermordet.

Graf, ***Erna***
1.2.1910, München
deportiert am 4.4.1942
nach Piaski
ermordet

Groshut, ***Elsa***
20.3.1892, Roth
deportiert am 20.11.1942
nach Kaunas
ermordet

Gross, Frieda
9.10.1921, München
deportiert am 20.11.1942
nach Kaunas
ermordet

Grube, Clementine
28.8.1903, Wasserlos
deportiert am 21.2.1945
nach Theresienstadt
überlebt

Gruber, Jeanette
21.12.1894, Odessa
überlebt

Grünhut, Gustav
5.9.1872, Cham
deportiert am 16.7.1942
nach Theresienstadt
ermordet

Grünzeug, ***Ernestine***
26.10.1898, München
deportiert am 4.4.1942
nach Piaski
ermordet

Grynspann, Manja (p)

Grzywacz, Frimeta (p)
15.11.1916

Gugenheim, Gertrud Emma
5.2.1925, München
deportiert am 20.11.1942
nach Kaunas
ermordet

Guggenheimer, Josef
11.4.1873, Krumbach
deportiert am 10.7.1942
nach Theresienstadt
ermordet

Gutmann, Inge
6.12.1923, München
deportiert am 20.11.1942
nach Kaunas
ermordet

Gutmann, Ruth Eva
24.6.1925, Nürnberg
deportiert am 20.11.1942
nach Kaunas
ermordet

Güttner, Ruth
22.3.1927, München
deportiert am 20.11.1942
nach Kaunas
ermordet

Halberstadt, Nathan
20.12.1872, Wilna
deportiert am 24.6.1942
nach Theresienstadt
ermordet

Hammer, Fela (p)
17.6.1920

Hannover, Frau (p)

Hasenmajer, Selma
3.8.1887, Frankfurt/Main
überlebt

Heber, Frau

Heims, Elisabeth
25.7.1895, Berlin
stellvertretende Lagerleiterin bis Nov. 1941
deportiert am 20.11.1942
nach Kaunas
ermordet

Herrmann, Fanny
9.8.1904, Fürth
deportiert am 13.3.1943
nach Auschwitz
überlebt

Herthel, ***Marianne***
6.5.1896, Breslau
ermordet

Hesselberger, ***Ilse***
11.4.1888, Frankfurt/Main
deportiert am 20.11.1942
nach Kaunas
ermordet

Heymann, Berta
5.8.1907, München
Feldgruppenführerin
deportiert am 11.6.1942
nach Theresienstadt
überlebt

Hirsch, Herr

Hirsch, Judith
12.3.1927, Karlsruhe
deportiert am 21.2.1945
nach Theresienstadt
überlebt

Hirschkind, ***Johanna***
5.9.1906, München
deportiert am 4.4.1942
nach Piaski
ermordet

Hofeller, Leonore
28.8.1918, München
deportiert am 20.11.1942
nach Kaunas
ermordet

Holzer, Irma
25.2.1896, Freising
deportiert am 4.4.1942
nach Piaski
ermordet

Holzinger, Isidor
24.6.1873, Windsbach
deportiert am 16.7.1942
nach Theresienstadt
ermordet

Horyn, Chaja (p)

Horyn, Ester (p)
30.1.1914

Hummel, ***Martha***
22.10.1888, München
deportiert am 20.11.1942
nach Kaunas
ermordet

Jacobovics, Fanny
26.7.1880, Regensburg
deportiert am 4.4.1942
nach Piaski
ermordet

Jakubovicz, Asta (p)
25.8.1921

Jostowicz, Tauba (p)
10.3.1917

Jülich, Karla
6.6.1921, Zülchow
deportiert am 20.11.1942
nach Kaunas
ermordet

Kachel, Irma
25.3.1891, Cottbus
deportiert am 13.1.1944
nach Theresienstadt
überlebt

Kaiser, Irene
7.3.1921, München
Kameradschaftsführerin
deportiert am 4.4.1942
nach Piaski
ermordet

Kalteis, ***Rebekka***
16.11.1900, Alexandria
überlebt

Kaplan, Frieda (p)
25.4.1911
stellvertretende Lagerleiterin der Polinnen in Unterdießen

Karg, Ilse
12.12.1896, Dresden
deportiert am 4.4.1942
nach Piaski
ermordet

Katzenstein, ***Jakob***
2.9.1903, Pfungstadt
Kapo
deportiert am 4.4.1942
nach Piaski
ermordet

Kaufmann, Irene
15.11.1894, Stuttgart
deportiert am 4.4.1942
nach Piaski
ermordet

Kirschbaum, ***Martha*** [4]
24.3.1887, Mertloch
deportiert am 20.11.1942
nach Kaunas
ermordet

Klainermann, Maria (p)
16.11.1906

Klau, *Sophie*[5]
23.5.1888, Untereisenheim
deportiert am 4.4.1942
nach Piaski
ermordet

Knecht, *Fanny*
30.12.1881, Nenzenheim
überlebt

Kolb, *Rosa*
28.11.1906, Leipzig
überlebt

Königsberger, *Helene*
19.2.1899, Brückenau
deportiert am 20.11.1942
nach Kaunas
ermordet

Körber, *Hedwig*
6.10.1903, Betzdorf
deportiert am 20.11.1942
nach Kaunas
ermordet

Körber, *Bella*
21.10.1895, München
deportiert am 4.4.1942
nach Piaski
ermordet

Krasnopolski, Rosa
1.8.1923, Sulzburg
deportiert am 4.4.1942
nach Piaski
ermordet

Kühl, Elisabeth
30.11.1895, Mainz
Sanitäterin
ermordet

Kupfer, Rosa
21.3.1896, Wien
deportiert am 4.4.1942
nach Piaski
ermordet

Landauer, Herr Dr.

Langenbach, *Edith*
25.1.1894, Halle/Saale
deportiert am 20.11.1942
nach Kaunas
ermordet

Leers, Ruben
12.5.1872, Aurich
deportiert am 29.7.1942
nach Theresienstadt
ermordet

Lehmann, Erna
15.1.1910, München
Suizid

Lehmeier, Louis
9.7.1872, Heidenheim
deportiert am 10.7.1942
nach Theresienstadt
ermordet

Lehmeier, Max
9.2.1874, Heidenheim
deportiert am 1.7.1942
nach Theresienstadt
ermordet

Leiter, Meta
6.6.1888, Ingolstadt
deportiert am 23.7.1942
nach Theresienstadt
ermordet

Lenze, Alexander
21.11.1874, Frankfurt/Oder
überlebt

Leven, Ilse Renny
19.4.1925, Steinach
ermordet

Levi, Johanna Helene
2.9.1923, Saarlautern
deportiert am 20.11.1942
nach Kaunas
ermordet

Levi, Johanna
11.10.1891, Koblenz
deportiert am 20.11.1942
nach Kaunas
ermordet

Levi, Max
5.3.1872, Haigerloch
deportiert am 17.7.1942
nach Theresienstadt
ermordet

Lewin, Ilse
12.12.1926, München
deportiert am 20.11.1942
nach Kaunas
ermordet

Lichtwitz, *Georg August*
13.5.1878, Ohlau
Kapo
deportiert am 20.11.1942
nach Kaunas
ermordet

Lindner, Richard
18.3.1880, München
Kapo, zuständig für die Lagerapotheke
überlebt

Löwenthal, Antonie
8.3.1921, Rothenburg
deportiert am 4.4.1942
nach Piaski
ermordet

Löwenthal, Inge Karola
17.5.1926, München
deportiert am 20.11.1942
nach Kaunas
ermordet

Lutz, Lili
17.11.1887, München
in München gestorben

Lutz, Gisela
11.7.1894, München
deportiert am 20.11.1942
nach Kaunas
ermordet

Maier, Babette
15.10.1895, Malsch
deportiert am 4.4.1942
nach Piaski
ermordet

Maier, Moritz
23.4.1972, Mühlheim
deportiert am 29.7.1942
nach Theresienstadt
ermordet

Meerowicz, Gisela
14.1.1925, München
deportiert am 20.11.1942
nach Kaunas
ermordet

Meyer, Frau

Mittelberger, August
25.2.1874, München
deportiert am 16.7.1942
nach Theresienstadt
ermordet

Monschein, Franziska
14.6.1919, München
Kameradschaftsführerin
deportiert am 20.11.1942
nach Kaunas
ermordet

Mühlich, Karla

Murr, Lazarus
12.4.1873, München
deportiert am 16.7.1942
nach Theresienstadt
ermordet

Mussgnug, Martha
18.3.1887, Regensburg
deportiert am 29.7.1942
nach Theresienstadt
überlebt

Nathan, Herr

Nehm, Salomon
20.2.1872, Wassertrüdingen
deportiert am 22.7.1942
nach Theresienstadt
ermordet

Neuburger, Frau

Neuhöfer, Frau

Neumann, Regina (p)
8.2.1926

[4] Ihr Name findet sich für den fraglichen Zeitraum auch in einer Aufstellung jüdischer Zwangsarbeiter des Münchner Arbeitsamtes , allerdings ohne Nennung des Einsatzortes, es könnte sich aber auch handeln um: Mathilde, 1.4.1886, Bayreuth, deportiert am 5.6.1942 nach Theresienstadt, ermordet.

[5] oder Klara, 14.4.1885, Ichenhausen, deportiert am 20.11.1941 nach Kaunas, ermordet.

Neumeyer, Julius
11.3.1887, München
in München gestorben
ermordet

Neustätter, *Kitty*
26.2.1902, Wien
Feldgruppenführerin,
Vertrauenskommission
deportiert am 20.11.1942
nach Kaunas
ermordet

Nowak, Frau

Nussbaum, Ilse Liselotte
21.9.1927, Halle/Saale
deportiert am 13.3.1943
nach Auschwitz
ermordet

Obuchowska, Hanna (p)
27.10.1918

Oettinger, Johanna
18.5.1925, Krumbach
deportiert am 4.4.1942
nach Piaski
ermordet

Oppenheimer, Frau/Herr

Orenstein, Sara (p)
25.12.1914, Gera-Reuss
deportiert am 13.7.1942
nach Osten (Straftransport)
ermordet

Perlemann, Fella (p)

Perlmutter, Bernhard (Baruch)
25.11.1871, Ichenhausen
deportiert am 10.7.1942
nach Theresienstadt
ermordet

Pietokowska, Anna (p)
28.6.1907
Lagerleiterin der Polinnen
in Unterdießen

Prager, *Lilly Fanny Adele*
8.4.1894, Frankfurt/Main
deportiert am 20.11.1942
nach Kaunas
ermordet

Prajs (Prys), Sabine Gitla (p)
28.3.1921, Łódź
deportiert am 13.7.1942
nach Osten (Straftransport)
ermordet

Prölsdorfer, Heinrich Hugo
31.5.1883, Bamberg
im KZ Dachau ermordet

Regensburger, Fritz
9.5.1900, Mannheim
Kapo
deportiert am 21.2.1945
nach Theresienstadt
überlebt

Rehfeld, *Edith Emma*
13.5.1911, Leipzig
deportiert am 20.11.1942
nach Kaunas
ermordet

Reich, Rosi
2.11.1925, Zeitlofs
ermordet

Reifenberg, *Alfred Isidor*
7.6.1885, Frankfurt/Main
im KZ Dachau ermordet

Reiter, Fritz
27.12.1873, Buttenwiesen
deportiert am 10.7.1942
nach Theresienstadt
ermordet

Rindskopf, Johanna
20.8.1924, München
deportiert am 4.4.1942
nach Piaski
ermordet

Rosenbaum, Frau/Herr

Rosenbusch, Bitja Debora
18.1.1925, München
deportiert am 20.11.1942
nach Kaunas
ermordet

Rosenbusch, Ruth Regina
2.6.1922, München
deportiert am 20.11.1942
nach Kaunas
ermordet

Rosenmann, Lieselotte
20.12.1924, München
deportiert am 4.4.1942
nach Piaski
ermordet

Rothschid, Lisa
31.8.1914, Memmingen
deportiert am 13.3.1943
nach Auschwitz
ermordet

Runge, Frau

Salomon, Frau/Herr

Schloss, Frau/Herr

Schmidt, Dora
5.10.1926, Weilheim
Kameradschaftsführerin
deportiert am 13.3.1943
nach Auschwitz
überlebt

Schmidt, Sabina (Bina)
11.10.1920, Kolo
ermordet

Schmulewitz, Anna
19.12.1923, Bretten
deportiert am 20.11.1942
nach Kaunas
ermordet

Schnell, Fritz
9.9.1872, Augsburg
deportiert am 23.7.1945
nach Theresienstadt
ermordet

Schoemann, Margot
11.4.1926, München
deportiert am 20.11.1942
nach Kaunas
ermordet

Schönmann, Frieda Lotte
8.6.1926, München
deportiert am 20.11.1942
nach Kaunas
ermordet

Schönwetter, *Thilde (Hilde, Mathilde)*
28.8.1926, München
deportiert am 20.11.1942
nach Kaunas
ermordet

Schülein, Ludwig
11.7.1872, Thalmässing
deportiert am 3.7.1942
nach Theresienstadt
ermordet

Schülein, Amalie
11.1.1879
deportiert am 13.7.1942
nach Osten (Straftransport)
ermordet

Schulmann, Nelly
4.3.1925, München
deportiert am 20.11.1942
nach Kaunas
ermordet

Schwalb, Edith
5.5.1896, Breslau
Barackenleiterin
deportiert am 29.7.1942
nach Theresienstadt
überlebt

Schwarzschild, Lotte
21.5.1925, München
deportiert am 4.4.1942
nach Piaski
ermordet

Seifensieder, Margot
28.7.1902
überlebt

Seligmann, Ruth
17.11.1913, Düsseldorf
Krankenbetreuerin
deportiert am 20.11.1942
nach Kaunas
ermordet

Siebauer, Herta Klementine
28.6.1891, Augsburg
überlebt

Sigall, Rosa Zippora
2.10.1924, Bretten
in München gestorben
ermordet

Simon, Frau

Slominsky, Moische
29.8.1889, Slurk
deportiert am 13.7.1942
nach Osten (Straftransport)
ermordet

Sohn, Ilse
1.3.1921, Karlsruhe
deportiert am 20.11.1942
nach Kaunas
ermordet

Sommer, Sofie
12.4.1923, München
deportiert am 20.11.1942
nach Kaunas
ermordet

Sonnemann, *Elise*
12.5.1893, München
deportiert am 20.11.1942
nach Kaunas
ermordet

Spatz, Herta
23.6.1922, Wolfratshausen
Kameradschaftsführerin
deportiert am 20.11.1942
nach Kaunas
ermordet

Spiegelberg, Irmgard Helene
28.3.1912, Ebenhausen-Zell
stellvertretende Lagerleiterin ab Nov. 1941, Kapo
deportiert am 4.4.1942
nach Piaski
ermordet

Stark, Frau/Herr

Steigerwald, Berta
7.8.1923, Würzburg
ermordet

Stein, Ilse
7.6.1924, München
deportiert am 20.11.1942
nach Kaunas
ermordet

Steiner, Frau

Steinkritzer, Margot
11.7.1926, Hammlburg
deportiert am 4.4.1942
nach Piaski
ermordet

Stern, Frau/Herr
Vertrauenskommission

Steudler, *Alice*
25.5.1903, Nürnberg
deportiert am 20.11.1942
nach Kaunas
ermordet

Storch, Jacob
25.11.1875, Neu-Sendez
deportiert am 12.8.1942
nach Theresienstadt
ermordet

Strauss, Anneliese
5.10.1921, München
deportiert am 20.11.1942
nach Kaunas
ermordet

Strauss, Helene
20.1.1892, Würzburg
Krankenbetreuerin
deportiert am 13.3.1943
nach Auschwitz
ermordet

Tartüff, Frau

Tradel, Frau/Herr

Traub, *Rosa*
12.12.1891, München
deportiert am 20.11.1942
nach Kaunas
ermordet

Treumann, Anneliese
7.2.1923, Regensburg
Kameradschaftsführerin
deportiert am 4.4.1942
nach Piaski
ermordet

van Wien, *Gertraud Babette*
27.6.1925, München
deportiert am 20.11.1942
nach Kaunas
ermordet

Vogel, Sidonie
15.9.1895, Cernowitz
überlebt

Vollert, Margaret
12.4.1898, Smichov
deportiert am 4.4.1942
nach Piaski
ermordet

Wainschel, Adeline
6.12.1920, München
deportiert am 4.4.1942
nach Piaski
ermordet

Wassermann, Margot
14.11.1924, Mühlhausen
deportiert am 4.4.1942
nach Piaski
ermordet

Weber, Hilde
26.10.1924, München
deportiert am 4.4.1942
nach Piaski
ermordet

Weikersheimer, *Max*[6]
5.1.1878, Gaukönigshofen
Kapo
deportiert am 23.7.1942
nach Theresienstadt
ermordet

Weil, Henriette
1.4.1901, Regensburg
deportiert am 4.4.1942
nach Piaski
ermordet

Weil, Alfred
26.1.1898, Nürnberg
Kapo, Vertrauenskommission, Lagerleiter
ab März 1942
Suizid

Weiner, Alois
6.12.1872, Labetin
Kapo
deportiert am 16.7.1942
nach Theresienstadt
überlebt

Weinstock, Blanka
21.7.1922, München
deportiert am 4.4.1942
nach Piaski
ermordet

Weissmann, Frau/Herr

Westheimer, Ruth Ilse
27.6.1920, Berlichingen
deportiert am 20.11.1942
nach Kaunas
ermordet

Wilmersdörfer, Ruth Selma
4.6.1924, München
Sekretärin der Lagerleitung
deportiert am 20.11.1942
nach Kaunas
ermordet

Wittelshöfer, Rudolf
14.7.1872, Leutershausen
deportiert am 15.7.1942
nach Theresienstadt
ermordet

Wolff, Mina

Zusätzliche und weiterführende Informationen zu den hier genannten Personen sind im vom Stadtarchiv München herausgegebenen Biografischen Gedenkbuch der Münchner Juden 1933 – 1945 nachzulesen. Dort sind auch Fotos der Personen abgedruckt.

[6] Max Weikersheimer war ebenfalls in Milbertshofen als Zwangsarbeiter eingesetzt, wahrscheinlich war er auch in Lohhof Zwangsarbeiter, ev. könnte es sich aber auch um seinen in Mischehe lebenden Bruder handeln: Moritz, 20.9.1881, Gaukönikshofen, überlebt.

Bildverzeichnis

Bayerische Staatsbibliothek München/Bildarchiv: S. 73 (hoff-42420)

Carla von Branca: S. 75

Bundesarchiv Berlin: S. 45 (BDC, PK J 7 Paulus)

Bundesfinanzakademie (FNGS, NL Grabower): S. 11, 87, 89, 95

Rudolf Cohen: S. 54

Manfred Finkenzeller: S. 80

Privatarchiv Goldschagg: S. 53

Michael Höber: S. 78

Generallandesarchiv Karlsruhe: S. 76 (Passakte 330/662)

Privatarchiv Erich Kasberger: S. 37 (Verwendung ausschließlich für diese Publikation)

Heimatmuseum Unterschleißheim: S. 20, 70, 128

Firmenarchiv Kanzler: S. 129

Los Angeles Museum of the Holocaust: S. 113 (Ed Victor Collection)

Johann Lugert: S. 79

Bernhard Rödig: S. 22 unten

Judy Rosenberg: S. 71

Staatsarchiv München: S. 28 (LRA 177233), 35 (SpKA 1919 Wegner)

Stadtarchiv München: S. 47 rechts (NL Meister), 59, 60 alle, 66, 67 alle, 91, 101 alle (NL Meister), 116, 117, 121, 122

Stadtarchiv Schrobenhausen: S. 22 oben, 52, 62, 63

Peter Vahlensieck: S. 8, 19 mitte, 19 unten, 21, 24, 35, 64 alle, 69, 82, 125 alle

Yad Vashem (Fotoarchiv): S. 47 links (19EO4), 47 unten (19FO1)

Einführungsmaterialien

Hier sind Literaturhinweise und Internetlinks für einige in diesem Buch behandelte Themenkomplexe abgedruckt. Auf den Webseiten befinden sich neben einer Einführung in die jeweiligen Sachthemen auch zeitgenössische Quellen, Interviews mit Zeitzeugen und Handreichungen für den Unterricht. Für den Inhalt sind die jeweiligen Betreiber verantwortlich.

Geschichtsportale und Begriffslexika

Neben Wikipedia gibt es eine Reihe andere, weniger bekannte Onlinelexika. Die dort abrufbaren Artikel sind durch eine wissenschaftliche Redaktion auf ihre historische Genauigkeit überprüft worden. Neben Lexikonartikeln gibt es auch weiterführende Angebote, die sich speziell für Recherchen zum Nationalsozialismus eignen:

www.historisches-lexikon-bayerns.de
www.bpb.de/nachschlagen/lexika
www.docupedia.de
www.shoa.de
http://lernen-aus-der-geschichte.de
www.hdbg.de (Haus der Bayerischen Geschichte)
www.documentarchiv.de
http://alex.onb.ac.at (Reichsgesetzblatt)

Grundlegende Nachschlagewerke zum Nationalsozialismus

Wolfgang Benz u.a. (Hrsg.): Enzyklopädie des Nationalsozialismus, München 2007.

Hilde Kramer (Hrsg.): Lexikon Nationalsozialismus. Begriffe, Organisationen und Institutionen, Reinbek b. Hamburg 1999.

Hermann Weiß (Hrsg.): Biografisches Lexikon zum Dritten Reich, Frankfurt am Main 1998.

Cornelia Schmitz-Berning: Vokabular des Nationalsozialismus, Berlin 2007.

Kriegswirtschaft, Flachs

Einstiegsliteratur

Adam Tooze: Ökonomie der Zerstörung. Die Geschichte der Wirtschaft im Nationalsozialismus, München 2007.

Onlineportale

www.gesamtverband-leinen.de

Dokumente

www.dhm.de/lemo/html/nazi/wirtschaft/vierjahres (Vierjahresplan)

www.germanhistorydocs.ghi-dc.org/sub_document.cfm?document_id=1551 (Hitlers vertrauliche Aufzeichnungen über Autarkie, August 1936)

Nationalsozialismus

Einstiegsliteratur

Wolfgang Benz: Geschichte des Dritten Reiches, München 2003.

Kurt Bauer: Nationalsozialismus. Ursprünge, Anfänge, Aufstieg und Fall, Wien et al. 2008.

Onlineportale

www.dhm.de/lemo/home.html

www.bpb.de/geschichte/nationalsozialismus

München

www.ns-dokumentationszentrum-muenchen.de

Ausstellungen und Multimedia

http://www.muenchner-stadtmuseum.de/dauerausstellungen/nationalsozialismus-in-muenchen.html

www.memoryloops.net

www.muenchen.de/rathaus/Stadtverwaltung/Kulturreferat/Stadtgeschichte/ThemenGeschichtsPfade.html

Zwangsarbeit

Einstiegsliteratur

Mark Spoerer: Zwangsarbeit unter dem Hakenkreuz. Ausländische Zivilarbeiter, Kriegsgefangene und Häftlinge im Deutschen Reich und im besetzten Europa 1939 – 1945. Stuttgart/München 2001.

www.zwangsarbeit-archiv.de/buecher_medien (Überblick Literatur und Bildungsmedien)

Onlineportale

www.bundesarchiv.de/zwangsarbeit

www.stiftung-evz.de

Ausstellungen

www.topographie.de/dz-ns-zwangsarbeit

www.ausstellung-zwangsarbeit.org

Quellen und spezifische Aspekte

www.mit-stempel-und-unterschrift.de

www.zwangsarbeit-archiv.de

www.expolis.de/schlesien/texte/maas.html (Polnische Zwangsarbeit)

www.bundesarchiv.de/zwangsarbeit/dokumente/grundlagen (Dokumente zur Behandlung ausländischer Zwangsarbeiterinnen und -arbeiter, u.a. „Polen-Erlasse")

München

www.fauwe.de/historie.htm

www.lsg.musin.de/geschichte/geschichte/natsoz/zwangsarbeit.htm

Jüdisches Leben, Verfolgung der Juden

Einstiegsliteratur

Michael Brenner: Kleine jüdische Geschichte, München 2012.

Saul Friedländer: Das Dritte Reich und die Juden, München 2013.

Peter Longerich: Politik der Vernichtung. Eine Gesamtdarstellung der nationalsozialistischen Judenverfolgung, München 1998.

Onlineportale

www.hagalil.com

www.zentralratdjuden.de

www.ushmm.org

www.yadvashem.org

www.dhm.de/lemo/home.html

Ausstellungen

www.jmberlin.de

www.juedischesmuseum.de

www.juedisches-museum-muenchen.de

www.holocaust-mahnmal.de

www.fritz-bauer-institut.de

www.ushmm.org

www.yadvashem.org

Quellen und spezifische Aspekte

www.dhm.de/lemo/html/nazi/antisemitismus/ausgrenzung

www.wollheim-memorial.de

www.rassengesetze.nuernberg.de (Nürnberger Gesetze)

www.lodz-ghetto.com (Getto Litzmannstadt)

www.dhm.de/lemo/html/wk2/holocaust/lodz (Getto Litzmannstadt)

www.bundesarchiv.de/gedenkbuch (Gedenkbuch der ermordeten deutschen Juden)

München

www.muenchen.de/rathaus/Stadtverwaltung/Direktorium/Stadtarchiv/Juedisches-Muenchen

Deportationen

Einstiegsliteratur

Alfred Gottwald/Diana Schulle: Die „Judendeportationen" aus dem Deutschen Reich 1941 – 1945. Eine kommentierte Chronologie, Wiesbaden 2005.

Birthe Kundrus/Beate Meyer (Hrsg.): Die Deportation der Juden aus Deutschland. Pläne – Praxis – Reaktionen 1938 – 1945. Beiträge zur Geschichte des Nationalsozialismus (Bd. 20), Göttingen 2004.

Onlineportale

www.statistik-des-holocaust.de

www.bundesarchiv.de/gedenkbuch/chronicles.html

http://db.yadvashem.org/deportation

München

www.endstation-vernichtung.de

Literatur

Adler, Hans Günther: Theresienstadt 1941 – 1945. Das Antlitz einer Zwangsgemeinschaft; Geschichte, Soziologie, Psychologie, Tübingen 1955.

Anders, Freia/Stoll, Katrin/Wilke, Karsten (Hrsg.): Der Judenrat von Białystok. Dokumente aus dem Archiv des Białystoker Ghettos 1941 – 1943, Paderborn u.a. 2010.

Arnaud, Patrice: „Ein so naher Feind". Französische Zwangsarbeiter und ihre deutschen Kollegen in den Industriebetrieben des Dritten Reiches, in: Andreas Heusler/Mark Spoerer/Helmuth Trischer (Hrsg.): Rüstung, Kriegswirtschaft und Zwangsarbeit im „Dritten Reich", München 2010, S. 179 – 197.

Bajohr, Frank: Parvenüs und Profiteure. Korruption in der NS-Zeit, Frankfurt a. M. 2001.

Barkai, Avraham: Das Wirtschaftssystem des Nationalsozialismus. Der historische und ideologische Hintergrund 1933 – 1936, Köln 1977.

Bauer, Richard/Brenner, Michael (Hrsg.): Jüdisches München. Vom Mittelalter bis zur Gegenwart, München 2006.

Baumann, Angelika/Heusler, Andreas (Hrsg.): München arisiert. Entrechtung und Enteignung der Juden in der NS-Zeit, München 2004.

Behrend-Rosenfeld, Else R.: Ich stand nicht allein. Leben einer Jüdin in Deutschland 1933 – 1944, München 1988.

Behrend-Rosenfeld, Else R./Rosenfeld, Siegfried: Leben in zwei Welten. Tagebücher eines jüdischen Paares in Deutschland und im Exil, herausgegeben und kommentiert von Erich Kasberger und Marita Krauss, München 2011.

Bichl, Gemeinde (Hrsg.): Chronik Bichl, Bichl 2012.

Bösl, Elsbeth/Kramer, Nicole/Linsinger, Stephanie: Die vielen Gesichter der Zwangsarbeit. „Ausländereinsatz" im Landkreis München 1939 – 1945, München 2005.

Bundesfinanzakademie im Bundesministerium der Finanzen (Hrsg.): Wenn im Amte, arbeite, wenn entlassen, verbirg dich: Prof. Dr. jur Dr. phil. Rolf Grabower. „Dreivierteljude", Überlebender der Shoa, Theresienstadt; in Zeugnissen aus der Finanzgeschichtlichen Sammlung der Bundesfinanzakademie; ein Lesebuch und Materialband, Brühl 2010.

Brenner, Henny: „Das Lied ist aus". Ein jüdisches Schicksal in Dresden, Zürich/München 2001.

Cahnmann, Werner J.: Die Juden in München 1918 – 1943, in: Zeitschrift für bayerische Landesgeschichte (Bd. 42), München 1979, S. 403 – 467.

Christoph, Wolfgang: Unterschleißheim in tiefgreifendem Wandel: Lohhof wächst, Nationalsozialismus und Zweiter Weltkrieg, in: Forum Unterschleißheim, (Hrsg.): Stadtbuch, Unterschleißheim 2012, S. 71 – 90.

Christoph, Wolfgang: Unterschleißheim nach dem Zweiten Weltkrieg – 1945 bis 1994, in: Forum Unterschleißheim, (Hrsg.): Stadtbuch, Unterschleißheim 2012, S. 105 – 176.

Delaney, John J.: Rassistische gegen traditionelle Werte. Priester, Bauern und polnische Zwangsarbeiter im ländlichen Bayern, in: Andreas Heusler/Mark Spoerer/Helmuth Trischer (Hrsg.): Rüstung, Kriegswirtschaft und Zwangsarbeit im „Dritten Reich". München 2010, S. 163 – 178.

Forum Unterschleißheim (Hrsg.): Stadtbuch, Unterschleißheim 2012.

Friedländer, Saul: Das Dritte Reich und die Juden. Die Jahre der Verfolgung 1933 – 1938 Bd. 1, München 2000.

Friedländer, Saul: Das Dritte Reich und die Juden. Die Jahre der Vernichtung 1939 – 1945, Bd. 2, München 2007.

Gemeinde Unterschleißheim (Hrsg.): 1200 Jahre Unterschleißheim. Eine Orts-Chronik, Unterschleißheim 1985.

Gottwald, Alfred/Schulle, Diana: Die „Judendeportationen" aus dem Deutschen Reich 1941 – 1945. Eine kommentierte Chronologie, Wiesbaden 2005.

Gruner, Wolf: Der Geschlossene Arbeitseinsatz deutscher Juden. Zur Zwangsarbeit als Element der Verfolgung 1938 – 1943, Berlin 1997.

Gruner, Wolf: Juden bauen die „Straßen des Führers". Zwangsarbeit und Zwangsarbeitslager für nichtdeutsche Juden im Altreich 1940 bis 1943/44, in: Zeitschrift für Geschichtswissenschaft (Jg. 44), Berlin 1996, S. 798 – 808.

Gruner, Wolf: Von der Kollektivausweisung zur Deportation der Juden aus Deutschland (1938 – 1945). Neue Perspektiven und Dokumente, in: Birthe Kundrus/Beate Meyer (Hrsg.): Die Deportation der Juden aus Deutschland. Pläne – Praxis – Reaktionen 1938–1945. Beiträge zur Geschichte des Nationalsozialismus (Bd. 20), Göttingen 2004, S. 21 – 62.

Gruner, Wolf: Widerstand in der Rosenstraße. Die Fabrik-Aktion und die Verfolgung der „Mischehen" 1943, Frankfurt a.M. 2005.

Hajak, Stefanie (Hrsg.): Letzte Adresse Lindwurmstraße 145. Die Zerstörung der Israelitischen Kultusgemeinde Münchens, in: Stefanie Hajak/ Jürgen Zarusky (Hrsg.): München und der Nationalsozialismus. Menschen. Orte. Strukturen, Berlin 2008, S. 134 – 150.

Hajak, Stefanie/Zarusky, Jürgen (Hrsg.): München und der Nationalsozialismus. Menschen. Orte. Strukturen, Berlin 2008.

Hanke, Peter: Zur Geschichte der Juden in München zwischen 1933 und 1945, München 1967.

Heim, Susanne (Hrsg.): Autarkie und Ostexpansion. Pflanzenzucht und Agrarforschung im Nationalsozialismus, Göttingen 2002.

Heim, Susanne/Meyer, Beate/Nicosia, Francis R. (Hrsg.): Wer bleibt, opfert seine Jahre, vielleicht sein Leben. Deutsche Juden 1938 – 1941, Göttingen 2010.

Herbert, Ulrich: Fremdarbeiter. Politik und Praxis des „Ausländer-Einsatzes" in der Kriegswirtschaft des Dritten Reiches, Berlin 1985.

Heusler, Andreas: Ausbeutung und Disziplinierung. Zur Rolle des Münchner Sondergerichts und der Stapoleitstelle München im Kontext der nationalsozialistischen Fremdarbeiterpolitik, in: forum historiae iuris (1998); http://fhi.rg.mpg.de/98_01/haeus.htm (aufgerufen 1.7.2013).

Heusler, Andreas: Ausländereinsatz. Zwangsarbeit für die Münchner Kriegswirtschaft 1939 – 1945. München 1996.

Heusler, Andreas/Weger, Tobias: „Kristallnacht". Gewalt gegen die Münchner Juden im November 1938, München 1998.

Heusler, Andreas/Spoerer, Mark/ Trischer, Helmuth (Hrsg.): Rüstung, Kriegswirtschaft und Zwangsarbeit im „Dritten Reich". München 2010.

Höschle, Gerd: Die deutsche Textilindustrie zwischen 1933 und 1939. Staatsinterventionismus und ökonomische Rationalität, Wiesbaden/Stuttgart 2004.

Hollmann, Christian: Deutsche Textilstoffe. Wolle, Flachs, Hanf, Seide, Kunstseide, Zellwolle, Zellglas, Milchwolle, Synthetische Fasern, hrsg. vom Reichsausschuß für Volkswirtschaftliche Aufklärung, Berlin 1939.

Klein, Peter: Die „Gettoverwaltung Litzmannstadt" 1940 – 1944. Eine Dienststelle im Spannungsfeld von Kommunalbürokratie und staatlicher Verfolgungspolitik, Hamburg 2009.

Klemperer, Victor: Ich will Zeugnis ablegen bis zum letzten. Tagebücher 1933 – 1945, (8 Bde.), Berlin 1999.

Kasberger, Erich: Hans Wegner und Theodor Koronczyk – zwei Pole des Täterspektrums, in: Marita Krauss (Hrsg.): Rechte Karrieren in München. Von der Weimarer Zeit bis in die Nachkriegsjahre, München 2010, S. 189 – 229.

Kasberger, Erich: Karrierewege Münchner Gestapobeamter aus dem ‚Judenreferat'. Eine Kollektivbiografie, in: Marita Krauss (Hrsg.): Rechte Karrieren in München. Von der Weimarer Zeit bis in die Nachkriegsjahre, München 2010, S. 189 – 229.

Kastner, Wolfram P. (Hrsg.): hier wohnte ... Projekt zur Erinnerung an jüdische Nachbarn, München 2013.

Krauss, Marita (Hrsg.): Rechte Karrieren in München. Von der Weimarer Zeit bis in die Nachkriegsjahre, München 2010.

Kuller, Christiane: Bürokratie und Verbrechen. Antisemitische Finanzpolitik und Verwaltungspraxis im nationalsozialistischen Deutschland, München 2013.

Kuller, Christiane/Schreiber, Maximilian: Das Hildebrandhaus. Eine Münchner Künstlervilla und ihre Bewohner in der Zeit des Nationalsozialismus, München 2006.

Kuller, Christiane: Finanzverwaltung und Judenverfolgung. Die Entziehung jüdischen Vermögens in Bayern während der NS-Zeit, München 2008.

Kundrus, Birthe/Meyer, Beate (Hrsg.): Die Deportation der Juden aus Deutschland. Pläne – Praxis – Reaktionen 1938 – 1945. Beiträge zur Geschichte des Nationalsozialismus (Bd. 20), Göttingen 2004.

Lamm, Hans (Hrsg.): Vergangene Tage. Jüdische Kultur in München, München 1982.

Landeshauptstadt München (Hrsg.): Jüdisches Leben in München. Lesebuch zur Geschichte des Münchner Alltags, Geschichtswettbewerb 1993/94, München 1995.

Landeshauptstadt München (Hrsg.): Verdunkeltes München. Lesebuch zur Geschichte des Münchner Alltags. Geschichtswettbewerb 1985/86. Die nationalsozialistische Gesellschaft, ihr Ende und ihre Folgen, Buchendorf 1987.

Lehnstaedt, Kurt: Die Gröbenzeller jüdischer Herkunft. Deutsche Schicksale im 3. Reich, in: Reinhard Jakob (Hrsg.): „... was Menschen fähig sind". Nationalsozialismus im Brucker Land. Jexhof-Hefte 26, Fürstenfeldbruck 2010, S. 314 – 325.

Longerich, Peter: Politik der Vernichtung. Eine Gesamtdarstellung der nationalsozialistischen Judenverfolgung, München 1998.

Löw, Andrea/Bergen, Doris L./Hájková, Anna (Hrsg.): Alltag im Holocaust. Jüdisches Leben im Großdeutschen Reich 1941 - 1945, München 2013.

Löw, Andrea: Juden im Getto Litzmannstadt. Lebensbedingungen, Selbstwahrnehmung, Verhalten, Göttingen 2006.

Macek, Ilse (Hrsg.): ausgegrenzt - entrechtet - deportiert. Schwabing und Schwabinger Schicksale 1933 bis 1945, München 2008.

Maier, Dieter: Arbeitseinsatz und Deportation. Die Mitwirkung der Arbeitsverwaltung bei der nationalsozialistischen Judenverfolgung in den Jahren 1938 - 1945, Berlin 1994.

Meyer, Beate: Handlungsspielräume regionaler jüdischer Repräsentanten (1941 - 1945). Die Reichsvereinigung der Juden in Deutschland und die Deportationen, in: Birthe Kundrus/Beate Meyer (Hrsg.): Die Deportation der Juden aus Deutschland. Pläne - Praxis - Reaktionen 1938–1945. Beiträge zur Geschichte des Nationalsozialismus (Bd. 20), Göttingen 2004, S. 63 - 85.

Meyer, Beate: Tödliche Gratwanderung. Die Reichsvereinigung der Juden in Deutschland zwischen Hoffnung, Zwang, Selbstbehauptung und Verstrickung (1939 - 1945), Göttingen 2011.

Michman, Dan: „Judenräte" und „Judenvereinigungen" unter nationalsozialistischer Herrschaft. Aufbau und Anwendung eines verwaltungsmäßigen Konzepts, in: Zeitschrift für Geschichtswissenschaft (Jg. 46), Berlin 1998, S. 293 - 304.

Modert, Gerd: Motor der Verfolgung. Zur Rolle der NSDAP bei der Entrechtung und Ausplünderung der Münchner Juden, in: Angelika Baumann/Andreas Heusler (Hrsg.): München arisiert. Entrechtung und Enteignung der Juden in der NS-Zeit, München 2004, S. 145 - 175.

Münkel, Daniela: Nationalsozialistische Agrarpolitik und Bauernalltag, Frankfurt a. M. 1996.

Oesterhelt, Curt: Geschichte der Leinenindustrie 1927 - 1962, o. O. o. J. (1965).

Ophir, Baruch Z./Wiesemann, Falk: Die jüdischen Gemeinden in Bayern 1918 - 1945. Geschichte und Zerstörung, München/Wien 1979.

Pötsch, Winfried R.: Die letzten Kriegstage in Unterschleißheim, in: Forum Unterschleißheim (Hrsg.): Stadtbuch, Unterschleißheim 2012, S. 99 - 104.

Rabinovici, Doron: Instanzen der Ohnmacht. Wien 1938 - 1945. Der Weg zum Judenrat, Frankfurt a.M. 2000.

Rappl, Marian: „Arisierung" in München. Die Verdrängung der jüdischen Gewerbetreibenden aus dem Wirtschaftsleben der Stadt 1933 - 1939, in: Zeitschrift für bayerische Landesgeschichte (Bd. 63), München 2000, S. 123 - 184.

Religiöse Gesellschaft der Freunde (Quäker) (Hrsg.): Lebensbilder deutscher Quäker während der NS-Herrschaft 1933 - 1945, Bad Pyrmont 1992.

Schmid, Hans-Dieter: „Finanztod". Die Zusammenarbeit von Gestapo und Finanzverwaltung bei der Ausplünderung der Juden in Deutschland, in: Gerhard Paul/Klaus-Michael Mallmann (Hrsg.): Die Gestapo im Zweiten Weltkrieg. Darmstadt 2000, S. 141 - 154.

Schoßig, Bernhard (Hrsg.): Ins Licht gerückt. Jüdische Lebenswege im Münchner Westen. Eine Spurensuche in Pasing, Obermenzing und Aubing, München 2008.

Seidel, Doris: Die jüdische Gemeinde Münchens 1933 - 1945, in: Angelika Baumann/Andreas Heusler (Hrsg.): München arisiert. Entrechtung und Enteignung der Juden in der NS-Zeit, München 2004, S. 31 - 53.

Selig, Wolfram: „Arisierung" in München. Die Vernichtung jüdischer Existenz 1937 - 1939, Berlin 2004.

Selig, Wolfram: Leben unterm Rassenwahn. Vom Antisemitismus in der „Hauptstadt der Bewegung", Berlin 2001.

Spies, Gerty: Drei Jahre Theresienstadt, München 1984.

Spoerer, Mark: Zwangsarbeit unter dem Hakenkreuz. Ausländische Zivilarbeiter, Kriegsgefangene und Häftlinge im Deutschen Reich und im besetzten Europa 1939 - 1945, Stuttgart/München 2001.

Stadtarchiv München (Hrsg.): Biografisches Gedenkbuch der Münchner Juden 1933 - 1945, 2 Bde., St. Ottilien 2003 (Band 2: 2007).

Stadt Unterschleißheim (Hrsg.): Die letzten Kriegstage in unserer Heimat. Der Vormarsch der US-Army vom Maisteig über Lohhof, Unterschleißheim, Oberschleißheim und Neuherberg nach München 28. bis 30. April 1945 (Unterschleißheimer Reihe Nr. 5), Unterschleißheim 2007.

Stadt Unterschleißheim (Hrsg.): Die letzten Kriegstage in unserer Heimat. Der Vormarsch der US Army vom Maisteig über Lohhof, Unterschleißheim und Neuherberg nach München 28. bis 30. April 1945, Unterschleißheim (Selbstverlag) 2007.

Steinweis, Alan: Kristallnacht 1939. Ein deutscher Pogrom, Stuttgart 2011.

Strnad, Maximilian: Das „Judenhaus in der Frundsbergstraße 8, in: Geschichtswerkstatt Neuhausen (Hrsg.): Neuhauser Werkstattnachrichten (Heft 16), München 2006.

Strnad, Maximilian: Der jüdische Zwangsarbeitseinsatz in der Flachsröste Lohhof, in: Forum Unterschleißheim (Hrsg.): Stadtbuch, Unterschleißheim 2012, S. 91 – 97.

Strnad, Maximilian: Zwischenstation „Judensiedlung". Verfolgung und Deportation der jüdischen Münchner 1941 – 1945, München 2011.

Teichert, Eckart: Autarkie und Großraumwirtschaft in Deutschland 1930 – 1939. Außenwirtschaftspolitische Konzeptionen zwischen Wirtschaftskrise und Zweitem Weltkrieg, München 1984.

Tooze, Adam: Ökonomie der Zerstörung. Die Geschichte der Wirtschaft im Nationalsozialismus, München 2007.

Volkmann, Hans-Erich: Ökonomie und Expansion. Grundzüge der NS-Wirtschaftspolitik, München 2003.

Walk, Joseph (Hrsg.): Das Sonderrecht für Juden im NS-Staat. Eine Sammlung der gesetzlichen Maßnahmen und Richtlinien – Inhalt und Bedeutung, Heidelberg/Karlsruhe 1981.

Zahn, Peter (Hrsg.): Hilfe für Juden in München. Annemarie und Rudolf Cohen und die Quäker in München 1938 – 1941, München 2013.

Archive

Archiwum Państwowe w Łodzi (APL), Łódź

Bayerisches Hauptstaatsarchiv (BayHStA), München

Bayerisches Wirtschaftsarchiv (BWA), München

Bundesarchiv (BArch), Berlin

Bundesfinanzakademie – Finanzgeschichtliche Sammlung (BFA – FNGS), Brühl

Firmenarchiv Kanzler, Unterschleißheim

Forschungsstelle für Zeitgeschichte Hamburg (FZH)

Heimatmuseum Unterschleißheim

Historisches Archiv der Commerzbank (HAC), Frankfurt a. Main

Internationaler Suchdienst (ITS), Bad Arolsen

Los Angeles Museum of the Holocaust (LAMOTH)

Landesarchiv Berlin (LA Berlin)

Privatarchiv Erich Kasberger

Privatarchiv Bernhard Rödig

Privatarchiv Familie Vahlensieck

Staatsarchiv München (StAM)

Stadtarchiv Freising

Stadtarchiv Neunburg vorm Walde

Stadtarchiv München (StadtAM)

Stadtarchiv Schrobenhausen

Stadtarchiv Unterschleißheim (StadtAUSH)

United Holocaust Memorial Museum (USHMM), Washington D.C.

Yad Vashem, Jerusalem

Danksagung

Ich möchte mich an dieser Stelle bei einigen Institutionen und Personen bedanken, die mir bei der Entstehung dieses Buches geholfen haben: Irene Burlefinger (Markt Bad Endorf); Gerhard Fürmetz (Bayerisches Hauptstaatsarchiv); Eva Moser (Bayerisches Wirtschaftsarchiv); Gisela Erler (Landesarchiv Berlin); Bundesarchiv Berlin und Abt. Militärarchiv Freiburg; Werner Nigbur, Bernhard Münch (Bundesfinanzakademie); Angelika Voß-Louis (Forschungsstelle für Zeitgeschichte Hamburg); Irmgard Feiner (Stadtarchiv Freising); Ursula Kloss (Gesamtverband Leinen e.V.); Ellen Presser (IKG München); Monika Schnell (Mahn- und Gedenkstätte Ravensbrück); Thomas Rink (NS-Dokumentationszentrum München); Robert Bierschneider (Staatsarchiv München); Elisabeth Angermair, Brigitte Schmidt, Andreas Heusler, Anton Löffelmeier (Stadtarchiv München); Christa Scheitinger (Stadtarchiv Neunburg); Max Direktor (Stadtarchiv Schrobenhausen); Thomas Freier (www.statistik-des-holocaust.de); Martin Dean (United States Holocaust Memorial Museum); Daniela Benker, Ursula Posset, Eva Lörinci, Brigitte Mayr, Wolfgang Christoph, Christoph Böck (1. Bürgermeister), Theodor Pregler (2. Bürgermeister), Rolf Zeitler (Altbürgermeister), Stadtrat Unterschleißheim (Stadt Unterschleißheim); Nadine Burks, Michael Volk, Matthias Gwinner (Volk Verlag); Yad Vashem Archives; Carla und Emanuela von Branca, Manfred Finkenzeller und Familie, Ernst und Werner Grube, Wolf Gruner, Michael Höber, Immobilien Kanzler G.m.b.H., Erich Kasberger, Peter Klein, Marita Krauss, Wolfgang Kucera, Kurt Lehnstaedt, Andrea Löw, Johann Lugert, Beate Meyer, Winfried Mogge, Johanna Pfund, Bernhard Rödig, Gernot Römer, Judy Rosenberg, Sabine Schalm, Christoph Schnitzer, Martin Schollweck, Susanna Schraffstetter, Joachim Schröder, Monika, Nikola und Peter Strnad, Christiane und Katharina Wagner, Peter Vahlensieck und Familie, Ulla-Britta Vollhardt.